中国资产证券化系列

FinTech与资产证券化

林 华◎主编
庞引明 吕 琰◎副主编

中信出版集团 · CHINACITICPRESS · 北京

图书在版编目（CIP）数据

FinTech 与资产证券化 / 林华主编 . -- 北京：中信出版社，2016.12

ISBN 978-7-5086-6984-7

I. ① F… II. ①林… Ⅲ . ①互联网络－应用－资产证券化－研究－中国 Ⅳ . ① F832.51-39

中国版本图书馆 CIP 数据核字（2016）第 272111 号

FinTech 与资产证券化

主　　编：林　华
副 主 编：庞引明　吕　琰
策划推广：中信出版社（China CITIC Press）
出版发行：中信出版集团股份有限公司
（北京市朝阳区惠新东街甲 4 号富盛大厦 2 座　邮编　100029）
（CITIC Publishing Group）
承 印 者：北京诚信伟业印刷有限公司

开　　本：787mm×1092mm　1/16　　印　　张：22.75　　字　　数：300 千字
版　　次：2016 年 12 月第 1 版　　印　　次：2016 年 12 月第 1 次印刷
广告经营许可证：京朝工商广字第 8087 号
书　　号：ISBN 978-7-5086-6984-7
定　　价：69.00 元

FinTech 与资产证券化

主　编　林　华

副主编　庞引明　吕　琰

作　者　贺锐骁　杨　桐　胡荣炜　张　韩
宁剑虹　王晋之　龚　鸣　段　韧
于中灏

序一

谢平

自从2012年我在《金融研究》上正式提出“互联网金融”这一概念以来，短短两年，它就以不可思议的燎原之势，迅速形成风靡神州的新金融变革浪潮。

互联网金融兴起的原因是现代金融的过度中介化，形成了金融的自循环，从而导致实体经济和融资个体成为金融服务的不良导体。尤其是在中国，实体经济以及金融发展的不平衡，使得众多的小企业和个体经济融资饥渴，有强烈的金融普惠化需求。这种来自底层的金融变革需求，体现了人类金融发展螺旋上升的变革需要，是一种革命式的内在变革动力。我们只能顺应这种变革需求，因势利导，顺势而为，为人类新金融的探索和发展奠定道路。

从P2P（个人对个人）、众筹，到FinTech（金融科技），再到金融生活、金融社会，我们看到的是金融去中介化和普惠化的清晰道路，这是人类新金融变革的前夜。

互联网、比特币、区块链，从业务到技术，从小众到大众，从现在到未来，晨光微露，从量变到质变，大厦将成，我们的预言，我们的努力，我们的成果，都在其间。

林华教授及本书编写团队都是本行业的专家翘楚，都是一线的能人巧匠，他们站在互联网金融的看台上观看，并下场踢球，将资产证券化工具引入场内，贯彻实施，精雕细刻；他们手握资产证券化的重器，浓墨重彩，大笔如椽，为互联网金融的深耕细作、开花结果而不懈努力。本书的读者，对他们的如炬目光和高瞻远瞩要心存敬意，要细细品味，方能登堂入室，窥其堂奥。

书山学海，春华秋实，落花时节，毕览华章，作为互联网金融行业的拓荒者，我们一直希望不负时代，不辱使命，不惧时艰；做一些实事，留一片花果，聚一些人才，写一段历史。

是为之序。

谢平

中国投资公司前副总经理

序二

邢早忠

互联网金融与资产证券化的关系，林华教授团队算是研究比较早的了，在现有制度法规环境下，资产证券化需要在基础资产以及交易结构等方面取得创新，嫁接于互联网金融平台也许是一条路。

互联网金融行业并不是特指互联网公司从事金融相关业务，也包括现有银证保的参与、实体企业开展创新融资及供应链融资等。可以说，传统金融机构与新金融业态是合作共赢的关系，而不是谁要颠覆谁的问题。互联网金融从萌芽到爆发式成长，再到风险暴露、政策规范，不仅传统金融机构跟上了脚步，从注重产品设计到更注重客户服务，再造金融服务流程使之更加便利，互联网金融平台也经历了优胜劣汰，从业者加深了对风险控制的认识。一些风险事件的发生暴露了金融监管的不协调、监管跟进的滞后以及投资者教育的不充分等一系列问题，但是互联网金融行业要在解决问题中发展完善，不能一棒子打死，也不能一味鼓吹。

互联网金融平台开展资产证券化业务需要将真实、优质的债权资产作为基础资产，同时配以适当的增信措施，现有制度不允许平台自身增信或提供流动性支持，那么与外部金融机构的合作不可避免。运用资产证券化这一市场化机制可以倒逼互联网金融平台规范运作，而互联网金融平台也可以促进资产证券化的产品创新及资金匹配，二者相互促进，健康发展。

但是我们也不得不考虑互联网金融平台开展资产证券化业务的信用风险与政策风险，比如互联网金融平台的信用风险对产品兑付的影响、互联网金融平台发售资产证券化产品是否符合合格投资者规定、作为资产服务商角色的权责利等问题。已有互联网金融平台开展证券化业务的先例在，我们需要观察与总结，创新互联网金融平台的资金端形式，促进资产证券化这一手段对互联网金融平台的支持。

本书对以上谈到的问题都进行了研究并做出了很好的回答，案例丰富、经验可鉴。特别重要的是，本书提到了新型民营银行为解决资本金不足、提高资产周转率可采取的资产证券化方式，新型民营银行中阿里网商银行与前海微众银行都是特色鲜明的互联网银行，天然具有信用中介和互联网平台的双重身份，适合以原始权益人角色发起资产证券化产品。随着银监会放开民营银行的设立，成熟一家批一家，后续设立的银行或多或少都会采取互联网运营模式，探讨这些新设机构参与资产证券化模式的意义重大。电商平台由于自身积累了足够的数据流、信息流乃至物流信息，天然具有基于动态生成数据的征信能力，再依托于体系内放贷机构产生的债权，资产证券化的图景自然展开，这些经验都值得寻求差异化经营的金融机构借鉴，本书也做了很好的归纳和总结。

林华教授带领下的中国资产证券化研究院硕果累累，为行业的健康发展起到了很好的引领作用，作为理事长，为他们感到高兴！

邢早忠

中国资产证券化研究院理事长

前言

互联网金融肇始于中外互联网应用渐入佳境，而新金融发展渐遇瓶颈之际。有人说，这一金融变革的现象，在国内被称为互联网金融，而在国外被称为FinTech。这种说法有一定道理，但又未必道尽了个中是非曲直。

互联网金融明确的是其现象，这种新金融变革依托互联网技术，体现了普惠金融的便捷性、对称性、个性化和去中介化要求，在金融深度信息化和互联网化之中，探索金融革新和升级之路。互联网是将传统金融小微化、毛细化、普惠化和进一步错配化的全天候场景。而FinTech却描述了它的本质，金融依托科技，科技对深度变革金融发挥着重要作用。

本书从互联网金融对社会金融体系带来的点滴变化入手，从P2P、众筹、第三方支付等新型可证券化资产的积聚将会给网络化融资格局带来的变化出发，力图从法理上以及业务实务层面，来表述科技金融与证券化的结合，尝试厘清新型金融资产证券化的理论框架和实践路径，为业界的研究者、从业者提供全新的视角和抓手。我们期待这些努力，能为该领域的发展提供思路、工具和可供借鉴的理想案例。

在本书中，您将看到深入的理论探索和鲜活的案例，以及对国内外互联网金融、FinTech 领域的广泛实践和思考。本书适合互联网金融和资产证券化相关领域的专家学者、从业者、投资者阅读参考。如果您是高校学生，或是对该领域有兴趣的各界人士，本书也将带您以优化路径进入这一领域，书山有路，助您捷行。

本书的写作分工如下：第一章“互联网金融与资产证券化”，由杨桐主笔；第二章“信息中介平台模式”，由胡荣炜主笔；第三章“互联网金融证券化的 Originator 模式”和第四章“互联网金融证券化的 Sponsor 模式”，由吕琰、贺锐骁主笔；第五章“‘互联网 +’资产证券化的投资与销售”由宁剑虹主笔；第六章“互联网金融资产证券化的信用评级”由王晋之主笔；第七章“互联网金融企业开展资产证券化业务的路径”由张韩主笔；第八章“资产证券化中的基金行政管理”由段韧主笔；第九章“区块链与资产证券化”由龚鸣、于中灏主笔。全书由林华、庞引明统撰定稿。

近期，国家监管层面集中力量，对互联网金融等领域进行了整顿和规范，这是一件好事，可以正本清源，还金融创新一个干净环境，对行业的长期发展将大有好处。一些 FinTech 从业人士，也都奔走相告，感受到行业真正的发展元年到来了。全世界的监管部门都在尝试采用计算机领域的沙箱技术，希望达到既严格监管，又支持创新的效果。

秋风又至，层林尽染，我们集页成册，将本书呈现在您面前，我们希望本书的观点、主张和案例能给您带来收获。

目录

第一章

互联网金融与资产证券化 1

第一节 **互联网金融行业概述** 3

一、 互联网金融行业的发展格局 3

二、 互联网金融迅速发展的原因 6

三、 互联网金融与传统金融的区别 8

第二节 **互联网金融平台开展资产证券化** 10

一、 信息中介平台与资产证券化 12

二、 信息中介平台开展资产证券化业务模式 16

三、 信用中介平台开展资产证券化业务模式 22

四、 互联网金融平台开展资产证券化业务总结 29

第三节 **互联网金融基础设施的构建** 30

一、 场外资产登记托管和资金结算系统的缺失 30

二、 多层次征信体系的建设 33

三、 技术与风控能力的加强 35

第四节 **互联网金融监管概述** 35

一、 总体监管原则 35

二、 债权类互联网金融平台监管 37

第二章

信息中介平台模式 43

第一节 **新分类监管催生行业转型机会** 44

一、 互联网金融信息中介基础商业模式 45
二、 中国互联网金融成熟度演化与监管介入 49
第二节 **当前信息中介的主流商业模式** 55
一、 网络借贷信息中介模式 55
二、 网络分期信息中介模式 67
三、 金融网销信息中介模式 75
第三节 **新监管下信息中介资产证券化路径展望** 81
一、 全球影子银行监管实践背景下的互联网金融监管 81
二、 当前中国互联网金融信息中介监管的短板 90
三、 逐渐规范化的互联网金融信息中介监管 92
四、 互联网金融信息中介资产证券化业务模式展望 104

第三章
互联网金融证券化的 Originator 模式 113
第一节 **互联网金融 Originator 信用中介平台模式** 115
一、 金融系网络借贷信用中介平台 115
二、 电商系互联网金融平台 120
第二节 **互联网金融资产证券化的 Originator 模式** 122
一、 互联网金融 Originator 平台模式资产证券化的动机 122
二、 互联网金融 Originator 平台模式资产证券化的发行交易平台 123
三、 互联网金融 Originator 平台模式资产证券化的基本流程 125
第三节 **互联网金融资产证券化 Originator 模式线下基础资产模式案例** 127
一、 PPmoney——安稳盈类资产证券化 128
二、 联金所——联金稳财类资产证券化 129
第四节 **互联网金融资产证券化 Originator 模式线上基础资产模式案例——京东白条资产证券化** 130
一、 资产支持证券项目产品信息 131
二、 基础资产情况及现金流分析 133
三、 信用评级 135
四、 信用增级方式 137
五、 交易结构 138
六、 资产服务机构基本情况 138

第五节　互联网金融资产证券化 Originator 模式线上小贷模式案例——阿里小贷资产证券化　139
一、阿里金融及阿里小贷基本情况　140
二、阿里小贷小额贷款资产质量　141
三、专项计划设计方案　143
四、阿里小贷总结　147
第六节　互联网金融资产证券化 Originator 模式的机会与挑战　149

第四章
互联网金融证券化的 Sponsor 模式　155
第一节　互联网金融资产证券化 Sponsor 模式概述　157
一、Sponsor 模式的含义　157
二、Sponsor 模式产生的原因　157
三、Sponsor 模式的基本特征　158
四、互联网金融 Sponsor 模式的发展　159
第三节　互联网金融资产证券化 Sponsor 模式案例　161
一、单一来源债权转让模式——美国 Lending Club 模式　161
二、多来源债权转让模式——美国房地美、房利美模式　163
三、我国的互联网金融资产证券化 Sponsor 模式　165
第三节　互联网金融资产证券化 Sponsor 模式操作要点　169
一、交易结构　170
二、现金流管理　173
第四节　互联网金融资产证券化 Sponsor 模式的机会与挑战　175
一、互联网金融资产证券化 Sponsor 模式的机会　176
二、互联网金融资产证券化 Sponsor 模式的挑战　179

第五章
“互联网+”资产证券化的投资与销售　181
第一节　资产证券化产品发行与交易市场　182
一、概况　182
二、各类市场基本情况及发展现状　183
第二节　资产证券化产品及投资人　186

一、我国资产证券化产品的主要类别 186
二、资产证券化产品投资人 189
第三节 “互联网 +” 资产证券化产品的销售 194
一、线上产生资产，证券化后在线上销售 194
二、线上产生资产，证券化后在线下销售 195
三、线下产生资产，证券化后在线上销售 197
第四节 互联网金融产品营销 198
一、互联网平台产品运营、用户运营模式 198
二、互联网金融平台产品推广模式 200
三、互联网金融产品推广误区 201
四、小结 201

第六章
互联网金融资产证券化的信用评级 203
第一节 信用评级在互联网金融资产证券化中的必要性 204
一、信用评级在互联网金融中的必要性 204
二、信用评级在互联网金融资产证券化中的重要性 206
第二节 债权类互联网金融资产证券化信用评级的关注要点 208
一、互联网金融平台信用风险分析 208
二、债权类基础资产信用质量分析 210
三、交易结构风险分析 213
四、现金流分析与压力测试 220
五、主要参与机构分析 228
六、法律因素分析 228
第三节 债权类互联网金融资产证券化交易结构 228
一、交易结构要素 229
二、交易安排与评级的适用性 236
三、发展与小结 238
第四节 债权类互联网金融资产证券化信用评级案例 238
一、资产支持专项计划概要 240
二、信用支持分析 241
三、风险及缓释措施 243
四、基础资产分析 245

五、 定量分析 247
六、 法律风险分析 250
七、 计划管理人尽职能力分析 250
八、 托管机构尽职能力分析 252
九、 综合评价 253

第七章
互联网金融企业开展资产证券化业务的路径 255

第一节 **大势所趋：互联网金融开展资产证券化，小荷才露尖尖角** 256
一、 2015 年是资产证券化实现跨越式发展的元年 256
二、 元年景象之一：ABS 门槛逐步降低 257
三、 元年景象之二：资金端与资产端利差丰厚 259
四、 元年景象之三：优质资产得到投资人追捧 263

第二节 **必由之路：互联网金融借助资产证券化，回归本源控风险** 264
一、 P2P 平台和互联网金融的金融逻辑 264
二、 互联网金融开展资产证券化的金融逻辑 265
三、 P2P 产品与资产证券化产品的投资风险对比分析 266

第三节 **抛砖引玉：互联网金融实践资产证券化，业务路径探讨与案例** 268
一、 业务路径探讨 268
二、 案例一：中腾信之微贷信托受益权资产支持专项计划 271
三、 案例二：宜信之中金—宜人精英贷信托受益权资产支持专项计划 278

第八章
资产证券化中的基金行政管理 287

第一节 **基金行政管理概述** 288
一、 国际基金行政管理 288
二、 国内基金行政管理 292
三、 FOF 基金的最佳合作伙伴 293

第二节 **资产证券化产品是一种结构型基金** 294
一、 资产证券化产品和结构型基金的相同特征 294
二、 CLO 是具有循环池的信贷对冲基金 296
三、 RMBS 是封闭式基金 301

四、 CDO^2 是 FOF 303

第三节 **资产证券化中的基金行政管理** 304

一、 资产证券化中的基金行政管理机构 304

二、 资产证券化中基金行政管理的具体职能 306

第九章

区块链与资产证券化 311

第一节 **什么是区块链技术** 312

一、 定义 312

二、 安全性 313

三、 起源 314

四、 区块链与资产证券化 315

第二节 **物理资产的确权** 316

第三节 **金融资产的结算与清算** 318

一、 R3CEV 319

二、 DTCC 320

第四节 **证券化资产的管理** 321

一、 纳斯达克 322

二、 澳大利亚证券交易所 325

三、 韩国证券交易所 328

四、 多伦多证券交易所 328

第五节 **证券交易与再融资** 329

一、 TØ 330

二、 BitShares 334

第六节 **现金流管理** 335

第七节 **改善增信环节** 337

第八节 **未来趋势** 337

一、 资产发行方式的巨变 337

二、 加速资产证券化 339

作者简介 343

第一章

互联网金融与资产证券化

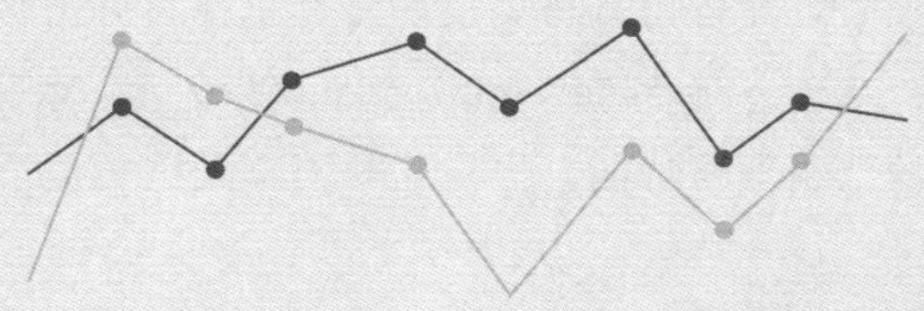

互联网金融，顾名思义，就是利用互联网平台以及信息技术提供金融服务，主要借助于移动互联网、物联网、第三方支付以及大数据、云计算、区块链等技术，缓解信息不对称，扩大金融服务的覆盖面，提高其便利性。

2012 年 4 月，谢平教授首次提出互联网金融的概念，并进行了理论与实践总结。2013 年被人们称为互联网金融的元年，这一年支付宝与天弘基金合作的货币市场基金“余额宝”闯进了人们的视野，以小额、高收益、T+0 赎回、支付消费等区别于以往货币基金渠道的特性迅速打开市场，依托于支付宝庞大的用户积累，基金余额最高时一度达到 6 000 亿元。余额宝的出现不仅实现了支付宝用户的余额理财功能，更将互联网金融这一概念推向了人们的视野。

实际上，广泛意义上的互联网金融要早于 2013 年，像拍拍贷成立于 2007 年，是国内首家纯信用无担保网络借贷平台，翼龙贷也成立于 2007 年，是首家推出“同城 O2O”（同城线上到线下）概念的互联网金融企业。对标国外企业，美国在 2006 年成立的 Prosper 和在 2007 年成立的 Lending Club，英国在 2005 年成立的 Zopa 等，都是基于互联网为融资者与投资者提供的交易平台。

众筹平台也在这一时间纷纷成立，在 2008 年成立的 Indiegogo 与 2009 年成立的 Kickstarter，初期大多数项目都是创意类商品的资金众筹，后期部分平台慢慢发展到股权众筹领域。在国内，最早的众筹平台是点名时间，成立于 2011 年，专注于智能硬件产品的网络众筹，后来京东、阿里、百度等互联网巨头也相继进入众筹领域，开展商品预售众筹或股权众筹业务。

现在也有一种说法，即未来并不存在什么互联网金融的概念，而是以FinTech取而代之，意为所有金融领域都避免不了技术的渗透，要么技术提供金融服务开展的媒介，要么技术改善金融体系的风险判断与定价模式，要么技术改变金融基础设施架构，总之技术无处不在。

现在谈到的P2P、众筹乃至互联网消费金融等模式只是金融科技的某些具体表现形式，内核就是技术改变金融，金融依托于技术。

具体到互联网金融与资产证券化的关系，无非是互联网金融平台作为资产提供方、财务顾问方还是产品销售方的问题，这都离不开互联网金融自身的特性，也区别于一般意义上的资产证券化概念。

第一节 互联网金融行业概述

一、互联网金融行业的发展格局

2013年后，互联网金融开始爆发式发展，在资本、技术以及政策的助力下，如今已经形成多主体共生、多业态并存的行业格局。

（一）按业务属性分类

互联网金融按业务属性可分为股权类、债权类、第三方理财类、第三方支付类、个人征信类以及信息平台类，国内外代表平台见表1.1。

表1.1 互联网金融按业务属性分类情况

互联网金融业务属性	代表平台（国内外）
股权类	股权众筹平台（Kickstarter、AngelList、Wefunder、京东众筹、蚂蚁达客、天使汇），社交投资平台（Motifinvesting、雪球、牛股王、金贝塔）

（续表）

互联网金融业务属性	代表平台（国内外）
债权类	P2P平台（Lending Club、OnDeck、拍拍贷、人人贷、积木盒子以及点融网），金融资产交易平台（网金社、京东金融非标理财平台以及大连金融资产交易所），电商借贷平台（Kabbage、蚂蚁微贷、京东小贷、苏宁小贷以及各类互联网消费金融平台），互联网银行（Ally Bank、ING Direct、Simple Bank、Atom、浙江网商银行、前海微众银行）
第三方理财类	Betterment、Wealthfront、SigFig、招财宝、91金融、好买基金网、诺亚财富
第三方支付类	PayPal、支付宝、财付通、拉卡拉、汇付天下
个人征信类	FICO、ZestFinance、芝麻信用、腾讯征信、中诚信等8家
信息平台类	东方财富网、融360、挖财

（二）按业务主体分类

互联网金融按业务主体可以分为3类，分别是传统金融机构+互联网、电商平台+互联网以及互联网公司+金融，国内外代表公司见表1.2。

表1.2　互联网金融按业务主体分类情况

互联网金融业务主体	代表公司（国内外）
传统金融机构+互联网	互联网银行（Ally bank、ING Direct、Simple Bank、Atom、浙江网商银行、前海微众银行），互联网证券（E* Trade、TradeKing、Discount Broker、国金证券、广发证券），互联网保险（InsWeb、众安在线等互联网背景平台、平安保险及泰康保险等传统公司、大特保及意时网等创业公司）
电商平台+互联网	Kabbage、蚂蚁微贷、京东小贷、苏宁小贷以及各类互联网消费金融平台
互联网公司+金融	大数据金融（ZestFinance、金电联行、百融金服），软件公司提供金融征信（亚马逊、用友、金蝶、中科金财、恒生电子、航天信息）

传统金融机构+互联网模式主要是指银行、证券、保险公司与互联网的融合，银行+互联网模式包括直销银行、网络速贷以及供应链金融线上化等具体形式；证券+互联网模式包括网络经纪、线上财富管理平台等具体形式；保险+互联网模式包括保险网上销售、大数据精算、基于特定场景的保险以及UBI（基于驾驶行为的保险）。

电商平台+互联网模式是指电商平台利用平台集聚的大量供应商与消费者留存的交易数据、资金数据甚至包括物流数据提供金融服务，针对供应商开展供应链金融及保理服务，针对消费者提供消费金融、小额理财等服务。

互联网公司+金融模式包括了前述的P2P、众筹、第三方支付等各类互联网金融平台，也包括大数据金融（大数据公司提供征信服务，代表公司包括金电联行、百融金服等）、软件公司开展金融征信业务［ERP（企业资源计划）企业如用友、金蝶等利用企业及软件沉淀的经营数据开展征信，提供金融服务；IT（信息技术）服务提供商如中科金财、恒生电子等利用在金融行业服务的客户及技术积累搭建资产交易平台；基础信息服务商如航天信息在税控数据上助力征信］以及消费分期。

目前互联网金融行业呈现梯形分布的行业格局，各个业态由几大巨头领衔，业态细分领域也分布着大大小小的垂直平台，整个市场还处于快速发展时期、结构调整前期。由于金融与零售行业特征不同，互联网金融行业不会像电商零售行业的集中度那样高，有特色、地域性强、行业深挖型的企业会与综合性平台共同推进行业快速发展。

（三）按在资产证券化中的角色分类

互联网金融平台按在资产证券化中的角色可以分为资产提供方、财务顾问方与产品销售方3种类别，分别对应前述按业务属性和业务主体分类的类别。资产提供方即该平台可以创造线上金融资产并可转让作为基础资产；财务顾问方即该平台匹配合适的金融资产，并借助专业金融机构的力量，促成资产证券化落地；产品销售方即该平台在线上销售证券化或类证券化产品，或投资于以上产品的集合投资计划。

在债权类的电商平台 + 互联网模式下，通过电商融资或消费金融产生的金融资产可以作为基础资产进行证券化；在金融资产交易平台模式下，交易平台以财务顾问的角色匹配优质金融资产，打造证券化服务商生态链，产出证券化产品并加以合规销售；在第三方理财类平台模式下，则主要以销售证券化产品为主，对接机构资金或个人投资者资金，以实现快速销售和周转。

二、互联网金融迅速发展的原因

为什么互联网金融会如此迅速地发展呢？我们可以从市场发展、技术进步以及监管制度 3 个方面加以理解。

首先，传统金融在服务个人及小微企业上存在体验与效率的不足，对于个人用户来说，是否能够在小额资金理财及借贷需求方面获得便捷化、个性化的服务是其选择金融机构的关键因素，传统银行更关注高净值人群及公司客户，很难在个人金融条线顾及小额分散的“长尾用户”，同时银行局限于经营模式及风控体系，也很难将互联网元素完全运用到产品设计与业务流程中。这正是互联网公司的机会所在，互联网公司以用户为核心，在控制风险与提供用户体验上取得平衡，扩大自身市场份额。

传统金融在小微企业服务领域面临的则是效率不足，小微企业融资难、融资贵问题的出现与小微企业资产实力较弱有关，其从事的大部分行业附加值低、收益低、技术含量低、季节因素较强，故经营业绩并不稳定。同时小微企业融资体现了“短、小、频、急”的特点，现有银行在产品设计以及风控流程上根本无法满足其需求，从成本收益和风险收益两方面来讲都不经济。这也是互联网金融平台崛起的机会，通过提供灵活的产品期限设计、较强的资金匹配能力以及辅助的互联网征信手段，互联网金融平台能够为小微企业提供及时的金融服务。

表 1.3 引自国家开发银行原副行长、中国小微金融研究院院长刘克崮老师提供的资料，数据调查时间为 2014 年。通过数据可以清晰地看到实体经济

的金融服务覆盖率情况，大中型企业金融服务供大于求，而小微企业以及个体户金融服务严重供小于求。

表 1.3 各类主体金融服务覆盖率

大类	细类	数量（户）	笔均（元）	银行覆盖率（%）	非存款类覆盖率（%）	正规金融覆盖率（%）	民间金融覆盖率（%）
大中型企业	大型企业	数万	数亿	100		100	
	中型企业	百万	数千万	90		90	
小微企业	小型企业	小数百万	数百万	20	20	40	
	微型企业	大数百万	大数十万	2	10	12	
个体户及自业者	个体户	4 400 万	小数十万	1	2	3	20
	自业者	4 400 万	数万	1	1	2	30
农户	生产性农户	1.9 亿	数千	1	1	2	60

总体来说，互联网金融在一定程度上缓解了金融压抑，使得金融服务的可得性提高，普惠性得到加强。互联网金融往往在传统金融业务已经充分服务或需要人力资本的领域之外获得成长空间。

其次，技术的进步也推动了互联网金融快速发展。互联网和移动互联网平台的发展带来了巨大的网民基数，使个人在网络平台的行为数据可以被大数据征信收集和分析，多维度的数据可以组成个人完整的信用画像，便于网络授信评审。同时，电商平台集聚的商家资金流、交易流及物流信息可以为金融服务提供征信参考，软件企业或供应链平台搭建的 ERP 系统或供应链线上系统将企业行为数据留存在网上，使之变得可追踪，贷后也可实时监测预警，便于网络授信业务的开展。作为基础平台的互联网，也汇集各金融机构的财富管理产品进行线上销售，通过供给的便捷带动有效需求的释放。

区块链技术在金融服务领域的应用也在逐渐降低交易成本、提高效率。区块链是一种去中心化的账簿系统，各方参与记录、存储信息，可节省大量的中介成本，能更好地确保数据安全。同时，它拥有不可篡改的时间戳，可以有效解决数据追踪、信息防伪等问题。区块链技术将极大地影响支付系统、证券结算系统、交易数据库等金融基础设施，重构货币的形态，并且可以助力信用体系建设、“反恐怖主义融资”。包括区块链在内的新技术使金融体系与科技相结合，带来了更高效的资金融通与更有效的金融监管，是互联网金融区别于传统金融服务模式的最大特点。

最后，政策监管的不协调为互联网金融的初期发展提供了一个黄金时期，这一时期互联网金融部分业态凭借游离于传统金融监管体系的优越条件，开展了传统金融机构早已想做，但迫于监管束缚无法推进的业务，取得了部分监管套利的效果。互联网金融作为高效的金融服务业态应该得到包容性的支持，同时以创新倒逼传统金融改革，但在监管体制与相关法规未做调整前，不应允许互联网金融取得相对传统金融机构竞争的“法外治权”，如第三方支付行业、部分理财综合平台等，同时互联网平台的广覆盖特性使得防范风险的监管举措应实时跟进，充分保护金融消费者的权益。

三、互联网金融与传统金融的区别

互联网金融并没有改变金融体系的本质特征，但确实在一些方面有别于传统金融体系，具体体现在以下 3 个方面：

一是互联网金融可以提高效率、降低交易成本。互联网作为高效的连接人与信息、服务的渠道，效率改进是指通过互联网平台更便捷地连接供需双方，更快地传递信息，方便金融机构提供金融服务，并能激励更多的供给或需求出现，带来金融服务需求的增加以及新业态的出现。

互联网金融平台可以挖掘客户需求，按 C2B（个人对企业）的模式定制金融服务，比传统银行烦琐的产品审批流程更有效率，如提供可定期限、利率的短期借贷产品。

互联网金融平台可以带来金融资源的高效流动，如跨区域、跨代际的分配，改变资金“农村反哺城市”的现状，不过这种效率的提高必须在严格把控风险的基础上进行。

同时，互联网能提供更广泛的有价值的数据，使更多的数据触网，并使得数据能动态实时更新，金融机构面对的信息更加对称，便于对服务对象进行评价。而且互联网使得金融机构收集数据的成本更低、对数据的分析更加精确，使得从贷前分析到风险定价再到贷后监管效率得到极大的提高。

资金价格一般由无风险利率、风险溢价以及中介运营成本 3 部分组成，完善的互联网金融模式可以降低融资成本，大数据分析技术以及互联网平台的信息聚集作用可以使信息不对称程度降低，进而降低风险成本，获客的便利以及轻资产的运营模式可以降低运营成本。

现有银行没有将资金成本进行有效区别，只是将资金汇集后给储蓄者平均的资金利率，资产端再根据不同风险定价获取利差收益，造成了广义上的消费者剩余的剥削，而供需直接匹配的互联网金融模式依据资产风险定价，匹配对应资金，高风险高收益、低风险低收益，维护金融消费者的选择权利。

二是互联网金融可以改善金融服务的体验。快速授信、随借随还、消费型理财等新的产品模式便于个人与小企业获得所需的金融服务，个人一站式金融服务在移动互联网平台也得以满足，各类记账类应用、金融产品超市、社交投资平台、理财教育应用加之便捷的移动支付技术组成了完整的财富管理生态圈。所谓新的供给可以激发新的需求，财富因此得以流动与增值。

技术的发展也推动互联网金融不断进化，如区块链技术使去中心化的交易、清算、资产管理成为可能，也突破金融界限服务于实体经济的各个领域，使生活场景与金融需求紧密结合，而不是现在的割裂状态。

未来可能就不存在互联网金融这一说法了，FinTech 将成为一种稀松平常的金融服务模式，传统金融与互联网金融之间的界限日益模糊。

三是互联网金融可以促进普惠金融的开展。普惠金融是指“使每一个人在有需求时都能以合适的价格享受到及时、有尊严、方便、高质量的各类型金融服务”。传统金融与互联网金融对比如表 1.4 所示。

表 1.4　传统金融与互联网金融对比

属性	传统金融	互联网金融
渠道	依赖线下网点及生硬的线上平台	金融场景化、碎片化，基于移动互联网
数据	基本个人及企业信息、静态数据、数据割裂	除了基本信息外纳入多维度的行为数据、动态数据实时监测、大数据应用于金融
技术	基于 IOE（IBM 小型机、Oracle 数据库、EMC 存储设备）架构、人工审核授信	基于 PaaS 云计算服务、大数据模型校验审核
供需	信贷配给、规模经济	跨代际、区域流动，供需双方更好匹配，效益成本比高
体验	以产品为中心	以用户为中心

第二节
互联网金融平台开展资产证券化

由于本书聚焦以 P2P 平台、金融资产交易所、电商借贷平台、互联网银行（也包括传统银行的网络速贷业务）为主的债权类模式，探讨这些平台开展资产证券化业务的模式，因此后续将围绕债权类互联网金融的模式进行深入讨论。其中，P2P 平台、金融资产交易所属于信息中介平台，电商借贷平台、互联网银行属于信用中介平台。

无论何种具体形式，债权类互联网金融的主要融资模式就是资产证券化，都是将非标资产（包括债权、受益权）进行打包，分割为相同份额或设计为不同信用级别进行销售。

互联网金融平台在资产证券化业务中的角色主要是提供销售平台以及创造线上资产，互联网平台不仅可以低成本、精准触达具有不同风险偏好的投资者，向他们提供不同风险收益比的可投资资产，而且随着经济活动向线上迁徙，个人消费者会在线上留存大量行为、信用数据，企业采购、销售等交易数据也会沉淀在线上，这些数据基础的搭建支撑了金融机构、互联网金融公司通过线上为这些群体提供借贷服务，进而产生相应的基础资产。

P2P 平台更多地是将借款人的债权划分为相同份额向投资者出售，从而使非标债权转化为标准债权得以销售，辅之以债权转让机制激活二级市场流动性。

金融资产交易所大多是作为信息技术平台与登记托管场所，引入非标资产挂牌销售或以非标资产为基础切分为相同份额销售，并提供可供转让的二级市场。以上两类信息中介平台资产的产生与证券的销售需要借助互联网的技术与渠道，与传统意义上的资产证券化有所区别。

电商借贷平台则具有信用中介的性质，先通过自身设立的实体或网络小贷公司向供应商或消费者进行借款，后通过互联网金融平台或证券交易所将债券资产打包评级，切割为不同偿付顺序的证券系列进行销售。互联网银行由于注册资本金有限，也可考虑采取资产证券化的方式盘活信贷资产，加速资金周转，将资产负债表中的信贷资产证券化融资。这个模式就是传统意义上的供应链金融或消费金融的资产证券化操作，只是资产的产生与证券的销售可能需要借助互联网的技术与渠道。

P2P 平台、金融资产交易所属于信息中介平台，本身不承担信用风险，对风险进行尽职调查后起到匹配融资者与投资者的作用，信息中介平台的资产来源可分为个人端和企业端。互联网银行属于信用中介平台，通过自身线下网点的贷前审核进行授信，并在互联网平台进行债权转让。电商借贷平台也属于信用中介平台，以线上数据进行在线授信，客户分为商户端与个人端，针对商户提供供应链金融服务，针对个人提供消费金融服务。

总的来说，互联网金融平台可以承接资产证券化业务“微笑曲线”价值链的两端（见图 1.1），打通资产证券化链条，既可以资产发起方、资产服务商以及财务顾问的角色，依托 SPV（特殊目的载体）将资产打包、分割、评级后，将证券化产品在交易所或证券公司柜台销售，也可通过资产管理计划在互联网金融平台或互联网金融交易所平台发售，即在基础资产的生产、证券化产品的销售两个环节区别于现有机构的资产证券化业务。

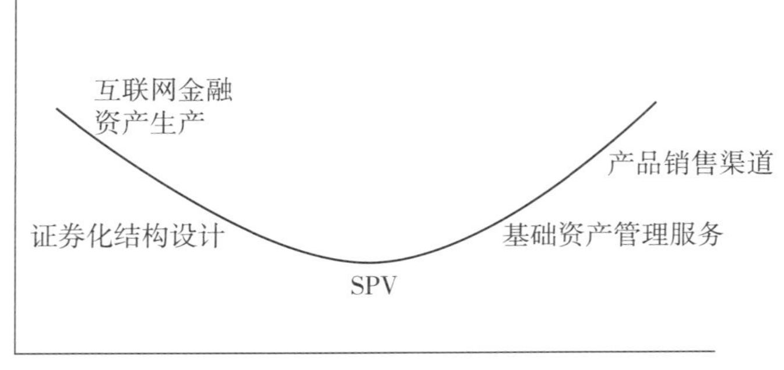

图1.1　互联网金融参与资产证券化的“微笑曲线”

一、信息中介平台与资产证券化

（一）P2P平台模式

根据银监会会同工业和信息化部、公安部、国家互联网信息办公室等部门起草的《网络借贷信息中介机构业务活动管理暂行办法（征求意见稿）》的定义，网络借贷是指个体和个体之间通过互联网平台实现的直接借贷。个体包含自然人、法人及其他组织。网络借贷信息中介机构（即P2P平台）是指依法设立，专门从事网络借贷信息中介业务活动的金融信息中介企业。该类机构以互联网为主要渠道，为借款人与出借人（即贷款人）实现直接借贷提供信息搜集、信息公布、资信评估、信息交互、借贷撮合等服务。

P2P平台发展初期的业务范围大都在个人对个人的借贷，后期随着市场竞争的激烈以及监管的明晰，已经演变出各具特色的业务模式，但也蕴藏着不少合规风险。

归纳起来，P2P平台从以下3个方面进行了业务探索，以寻求差异化经营战略。

第一，P2P平台深入细分行业，挖掘差异化的资产供给，如以供应链金融债权为资产端、以融资租赁应收款债权为资产端、以银行或商业票据为资产端、以PPP项目债权为资产端以及对接消费金融债权（金蛋理财对接趣分期大学生消费金融债权、玖富金融对接分期乐大学生消费金融债权）等，过去大而全的业务模式已不能适应信用风险控制的要求，不具备同巨头互联网流量平台竞争的优势。因此，切入细分资产，打通该类资产供应的上下游，是保证P2P平台继续保有优质资产、吸引投资人的关键。P2P平台行业细分情况见表1.5。

表1.5　P2P平台行业细分情况

细分资产	代表平台
供应链金融债权	爱投资、银湖网、海融易、道口贷
融资租赁应收款债权	拾财贷、爱投资、今日捷财
银行或商业票据	京东票据、陆金所、金银猫、票据宝
PPP项目债权	浙金网
消费金融债权	金蛋理财、玖富金融、积木盒子

第二，P2P平台加强风控能力及反欺诈能力，拓宽数据维度，如以自建消费场景的形式留存交易数据（积木盒子）、与专业征信风控机构合作（好贷网）、获取数据供应商以及第三方支付等合作商的多维度数据（点融网、有利网）等，力求获取信用相关度高、涵盖衣食住行多方面的数据，加强从源头控制借款人的信用风险。

第三，P2P平台多与线下小贷公司及担保公司合作开发客户及在线上进行债权转让，由于融资人有较强的地域性，线上平台很难深入当地进行充分的尽职调查，借助扎根地方的小贷公司可以缓解这部分信息不对称，代表案例如翼龙贷、宜信等。

P2P平台业务发展过程中也有很多不规范甚至违反法律法规的做法，值得从业者警惕，这里仅做简单总结：一是平台本金担保甚至本息担保的做法仍然常见，违背了平台信息中介的初衷；二是部分平台涉及资金池业务，债权债务关系不能一一对应，同时对金额与期限进行拆标，极易发生流动性风险，进而引发区域性金融风险和社会不稳定；三是部分平台利息承诺过高，不受法律保护；四是部分平台违反合格投资人规定，将私募产品或信托产品份额拆小，变相降低投资门槛，在投资者风险教育不足的情况下给投资人带来了很高的风险。

P2P 平台发展至今已 8 年有余，初期迅猛发展的后遗症已然显见，不过随着国家十部委指导意见的出台以及银监会监管细则的发布，上述这些问题相信会逐渐解决。只有解决了 P2P 平台自身的运作规范，才能保证资产证券化模式与互联网金融平台顺利对接，吸引更多投资者将此作为资产配置的可选项。

（二）金融资产交易所模式

金融资产交易所作为信息中介，一头对接资产，一头连接渠道，将非标资产的流动性盘活，为传统金融机构资产负债表“减负”。

根据《国务院办公厅关于清理整顿各类交易场所的实施意见》，要严格规范交易场所的设立和审批。对于新设的交易所，“除经国务院或国务院金融管理部门批准的以外，必须报省级人民政府批准，省级人民政府批准前，应取得联席会议的书面反馈意见”。

目前获得地方政府批准的实体金融资产交易所全国共有 10 家，如北京金融资产交易所、天津金融资产交易所、浙江金融资产交易中心以及大连金融资产交易所等，互联网金融资产交易平台包括招财宝、陆金所以及恒生电子成立的三潭金融等。

地方金融资产交易所主要以交易场外非标资产为主，如北京金融资产交易所业务平台包括不良金融资产交易服务平台、信贷资产交易服务平台、债权投资交易服务平台、信托产品交易服务平台、私募股权交易服务平台、受益权交易平台等，通过采用会员制的形式来提供平台服务，在一个统一的平台上提供协议转让、做市商机制、会员集合竞价以及混合型交易等不同业务模式。

浙江金融资产交易中心的服务对象为各类金融机构、有投融资需求的个人及企业、有各类资产处置需求的企业及个人，平台提供跨市场金融品种的挂牌、销售、流通转让以及托管登记、交割结算全程服务。

目前地方金融资产交易所存在3方面问题制约业务发展，一是交易模式单一，产品同质化程度较高，很难满足一般投资者的风险偏好，缺乏金融产品创新，如结构型产品设计，难以为不同类型的投资者提供产品组合；二是金融资产交易所偏向于区域性，无法在全国范围内将资金端与资产端对接，集中度风险很高；三是目前非标资产缺乏流动性，以非标资产为基础资产的证券化业务没有开展，质押式回购等流动性支持机制没有建立起来，这些因素都导致了交易所业务规模不大，价格发现机制不足，影响了融资效率。

目前各类互联网金融资产交易所业务大致分为3类：标准场内资产销售、非标资产标准化以及非标资产证券化。

标准场内资产销售即为在互联网平台上进行基金、理财产品的销售，大多为与基金公司、银行资产管理部合作，收取销售费用，典型平台如91金融、诺亚财富等。

非标资产标准化即为互联网平台将地方金融资产交易所、区域性股权交易中心挂牌的非标资产，如私募债、资管产品份额等进行拆标转让，使大众投资者可以比地方金融资产交易所等场所更低的门槛投资高收益、高风险资产，这类模式往往会对产品兑付提供强担保，典型平台如招财宝、陆金所等。但是根据最新的监管意见，任何机构或个人不得向非合格投资者募集、销售、转让私募产品或者私募产品收益权，且单一私募产品不得超过法定上线。这一类非标资产标准化的模式有违规嫌疑，需要采取合规的方式开展金融创新。

非标资产证券化即以非标资产产生的现金流或处置收益为质押，通过结构化设计，采取过手型或转付型结构安排，发行资产证券化份额供不同投资者投资，此类平台目前正处于初期发展阶段，典型以网金社、大连金融资产交易所为主。

后面谈到的金融资产交易所开展的资产证券化业务主要是指合规的非标资产标准化以及非标资产证券化两类模式，标准场内资产的销售有赖于互联网金融平台强大的产品集成能力与获客能力。

鉴于地方金融资产交易所的如上问题，互联网金融资产交易所具备天然优势，尤其是具有金融 IT 企业背景的平台优势更加明显，它们具备互联网平台的广泛获客渠道，以平台的角色与传统金融机构合作，并具备完善的资产托管登记和资金结算体系。

二、信息中介平台开展资产证券化业务模式

P2P 平台、金融资产交易所属于信息中介平台，信息中介平台是指平台不承担信用风险，只是作为产品销售平台或资产的获取平台。此类平台专注细分、差异化资产的获取，同时尽职地评估风险，并充分披露标的信息，让投资人自主决策并承担风险。

（一）P2P 平台开展资产证券化业务

P2P 平台的资产来源可分为个人端和企业端，前者以拍拍贷、人人贷为代表，后者以翼龙贷、拾财贷为代表。按照资产证券化流程，这两类 P2P 平台都是以债权或受益权为基础资产，以其产生的现金流为保障，切分为等额的收益凭证，并借助互联网平台进行销售，由于借款人往往为单一个体，所以很难进行分级操作。

这类平台开展资产证券化的关键在于风控措施的完善，拍拍贷采取纯线上的风控模式，利用个人在不同互联网平台中留存的数据进行评分，将其评定为不同信用等级，再结合借款期限与金额确定借款利率；积木盒子、人人贷采取线上线下相结合的方式进行信用评估，如人人贷母公司人人友信集团同时设立线下信用评估公司，多渠道获取客户相关收入数据、支付数据、社交数据、移动端数据及电商运营数据等大数据资源，综合客户的资信情况、收入稳定性等因素，进行风险预测与量化评估；也有平台通过线下渠道倚重传统风控措施，采取不动产抵押、动产质押等传统方式，这在不少 P2P 平台业务中都会占到一定的比例。

资产证券化业务本身由于基础资产的复杂性，需要完备的信息披露，而信息披露的要求在银行间交易商协会与证监会的监管下有所不同，在银行间

交易商协会注册备案的产品分类有完善的信息披露指引，如个人消费贷款类资产支持证券、个人汽车贷款资产支持证券，而证监会范围内的企业资产证券化并没有统一的信息披露格式，源于企业资产证券化的原始资产比较复杂。

但是互联网金融平台上的类资产证券化或准资产证券化产品是面向普通投资者的，背后的基础资产信息同样对于投资人不透明且不完备，这样对投资者进行价值判断带来了很大困难。平台的信息该披露到何种程度才能既保证投资者做出必要判断，又对借款人的隐私起到保护作用，是需要监管部门与行业共同探讨的重要议题，现有的解决方向是平台披露部分非敏感量化信息，同时监管部门对P2P平台以及产品两个层面都制定相应的信息备案与披露要求。

平台往往保有风险准备金，可以视为资产证券化中信用增级措施的流动性支持和现金账户，当平台出现流动性风险或偿付危机时，这部分准备金将充当第一道防线，同时平台角色也相当于资产证券化中的贷款服务商，负责管理借款人的信用风险、归集本息还款以及违约后协助投资者追偿。但是根据最新的监管规定，设立风险准备金账户有信用中介之嫌，后续平台需要根据监管意见进行修正。

目前平台的风险保障措施也有与保险公司合作开发的履约保证保险，在此模式下平台的风控审核以及保险的保障作用构成了两道防线，保证投资人将损失降至最低。

开展个人端和企业端业务的平台产品可以得到的保障也有所不同，企业端的债权份额还可以得到来自企业抵质押担保、回购或赎回等增信保障，也是目前风险最小的类别。

后期部分具备综合金融服务实力的P2P平台也可尝试利用自有资金收购非标资产，并以此作为基础资产，以信托或券商资管计划作为SPV，进行资产证券化操作，并在平台向不同风险承受能力的投资者销售不同等级的份额，这就是所谓的套利型资产证券化操作。

从国外经验来看，Prosper通过持牌金融机构将自身平台产生的债权打包分割为证券化产品出售，如与 Garrison Capital 先后在 2014 年和 2015 年发行了 3 笔总量为 1 亿美元的证券化产品，之后又与 BlackRock 在 2015 年发行了第一笔具有评级的消费信贷发起人贷款信托（Consumer Credit Origination Loan Trust，简称 CCOLT）产品，与花旗银行在 2015 年 6 月和 10 月发行了两笔具有评级的 CHAI-PM_1 和 PM_2 证券化产品。OnDeck 与 Jefferies 也在 2015 年 6 月和 8 月发行了 1.7 亿美元的以小企业贷款债权作为基础资产的证券化产品。

国内还没有 P2P 平台债权证券化的产品，原因有很多，包括国内 P2P 平台运作并不规范，平台产生的债权并不能被评级所认可；现有 P2P 平台大多属于信息中介，债权不属于平台，即使能够将许多债权打包，也不能针对证券化产品分清风险责任主体，届时平台仍面临很大的信用风险。

（二）金融资产交易所开展资产证券化业务

对于金融资产交易所，现在开展较多的是非标资产标准化业务及非标资产证券化业务。

互联网金融资产交易所作为财务顾问的角色，具有对资产情况更为了解的优势，在资产筛选、风险建模、风险定价以及发行上都可以发挥核心作用，便于非标基础资产转换为标准资产。

非标资产标准化业务面临合格投资人及投资人数要求，部分非标资产的销售规定为不得向非特定对象进行公开宣传，销售针对具有一定资金实力或具备投资能力的中高端人群，且累计投资人不得超过 200 人。而在金融资产交易所中，对资产份额进行“大拆小”销售企图降低投资门槛、对融资期限进行“长拆短”企图多期滚动发行的模式既违反了合格投资人的规定，也突破了投资人数的限制。

非标资产证券化业务即以非标资产作为基础资产，交易所作为基础平台联合 SPV、评级机构、会计师事务所、律师事务所以及担保机构等合作机构对基础资产进行证券化，并在交易所的互联网平台上向投资者发售。这里的非标资产往往来自交易所合作金融机构推荐，或投资者将所持金融资产质押融资所形成的债权。

采取结构化设计时，应按照资产证券化分层分级的模型，对基础资产进行拆分，并与评级机构合作，分为优先级与次级份额出售。通常资产证券化按照资产池违约概率、违约损失率、违约关联性等指标进行分层设计，且资产包一般资产较为分散，满足集中度要求，同时优先级与次级的规模按照优先级需要的信用增厚来设定。

关于次级份额自持，可以由融资人自己保留，也可引入机构投资者进行投资，保障对优先级份额的信用支持。这里的机构投资者为对资本要求并不严格的机构，这些机构对基础资产进行逐笔分析或抽样分析以判断投资价值。

对这类非标资产进行证券化，交易所需要将非标资产剩余本息、再评估的未来现金流以及压力测试综合考虑，确定现时合理估值，再给以足够的折扣率作为资产证券化产品发行面值，以达到超额抵押的目的。

这类非标资产往往有较高的合格投资者要求，必须采取分层结构设计或有担保条款的等额拆分设计，采取分层结构设计时可以引入机构投资者持有次级份额。

由于非标资产质押融资的基础资产的特殊属性，需要极强的风险控制措施以控制信用风险与流动性风险，使产品更具有吸引力。一般资产证券化的增信措施包括内部增信与外部增信，内部增信包括内部分级、保证金账户、超额抵押、触发机制以及权利完善事件等；外部增信包括流动性支持、差额支付承诺、第三方担保以及保险缓释工具等。尤其是其中的权利完善事件，在违约事件产生或达到其他设定的条件时行使权利完善行为，通知基础资产中的债务人债权已被转让，进行抵质押权过户等，可保护新债权人的利益。保险缓释工具在国外发展较为成熟，包括 CDS、CLN 等形式，保证证券化产品的本金履约，目前在业务模式中可以模仿陆金所或招财宝，引入具有实力的保险公司设计履约保证保险。

在穿透基础资产进行分析时需要特别注意债务人为地方政府或地方政府融资平台的情况，这些情况下资金及时回收的风险较大，需要认真研读债权债务合同明示的各种保障措施，研究当地财政可承受力等指标，与其他类资产区别对待。

目前互联网金融平台逐渐向细分市场聚焦发展，部分平台专注资产证券化业务平台与产品流转平台，如刚刚兴起的互联网金融资产交易所以及厦门国际金融技术有限公司等基础平台类公司。

互联网金融资产交易所以大连金融资产交易所为例，大连金融资产交易所定位于各类金融资产的流转平台、各类生息资产的证券化平台、各类政府项目的投融资平台、各类不良资产的处置交易平台、境内资产与境外资金的对接平台以及线下资产与线上投资人的对接平台，依托于股东银行IT上市公司及互联网银行平台运营商中科金财，将互联网金融的基因融入传统金融资产交易所中。

厦门国际金融技术有限公司由腾讯集团、厦门金圆集团、大公国际和永安金控等公司合资组建，涵盖了金融机构、评级机构、互联网专业服务商和金融资讯机构，本身就构成了一个以资产证券化为核心的生态圈。

不同于传统金融机构严格的资本金管理以及其他业务指标的约束，凭借互联网金融平台定位于非金融机构的灵活性，这些平台可以更深入地参与资产证券化市场。

【案例1.1】

在美国最典型的资产证券化模式就是房利美和房地美通过二级抵押市场收购银行向购房者发放的购房抵押贷款，并通过SPV打包分割为MBS产品销售给投资人，后期投资银行也参与到二级抵押市场的收购中，发行私营的MBS产品。不同于商业银行既作为原始权益人又作为发起人的Originator模式，这些政府支持机构或私营机构参与的证券化属于Sponsor模式，发起人与原始权益人分属两个主体，这两种模式都是重要的资本中介模式，前者大多为资产负债表类型资产证券化，后者一般为套利型资产证券化。

金融资产交易所参与资产证券化模式和房地美、房利美资产证券化模式分别见图1.2、图1.3。

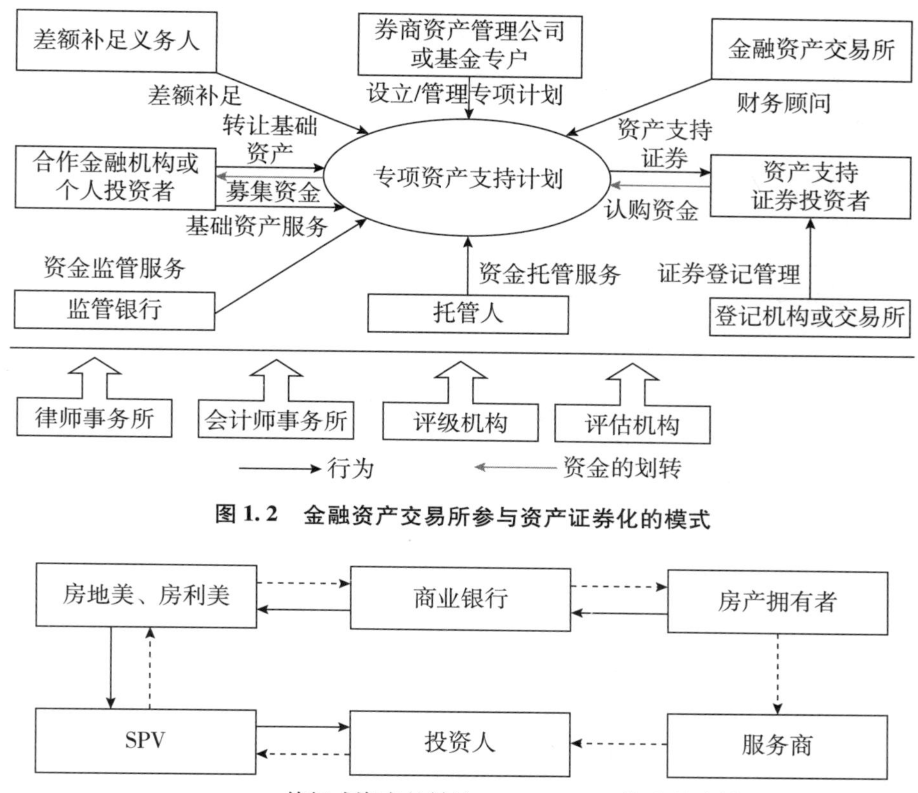

图 1.2　金融资产交易所参与资产证券化的模式

图 1.3　房地美、房利美模式

【**案例** 1.2】

2015 年 11 月 20 日，由阳光保险集团旗下的互联网金融平台惠金所担任财务顾问的资产证券化产品——齐鲁资管—先锋租赁一期资产支持专项计划成功发行，并在上海证券交易所挂牌交易。

该计划以先锋国际融资租赁有限公司（简称先锋租赁）为原始权益人，齐鲁证券资产管理公司为管理人，惠金所出任财务顾问，募集资金约 2 亿元，用于循环购买先锋租赁的融资租赁合同债权。

该计划的基础资产由 300 余笔融资租赁合同债权构成，为典型的高分散型优质租赁资产。产品采用传统的优先/次级结构，入池资产现金流对优先级资产现金流实现了较高比例的超额覆盖，计划还设置了原始权益人差额补足、信用触发及保证金备付等外部增信机制。作为财务顾问，惠金所通过资产遴选、结构设计等服务，成功为市场提供了带有互联网金融标签的产品。

该计划模式如图1.4所示。

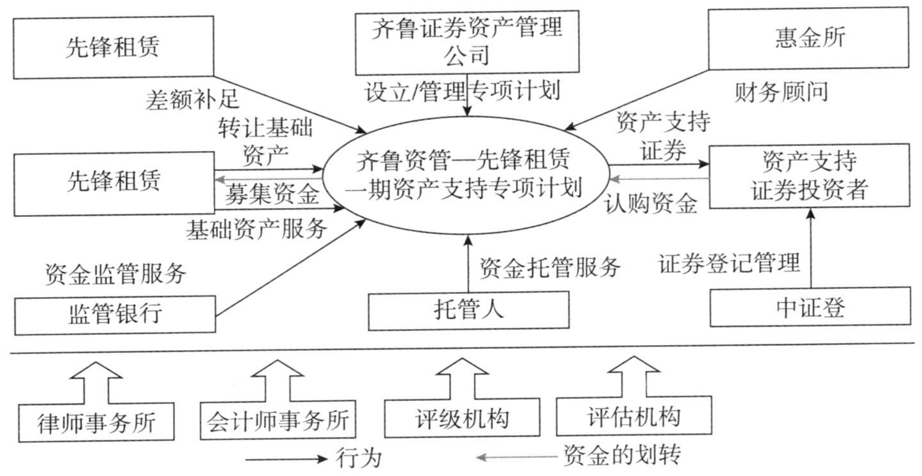

图1.4 齐鲁资管—先锋租赁一期资产支持专项计划模式

三、信用中介平台开展资产证券化业务模式

（一）电商借贷平台开展资产证券化业务

1. 电商借贷平台模式

电商借贷平台也属于信用中介平台，以线上数据进行在线授信，客户分为商户端与个人端，针对商户提供供应链金融服务，针对个人提供消费金融服务。信用中介指的是通过放贷承担信用风险，同时也获得信用利差的机构，由于放贷机构一般属于非金融企业，可利用的杠杆不高，业务消耗资本多，业务扩张受到资本的限制，资产证券化可以通过加快资产周转速度扩大业务

规模，通过提高周转率降低资本的消耗。此类平台仅将互联网平台作为分销渠道，业务重心还是在资产受理端，但在资产生成的流程中需要借助互联网的数据与技术资源。

针对商户提供供应链金融服务往往是电商平台发展到一定阶段自然向前延伸的商业模式，阿里、京东、百度等互联网巨头利用平台上聚集的规模庞大的商户数据，低风险地开展此类业务。

以京东为例，京东为自营平台供货商提供供应链金融服务，如应收账款抵押融资、应收账款保理等，由于京东自身作为核心企业对供货商的资质、供货商与自身的交易数据有很强的掌控力，且供应商的应收账款债务人为京东电商，供应商的存货也存放于京东自建仓库，信息流、资金流、物流全部掌握，该业务风险较低，风控模型相对简单。同时京东也通过京东小贷使用自有资金为第三方平台商户提供信用贷款，数据维度包括店铺在京东平台上的销售额、销售稳定性、资金结算流水、与平台其他商户的交易行为、消费者评价数据、京东物流监控数据等纯平台数据，并结合商户入驻平台时的资质审核资料，对不同变量赋予相应权重，从而得到企业的信用评分，对应得到企业的授信额度，再根据企业还款方式、借款期限等确定借款利率，后续实时监控上述数据，发现异常及时预警。

百度小贷的商业模式则是借助百度关键字搜索排名大平台，先选取一些点击率领先的电商卖家列为贷款对象，再根据这些企业的销售数据与资金周转状况设定一个信用评级，作为发放小额贷款的依据。

这些互联网巨头往往是通过下属的小贷公司为商户提供融资，为了灵活开展业务，纷纷选择了上海或重庆作为小贷公司的注册地。一方面，京东、百度等设立的小贷公司被允许借助互联网平台，向全国范围的电商卖家发放小额贷款；另一方面，互联网公司可以单一出资人身份设立小贷公司。

2. 电商借贷平台开展资产证券化业务

这些互联网电商平台有以自身平台已经产生的债权为基础资产进行资产证券化的需求，平台产生的债权大多基于平台积累的数据，对债权有比较好的管理能力与风险预警能力，同时债权单笔金额小、风险分散，满足基础资产包集中度的要求，所以一般这类的资产证券化产品容易受到投资人的青睐，典型案例如阿里小贷（现并入网商银行）的资产支持计划。

针对个人提供消费金融服务的平台也可将消费信贷债权进行资产证券化，但同样面临资产包需要循环购买新增债权，以实现资产真实出售的难题。这部分资产证券化与传统意义上的资产证券化的不同之处在于，这类模式的资产并不是由银行或线下的消费金融公司产生，而是内置于具有消费场景的电商平台或依附于某一细分互联网消费场景的消费金融服务商。

大的互联网平台都提供这类消费金融服务，像蚂蚁金服的花呗、京东的白条等，而这里蚂蚁金服的花呗由旗下小贷公司放贷且仅限于在淘宝天猫系统内购物之用，京东白条是延长账期的赊销活动，“白条+”扩展到了旅游白条与租房白条，对接京东旗下的小贷公司，京东的白条体系开始对接更多线上、线下消费场景。

在巨头的平台之外，针对细分行业也产生了很多消费金融创业公司，如大学生分期领域的分期乐、趣分期等平台，装修领域的小窝金服、土巴兔等平台，旅游分期领域的呼哧、首付游等平台，租房分期领域的斑马王国、租房宝等平台。这些细分领域的消费分期公司专注于场景的挖掘和细分消费金融资产的获取，往往不具备资金端的实力，需要对接P2P平台或银行等资金供应方。

消费金融平台开展资产证券化业务，优势在于全方位了解用户信息，部分情况下消费者只将借款用于在自身平台进行消费，同时互联网消费场景聚合碎片化的消费需求，激发消费者借贷消费的欲望，这样的基础资产包仍然具有小额分散等优点，典型案例如蚂蚁花呗对接蚂蚁小贷的资产支持计划、京东白条应收账款债权资产支持专项计划、分期乐债权资产证券化产品。

消费金融资产证券化目前主要集中在银行以及汽车金融公司，以信用卡资产证券化和汽车贷款资产证券化为主，随着更多银行系、实业公司系消费金融公司的设立以及互联网消费金融平台的兴起，未来消费金融资产证券化将逐渐成为资产证券化市场的主力军。

（二）互联网银行开展资产证券化业务

继国家政策鼓励民间资本发起设立自担风险的民营银行以来，首批5家银行已正式开业并运营，同时各地民间资本也在积极筹备申请第二批试点。

在第一批中，阿里网商银行和前海微众银行属于互联网银行的代表，没有实体分支行，注册资金规模小，业务开展基于线上场景，但两者之间也有一定的差异性，阿里网商银行除了基本的银行服务之外，并入原阿里小贷，侧重为阿里生态体系的商户提供借贷服务，而前海微众银行侧重为个人用户提供消费贷款及财富管理服务。

限于远程开户、生物特征识别等适用互联网平台展业的模式并没有如预想中放开，对互联网银行业务的开展造成困难，弱实名账户很难支撑多样性的金融服务需求，现阶段阿里网商银行和前海微众银行无一例外是寻求与银行合作进行转贷、联合放贷，自身输出获客能力与风控能力。

后期互联网银行可以将已有债权通过资产证券化的形式进行流动性盘活，释放资本以扩大业务规模。这类资产证券化的基础资产带有鲜明的互联网特色，前海微众银行内嵌于微信界面的微粒贷入口可以供个人消费者申请消费信贷额度，微粒贷打通了QQ与微信用户数据，通过社交关系、社交活跃度、网络定位的变化频率以及与银行卡的绑定等措施反欺诈，进行授信评定，辅之以传统的征信手段，可以很好地控制信用风险。

这样的基础资产受益于互联网用户的分散性以及大数据分析技术，显著降低了资产违约率，同时配合多层次的贷后管理手段降低了违约损失率，这样的资产证券化产品对投资者而言具有巨大的吸引力。

另外，传统商业银行针对小微企业的小额流动资金贷款推出了网络速贷模式，主要针对的客户为存量客户，系统根据小微企业客户以往提交的材料以及系统收集到的企业结算流水数据，自动计算授信额度并不断更新，这样小微企业在线上申请贷款时几分钟内便可审批通过，在授信额度内企业可以随借随还，便利了企业的资金周转与管理。

银行网络速贷模式对比如表1.6所示。

表 1.6　银行网络速贷模式对比

	浦发银行	招商银行	民生银行	建设银行
上线时间	2014.12	2015.1	2014.9	2014.12
特点	基于 POS 机流水的贷款，与第三方支付公司合作	移动端、全自助	基于 POS 机流水的贷款，并整合第三方数据信息	全流程自助贷款
目标客户	个体经营商户	“收付易” POS（销售终端）小微客户；存量小微企业客户	“乐收银” POS 小微客户	存量个人和小微客户
审批时间	5 分钟	60 秒	3 分钟	3 分钟
最高授信额	100 万元	50 万元	50 万元	500 万元

银行也可以与产业深度融合，契合企业产融结合驱动发展升级的思路，部分银行为企业创造了“融资、融智、融商”的平台，整合企业多维度信息，供授信决策之用。

如平安银行为中小企业推出的橙 e 网平台，为小企业提供在线 ERP，实时记录企业与上下游的交易数据及资金流水，并在该平台建立小企业家生活、经营的综合服务平台，不仅提供各行业的研究分析，也为企业记账、结算等需求提供服务，打造小企业生态圈。

银行可以将此类线上产生的供应链金融债权作为基础资产，由于负债期限往往长于资产期限，所以会定期开包循环购买债权。这类基础资产与传统金融机构债权资产的不同之处在于，利用线上数据动态实时更新便于贷前审查与贷后风控，同时供应链全环节的交易数据都被纳入监控，使基础资产的信用风险大为可控，以此类基础资产形成的资产证券化产品满足线上投资人的风险偏好与认知，也符合部分机构投资者对产品风险溢价的要求。

商业银行在依靠自身企业结算流水数据之外，也尝试获取企业的交易信息辅助放贷，自设电商平台或与外部电商平台合作便成为可选项。

目前，四大行及民生、兴业等多家股份制银行均成立或与外部合作成立了电商平台，如工行的融 e 购、建行的善融商务、中行的中银易商以及民生的民生电商。也有银行与外部电商平台合作获取数据并发放贷款，如招行与外贸电商平台敦煌网合作，民生与阿里巴巴集团合作服务商户，以及中信银行与财付通公司开展网络授信合作。

传统银行也可充分与优质的互联网金融平台合作或收购先期业务符合银行定位的平台，美国银行业最近出现了这一趋势，利用科技金融平台服务小企业客户，如摩根大通与网贷平台 OnDeck 的合作。

这些银行提供的互联网融资业务对接资产证券化业务，按照现有的证券化流程操作，只是所有的债权资产全部来自通过互联网渠道发放的贷款，后续作为贷款服务商，也可以通过线上监控信用风险，保障还款的可靠性。

国外信用中介型互联网金融平台进行资产证券化的案例尚无，这里仅列举国内两个著名的案例，一个是中金—蚂蚁微贷小额贷款资产支持专项计划，一个是京东白条应收账款债权资产支持专项计划。

【案例 1.3】

以中金公司与蚂蚁金服合作推出的小额贷款资产支持专项计划为例，第 1 期规模为 10 亿元，期限为 1 +1 年，其中优先级 7.8 亿元和次优级 1.2 亿元由合格投资者认购，次级 1 亿元由原始权益人认购，该产品设计了 1 年循环期 +1 年摊还期的结构、投资人收益预提安排，内外部增信相结合。同时，由于资产包期限与证券期限不匹配，资产包需要循环购买新增债权，以往此类证券化的难点就是需要设计入池标准以通过过手测试，实现资产的真实出售。

该计划模式如图 1.5 所示。

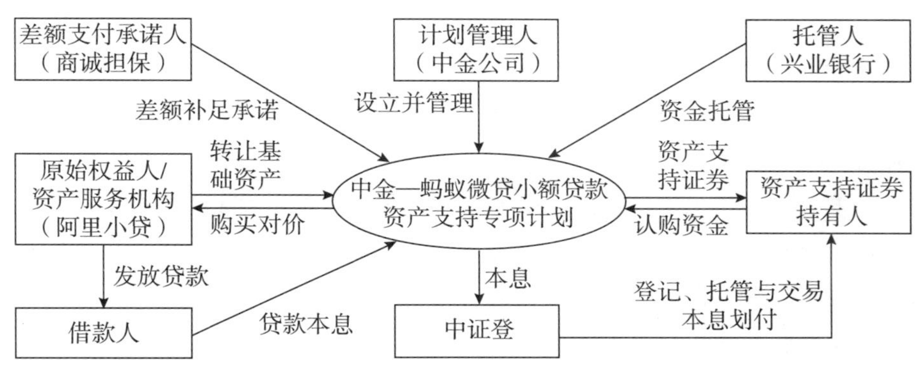

图 1.5　中金—蚂蚁微贷小额贷款资产支持专项计划模式

【案例 1.4】

针对个人端的消费金融，相比企业端来说基础资产高度分散、每笔金额小、期限短、不良贷款率低、整体质量好、风险分散。

京东白条资产证券化于 2015 年 10 月于深交所挂牌，基础资产为京东白条应收账款债权，融资总额为 8 亿元，分为优先 1 级（75%，AAA 评级）、优先 2 级（13%，AA－评级）、次级（12%）资产支持证券。其中，优先 1 级 6 亿元和优先 2 级 1.04 亿元资产支持证券由投资机构完成认购，次级 0.96 亿元由京东自己持有、风险自留。

该计划模式如图 1.6 所示。

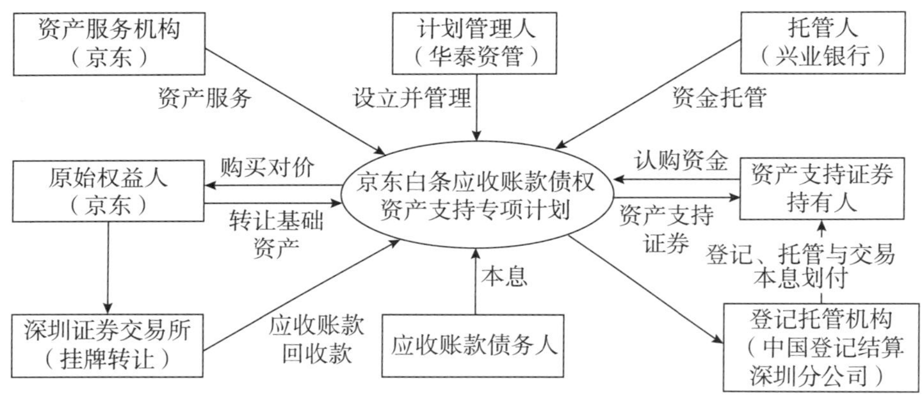

图 1.6　京东白条应收账款债权资产支持专项计划模式

另外，该产品期限为 24 个月，采取“12＋12”的模式，前 12 个月为循环购买期，以入池标准挑选合格基础资产进行循环购买；循环期内每季度兑付优先级投资人收益。后 12 个月为本息摊还期，摊还期内按月兑付优先级的利息和本金；待优先级本金全部偿付后，将剩余收益支付于次级投资人。

这次资产证券化的亮点之一在于并没有提供差额补足承诺，优先级债券的评级纯粹依赖白条资产的内部增信。而阿里小贷资产证券化则设置了外部担保和差额补足承诺，阿里巴巴旗下的商诚提供不超过 30% 的有限额度担保及补充支付。小额分散资产的循环购买对于京东 IT 系统的要求也相应提高，技术与设计的结合保证了资产证券化的成功实施。

四、互联网金融平台开展资产证券化业务总结

前文提到，互联网金融模式的精要就是资产证券化，是指将非标资产（包括债权、受益权）进行打包，分割为相同份额或设计为不同信用级别的证券进行销售。结合互联网金融的特性，下文归纳了在互联网金融平台开展资产证券化业务需要特别关注的几点：

一是资产证券化的基础资产要求权属明确，能够合法、有效地转让，且没有影响转让的权利限制，同时能独立产生稳定可预测的现金流，而目前部分互联网金融平台上的资产权属不明确，转让行为并不合法有效，试图在资产权属不转让给 SPV 的情况下，财产权利可办理变更登记手续，或者通过公示使转让行为对抗第三人。这些瑕疵不仅影响了资产证券化模式的运用，也可能触碰法律的红线。

二是互联网金融平台开展资产证券化业务需要极强的技术实力。一方面，在现有条件下平台的交易系统与托管系统需要与合作金融机构的 TA（开放式基金登记结算）系统打通，针对非标资产开发特定的模块对接；另一方面，平台也需具备分析融资者信用的数据收集、处理能力，如社交数据、行为数据等。互联网金融对网络安全、反欺诈等方面提出了更高的要求，不同于线下面签的操作模式，纯线上模式对计算能力、数据处理能力以及安全保障能力的要求需要平台具备足够的技术实力。

三是充分的信息披露，这也是作为信息中介的平台在尽职条件下必须做到的。具体的披露范围及程序需要根据即将出台的监管细则的要求，要以投资人能充分判断风险，同时充分保护借款人隐私为标准加强信息披露工作，而非引导一种只注重投资收益，不顾及投资风险的文化。

四是对投资人进行分层。对于以分层结构设计的证券化产品，部分优先级可以考虑引入普通投资者，而次优或次级份额必须由高净值人群或机构投资者介入，不能变相向普通投资者兜售。可以对投资人进行分层，以适应不

同产品对风险偏好的要求。

五是资金托管问题。借款人的本息还款可以直接支付给出借人账户，也可以将资金先归集到平台设立的托管账户，再由平台按照证券化产品的设计安排现金流偿付。

六是互联网金融平台开展资产证券化业务还应遵循传统流程，避免使金融风险在互联网广域平台上传播，同时坚持监管合规、不踩法律禁区，在创新发展与规范发展之间寻找最佳平衡点。

第三节
互联网金融基础设施的构建

在互联网金融平台上开展的业务按照分类都属于场外非标业务，由于缺乏流动性和法律保障，需要完善一系列基础设施以支撑业务的稳健发展，不仅对于互联网金融平台开展资产证券化业务而言，对于整个互联网金融的生态建设而言这也是一项基础性工程。当下对于互联网金融行业来说，最重要的基础包括资产登记托管和资金结算系统、多层次的征信体系以及技术与风控能力。

一、场外资产登记托管和资金结算系统的缺失

在登记托管和资金结算方面，目前业内还无法定的第三方登记托管和资金结算机构（类似场内交易的中债登、中证登）为场外非标资产的交易提供服务，仅有的官方层面的统一场外资产交易场所是中证机构间报价系统股份有限公司，该公司开展私募产品报价、转让、交易、发行、登记、托管与结算，解决场外市场发展中如何监管的问题，在这一系统中的参与方都为机构投资者，对合格投资者的认定进行严格把控，目前包括资管计划、收益凭证以及资产证券化等私募产品都可以进行发行和转让。但由于市场分割，目前标的资产种类不多，其合法的登记托管机构身份亟待建立，以盘活整个大类资产的流动性。

但目前场外市场交易场所登记托管和资金结算机构的法律地位并不明确，对交易产品登记过户、场外资产质押、交易资金监管等重要功能无法提供服务。目前大多互联网金融平台进行非标转标的交易通过地方金融资产交易所或产权交易所，这些交易所的监管层级属于地方金融办，面临很大的政策风险，这类平台如网金社、招财宝、京东金融等。另外一类机构在交易系统之外建立产品登记系统以及资金管理系统，并没有独立于交易平台，公信力取决于平台本身，这类平台如陆金所。

以陆金所为例，作为国内目前市场影响力最大的网络投融资平台，陆金所非常注重产品的风控和资金的管控。平台在交易系统之外专门建立了产品登记系统对所有产品的设立、登记、评级、信息披露等进行集中处理。同时通过完善的资金管理系统对资金采用银行托管及清结算业务进行全面的管理。但陆金所对于产品的登记没有独立于交易平台之外，其公信力主要依靠平台自身的品牌和管理，第三方监管介入较少。

由此，引申出两大类型的风险：一是场外市场交易场所登记结算机构的法律地位不明确，在发生法律纠纷时难以保障相关各方的利益，也无法吸引相关的投融资机构积极参与。

在行业实践中因所有权登记机构无明确的法律地位，经常会因为重复质押导致多方争夺资产，影响场外市场交易机构的公信力，并直接导致场外市场交易无法适应经济发展的需要。

场外资产范围广、种类多。从交易形态来看包括券商 OTC 产品交易、金融资产交易、股权交易、产权交易、现货商品交易、P2P 交易、众筹等；从资产类型来看则主要可分为收益权、债权、股权和商品权四大类。目前来说，所有资产类型都受到财产所有权登记机构法律地位不明确问题的困扰。

以 OTC 产品为例，2014 年后，券商资管以自建 TA 为主，但作为资产登记机构，券商的权威性并没有得到法律的有效维护。对于各地金融资产中心、股权交易中心、产权交易中心来说，所面临的问题均类似。虽然这些机构都直接受各地金融办监管，但在资产登记方面同样没有获得相应的法律地位，无法解决资产所有权确权的问题。现货商品，包括大宗商品仓单等，无论从平台本身公信力还是法律地位来看，资产确权都存在很大隐患。P2P 交易、众筹等新兴业务正处于发展初期，平台自身资质良莠不齐、鱼龙混杂，同样没有明确的法律地位。

资产确权问题没有解决，必然容易诱发多次质押，多方争夺财产所有权的风险，最终很容易给投资人带来资产的重大损失。同时基于互联网金融平台的资产进行证券化操作也要求资产权属明确，能够合法、有效地转让，且没有影响转让的权利限制，没有法定的确权系统，无从谈及对证券化投资者的保障。

二是交易过程中存在的估值风险、交易风险、履约风险、资金风险等，影响了投资者的参与热情，对各交易场所的健康发展造成了较大的局限。

估值风险即由于流动性的欠缺、信息披露的不充分，非标资产的估值很难确定，同时交易所可能配合经纪商进行价格操纵，从而损害投资者的权益；交易风险即由于交易所监管的缺位，使得交易无法顺利达成，如大宗商品的重复质押、以次充好等问题；履约风险即由于缺少中央对手方，交易双方都可能面临信用风险；资金风险即部分场外资产交易所的资金并未实现银行托管，容易发生平台资金挪用乃至跑路的风险，典型案例如部分 P2P 公司发生的虚假标的自融等违规操作。

场外资产登记托管机构缺失在一定程度上也是由于监管分割的原因，银监会、证监会、保监会的监管领域都有场外资产类别，这些资产交易场所之间并不相通，不利于统一大资管市场的建设。

依照中国证券业协会 2015 年 7 月 29 日发布的《场外证券业务备案管理办法》的规定，场外证券的登记托管基础设施向符合要求的互联网公司开放，这为具备技术实力、有资本市场经验的互联网公司提供了介入互联网金融底层基础设施建设的机遇。随着场外资产登记系统的建立，场外金融资产的流动性将大为改观，约定式回购、质押融资等业务也将更加便利地开展。

总的来说，产权确权、完善的托管系统以及到位的资金监管才能为场外非标资产的交易以及后续基于互联网金融平台资产开展的证券化业务提供保障。

二、多层次征信体系的建设

征信方面，互联网金融主要是通过大数据技术对筹资者进行信用评估，因此建立适应互联网生态的多层次征信体系尤为重要。目前传统银行仍然以人民银行的征信报告为主要参考，辅之以企业财务经营报告进行判断，但这些数据都是静态的，不利于银行实时监控并及早防范，而来自互联网线上的数据可以实时更新，也更贴近企业日常经营层面或个人日常生活的真实一面。

中国人民银行在2013年先后下发《征信业管理条例》和《征信机构管理办法》，其中《征信机构管理办法》中规定了申请设立个人征信机构应具备的条件和需要递交的材料：包括个人信用信息系统符合国家信息安全保护等级二级或二级以上标准；信息来源第三方和信息服务第三方的标准；注册资本金要达到5 000万元。

在首批申请牌照的8家机构中，既有像鹏元、中诚信这样的传统征信机构，也有像芝麻信用、腾讯征信这样从事互联网征信业务的机构。这些补充性质的征信机构意在使个人信用产生价值，获取应有的金融服务，达到普惠金融的目标。

但是不得不承认的是，目前各家互联网金融平台以及征信平台都相对孤立，征信信息很难在不同平台间共享，造成了个人信用信息的碎片化，不利于个人完整画像的构建以及金融机构的信用判断。目前各家机构都是以自身体系内产生的数据为主要指标进行信用评价，后期还需要有公信力的第三方机构将之打通。征信公司数据来源汇总如表1.7所示。

表1.7　征信公司数据来源汇总

征信机构	数据来源
芝麻信用管理有限公司	依托阿里电商系的交易数据闭环，并以阿里云的大数据分析为基础，整合分析用户的个人信用评价，帮助企业对用户的还款意愿及能力做出评价，提供信用依据

（续表）

征信机构	数据来源
腾讯征信有限公司	腾讯征信的数据分为腾讯信息和非腾讯信息两部分。腾讯的用户量和积累的社交数据，是腾讯征信的独特优势
深圳前海征信中心股份有限公司	前海征信的数据来源分为5种，即平安系内部数据、合作部门单位数据、50多家合作金融公司数据、客户主动自愿提供的数据、外部网络公开获取的数据
鹏元征信有限公司	鹏元征信拥有鹏元征信系统、评分系统、客户关系管理系统等多项国内首创并具有完全自主知识产权的核心技术，目前正积极从传统征信向互联网化征信转变
中诚信征信有限公司	中诚信征信拥有独立的民间征信数据库，通过既有业务数据沉淀、清洗和积累、合作客户数据互换、数据采购（公安部、金融交易数据、垂直电商数据等）、外购多方数据源、网络公开抓取、用户授权等模式大规模丰富了个人信息数据
中智诚征信有限公司	中智诚征信的数据使用诸多变量，如偿还历史、欠款额及信用账户数、信用使用年限、新开立信用账户、信用类型、近期信用查询次数、个人消费行为习惯等
拉卡拉信用管理有限公司	拉卡拉的信用数据来源于考拉征信的股东单位持续供应，并拓宽合作伙伴；公共部门合作；鼓励用户自行上传资料
北京华道征信有限公司	华道征信的数据来源包括信贷数据、公安数据、运营商数据、公共事业数据和网络痕迹数据

中国人民银行的征信中心是一个基础数据库，已获批的个人征信机构将提供一些增值和创新服务，未来个人征信机构和人民银行征信中心或可实现信用信息互通。目前中国人民银行的征信中心也面临部门间信息整合的难题，如工商登记信息、税务信息以及法院诉讼信息，缺乏高层的协调机制，信息维度并不全面。而民间征信机构也面临政府数据开放问题，很多中小企业并无足够的资产证明实力，但其纳税、环保履责、专利等多个角度也可以从侧面反映企业的经营稳定性及发展前景。以航天信息为例，其在政府税控领域布局多年，积累了足够数量的客户资源及企业纳税信息，可以据此对企业进

行信用评估，助力银行等金融机构进行授信。

目前针对互联网金融领域，只有一家官方层面的征信平台，即中国人民银行征信中心旗下的上海资信，上海资信推出了全国首个基于互联网的专业化信息系统，用于收集 P2P 网贷业务中产生的贷款和偿还等信用交易信息，并向 P2P 机构提供查询服务，形成 P2P 行业内的信息互通，便于 P2P 平台进行授信分析，防范借款人恶意欺诈、过度负债等信用风险。随着系统的完善，信用报告和信用评分等相关增值服务都会陆续出现。

随着互联网金融向专业化、纵深化发展，预期未来还会有多家独立第三方的征信机构在这个领域布局，提供多样化的征信查询选择。

三、技术与风控能力的加强

在 IT 基础设施建设及运营服务上，国内云服务提供商日益壮大，针对小微信贷机构提供服务的公司也很快脱颖而出，如阿里云、恒生云等优质提供商。针对 P2P 的信贷业务系统设计领域，有包括神州融、英科信息、财易通软件、互融云等初创公司，这些公司无一例外都是随 P2P 平台发展而兴起的。风控模型构建服务提供商包括神州融、好贷云风控、明略数据等，其中神州融作为大数据风控平台服务商，是由公司联合阿里金融云、全球最大征信局 Experian 共同打造，整合第三方征信机构和电商平台等信贷应用场景的 360 度大数据，通过覆盖信贷全生命周期管理的风控技术，提供大数据驱动的信贷风控决策服务。

第四节
互联网金融监管概述

一、总体监管原则

正如前文所述，互联网金融的飞速发展离不开监管的包容，实际上现有的很多互联网金融创新模式早已出现在传统银行的布局规划中，但由于过于严格的监管难以在庞大的体系内推动。同时，目前很多互联网金融平台的模式存在明显的法律及合规瑕疵，亟待监管规范，以更坚实稳健地发展。

不同于零售被互联网改造，金融具有影响范围广、与经济社会关联度高、风险易扩散等特点，金融加互联网不能忽视风险控制的本质特征，在提高资源配置效率、改进金融服务体验的同时，也要时刻关注风险。

监管部门、司法部门一直秉持包容性发展，创新与规范并重的原则鼓励互联网金融的有序发展。

互联网金融从民间金融发展到连续 3 次受到政府工作报告关注，已成为新的经济增长点之一。

2014 年《政府工作报告》提出促进互联网金融健康发展，完善金融监管协调机制；2015 年《政府工作报告》在“调整产业结构，培育新增长点、新业态”部分再次提及互联网金融，可以看出国务院把互联网金融放在经济结构调整、培育经济新增长点、促进新业态发展、鼓励创新的位置之上，其高度、深度与之前明显不同。

2016 年《政府工作报告》则提到要“规范发展互联网金融。大力发展普惠金融和绿色金融。加强全口径外债宏观审慎管理。扎紧制度笼子，整顿规范金融秩序，严厉打击金融诈骗、非法集资和证券期货领域的违法犯罪活动，坚决守住不发生系统性区域性风险的底线”。

2015 年 7 月，以中国人民银行牵头的国家十部委联合下发了《关于促进互联网金融健康发展的指导意见》（以下简称《指导意见》），按照“鼓励创新、防范风险、趋利避害、健康发展”的总体要求，提出了一系列鼓励创新、支持互联网金融稳步发展的政策措施，积极鼓励互联网金融平台、产品和服务创新，鼓励从业机构相互合作，拓宽从业机构融资渠道，坚持简政放权和落实、完善财税政策，推动信用基础设施建设和配套服务体系建设。按照“依法监管、适度监管、分类监管、协同监管、创新监管”的原则，确立了互联网支付、网络借贷、股权众筹融资、互联网基金销售、互联网保险、互联网信托和互联网消费金融等互联网金融主要业态的监管职责分工，落实了监管责任，明确了业务边界。

2015 年 11 月 3 日，《中共中央关于制定国民经济和社会发展第十三个五年规划的建议》正式发布，互联网金融首次被纳入国家五年规划建议，具体表述为：规范发展互联网金融。

互联网金融将从“野蛮时代”过渡到“监管时代”。

二、债权类互联网金融平台监管

由于本书更多关注债权类互联网金融平台的模式，因此仅就这方面的监管政策与发展做简单介绍。

2015 年 8 月，国务院发布了《非存款类放贷组织条例（征求意见稿)》，意在完善多层次信贷市场，为发展普惠金融提供制度基础，同时规范民间融资、打击非法集资。条例规定除依法报经监督管理部门批准并取得经营放贷业务许可的非存款类放贷组织外，任何组织和个人不得经营放贷业务，同时依照该条例设立的非存款类放贷组织不得以任何形式吸收或变相吸收公众存款。目前部分从事信用放贷业务的互联网平台要么申请相关资质，要么停止不规范操作。

2016 年年初曝光的房地产中介平台介入金融业务违反了法律规定，在缺乏相关资质或牌照的前提下，违规进行资金借贷，而且类似“首付贷”等创新性产品也违背了贷款管理的基本规定，即抵押贷款需一定比例的自有资金，这部分自有资金不得由借贷而来。

对于第三方支付公司，目前部分公司的业务模式已经从简单的支付通道演变为理财平台甚至借贷平台，开展资金池业务，引发非法集资的嫌疑，造成了信用风险及资金挪用风险，2015 年就有两家机构因为违规操作被撤销第三方支付牌照。《非银行支付机构网络支付业务管理办法（征求意见稿)》的出台对第三方支付行业进行了正本清源的规范管理，对网上支付金额、第三方支付账户的开立、转账等都做出了要求，夯实了行业继续纵深发展的基础。

对于 P2P 平台，在 2015 年年底，银监会会同工业和信息化部、公安部、国家互联网信息办公室等部门研究起草了《网络借贷信息中介机构业务活动管理暂行办法（征求意见稿）》，这是P2P网贷进入中国8年来首份行业监管细则意见稿，标志着P2P网贷行业在规范化、标准化的道路上迈出了关键的一步。

监管部门要求不得触碰“非法集资”和“非法吸收公众存款”两条红线，应明确定位于民间借贷的信息中介不能为投资者提供担保，不得承诺贷款本金的收益，不承担信用风险和流动性风险等。否则，信息中介将是名副其实的信用中介，接受《非存款类放贷组织条例（征求意见稿）》的约束。

在负面清单中，P2P也将不得进行自融自保；不得向非实名用户推介项目；不得进行虚假宣传；不得发放贷款；不得将融资项目的期限进行拆分；不得销售理财、资管、基金、保险或信托产品；不得从事股权众筹等业务；更不得进行股票配资业务。

同时，监管部门要求P2P公司的客户资金必须交由银行进行第三方托管，防止平台任意挪用投资人资金。

在这一征求意见稿中，也明确了地方金融监管部门负责本辖区网络借贷信息中介机构的规范引导，备案管理和风险防范、处置工作，指导本辖区网络借贷行业自律组织。

由于P2P业务涉及民间借贷，最高法关于民间借贷的司法解释也保护了P2P作为居间交易平台的合法地位。2015年8月，《最高人民法院关于审理民间借贷案件适用法律若干问题的规定》发布，对民间借贷的方方面面问题做出了规范。

利率方面，“银行同类贷款利率的4倍”一直是民间借贷的利率红线，而新的规定第二十六条第一款规定，“借贷双方约定的利率未超过年利率24%，出借人请求借款人按照约定的利率支付利息的，人民法院应予支持”；第二款规定，“借贷双方约定的利率超过年利率36%，超过部分的利息约定无效。借款人请求出借人返还已支付的超过年利率36%部分的利息的，人民法院应予支持”。

部分P2P平台目前给予投资人担保承诺，这会给平台带来信用风险与流动性风险。《最高人民法院关于审理民间借贷案件适用法律若干问题的规定》

第十三条第二款规定，“担保人以借款人或者出借人的借贷行为涉嫌犯罪或者已经生效的判决认定构成犯罪为由，主张不承担民事责任的，人民法院应当依据民间借贷合同与担保合同的效力、当事人的过错程度，依法确定担保人的民事责任”。同时《最高人民法院关于审理民间借贷案件适用法律若干问题的规定》第八条规定，“借款人涉嫌犯罪或者生效判决认定其有罪，出借人起诉请求担保人承担民事责任的，人民法院应予受理”。在第二十二条明确规定，“借贷双方通过网络贷款平台形成借贷关系，网络贷款平台的提供者仅提供媒介服务，当事人请求其承担担保责任的，人民法院不予支持”。

目前部分 P2P 平台涉及债权转让业务，《中华人民共和国合同法》第八十条第一款规定，“债权人转让权利的，应当通知债务人。未经通知的，该转让对债务人不发生效力”。转让债权的通知未及时履行，只能作为债务人享有对抗受让人的权利，而并不影响债权转让人与受让人之间的债权转让合同的效力。对于互联网金融行业，债权转让被最高司法机关认可，但应当及时履行通知义务，如在线通知。

《最高人民法院关于审理非法集资刑事案件具体应用法律若干问题的解释》第一条第一款规定，构成非法吸收公众存款罪需要同时具备四大要件：一是违反国家金融管理法律规定，未经有关部门依法批准或者借用合法经营的形式吸收资金；二是向社会公开宣传；三是还本付息或者给付回报；四是向社会不特定对象吸收资金。包括 P2P 平台以及第三方支付平台在内的互联网金融机构不能触碰非法集资的法律红线。

对于互联网金融平台开展证券业务，也有相应的法律规制。《中华人民共和国证券法》第一百六十九条第一款规定，“投资咨询机构、财务顾问机构、资信评级机构、资产评估机构、会计师事务所从事证券服务业务，必须经国务院证券监督管理机构和有关主管部门批准”。而违反国家规定，未经国家有关主管部门批准非法经营证券业务的，将会面临刑法的处罚。因此，互联网金融平台开展资产证券化业务时需要取得相应资质或者借助有相应资质的机构进行证券化操作并销售，否则将面临非法经营证券业务的指控。

对于包括互联网金融投资者在内的金融消费者权益保护，2015 年 11 月

13 日，国务院办公厅也专门发布了《关于加强金融消费者权益保护工作的指导意见》，提出要建立健全金融消费者权益保护监管机制和保障机制，规范金融机构行为，培育公平竞争和诚信的市场环境，以切实保护金融消费者的合法权益。

e 租宝、大大集团等风险事件的爆发对金融消费者权益保护机制的完善意义重大，如何在监管分割的格局下提前识别风险、进行风险预警，以及在风险暴露后进行及时有效的处理都是在行业发展过程需要解决的难题。

随着各方面监管规则的制定以及配套措施的跟进，互联网金融行业的发展将愈发规范，同时以其极强的市场创新能力缓解金融压抑，助力普惠金融。

我们再简单评述对互联网金融的几点看法。首先，互联网金融公司与传统金融公司是互补合作的关系，传统金融公司拥有资金资源及稳健的风控能力，互联网金融公司拥有强大的数据资源及数据处理能力，同时通过互联网渠道能够触达更多的金融消费者，两者需要寻求业务上的合作。

举两个直观的例子，支付宝之所以能够在历次“双 11”购物节中快速响应支付需求，除了阿里云的云计算能力，也有人民银行、银联以及商业银行构建的完善的支付清算网络的基础性作用；第三方支付限于安全性与规范性不足，目前只能进行小额支付，只有小额支付才是注重体验的，大额支付最重要的是资金安全，在这方面显然目前置于强大监管体系中的传统金融机构更胜一筹，当然不排除未来双向的融合趋势。

其次，目前寻找好的资产与加强风控能力是传统金融机构与互联网金融机构共同面临的难题。传统金融机构由于经济下行，实体经济收益率回落，很难发现好的资产匹配目前成本攀升的负债，经营压力日趋加大。互联网金融机构过去粗放的经营模式已经使被宏观经济上行掩盖的种种问题逐渐暴露，如相对高的坏账率、违法违规的展业模式等。

同时新的征信评估技术如大数据征信并未如学界或业界宣扬的那样精准，在数据的积累规模、数据处理算法得到一定的突破、数据模型经过完整的经济周期检验之前，很难断言纯大数据征信可以解决我国信用环境差带来的一系列问题。可以尝试着做个判断，在我国目前的信用环境中，很难推行纯信用的金融交易，也难以责怪部分重抵押、重担保的业务模式，只能寄希望于社会的信用程度得到普遍提升。

区块链、物联网等新型技术的兴起也必将促进金融业的发展与进步，同时也带来金融基础设施、运行规则乃至监管手段的更新，相信不久的将来这些技术将从最容易突破的领域入手，逐步扩展到生活的方方面面。

最后，我们应该以理性和包容的态度看待互联网金融，既不能不明就里地一味鼓吹，也不能一刀切地阻碍创新路上的不断试错。当下人人做金融的现象并不可持续，假借互联网金融创新的违法行为也必然不可长久，可能一点流动性或行业声誉的风险就会让互联网金融平台倒下。

互联网金融是高效的金融资源匹配模式，总比过去垄断的金融体系要好，但是要记住，这是金融，不是普通讲究体验的消费行为，门槛相对高得多。适当的监管永远是互联网金融行业健康发展的基石，是普通老百姓合法财产权利的必要保障。

我们期待互联网金融可以走得更远，为我们提供各种各样新的服务，满足新的需求，提供新的供给！

第二章

信息中介平台模式

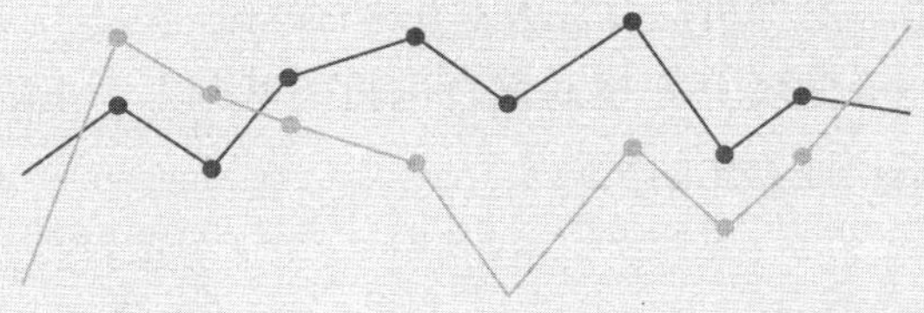

在全球收紧影子银行监管的背景下，以国家十部委《指导意见》的发布为分水岭，互联网金融分类监管开始转型，使得互联网金融回归信息中介模式这一本源。

互联网金融语境下，信息中介平台是指互联网金融平台自身不承担信用风险，只是作为产品销售平台或资产的获取平台。此类平台专注细分、差异化资产的获取，同时通过尽职地评估风险和充分披露标的资产信息，使投资人获得决策相关信息，从而可以自主决策并承担风险。

在对当前信息中介主要商业模式进行剖析的基础上，本章将介绍当前主要信息中介模式下资产证券化的实践。

第一节 新分类监管催生行业转型机会

全球影子银行监管体系的演化及互联网金融领域的风险迭出推动了我国立法者加强对互联网金融的监管。

影子银行是中性名词，泛指游离于传统监管体系之外的信用中介。2013年12月10日，国务院以国办发〔2013〕107号文向相关部委和各省政府下发了《国务院办公厅关于加强影子银行监管有关问题的通知》，厘清了中国影子银行的概念，明确了影子银行监管责任分工以及各类金融机构的监管问题，被市场称为“影子银行基本法”。107 号文将我国影子银行划分为 3 类：一是不持有金融牌照、完全无监管的信用中介机构，包括新型网络金融公司、第三方理财机构等；二是不持有金融牌照、存在监管不足的信用中介机构，包括融资性担保公司、小额贷款公司等；三是机构持有金融牌照、存在监管不足或规避监管的业务，包括货币市场基金、资产证券化、部分理财业务等。其中第七款“规范网络金融活动”明确指出，“金融机构借助网络技术和互联网平台开展业务，要遵守业务范围规定，不得因技术手段的改进而超范围经营。网络支付平台、网络融资平台、网络信用平台等机构要遵守各项金融法律法规，不得利用互联网技术违规从事金融业务”。

2015 年 7 月 18 日，中国人民银行、工业和信息化部、公安部、财政部、国家工商总局、国务院法制办、银监会、证监会、保监会、国家互联网信息办公室十部委联合印发了《指导意见》，《指导意见》被认为是继 107 号文之后，中国互联网金融监管的纲领性文件。

《指导意见》的核心，即推动中国互联网金融从影子银行范畴的信用中介向信息中介方向转变。

一、互联网金融信息中介基础商业模式

《指导意见》按照“鼓励创新、防范风险、趋利避害、健康发展”的总体要求，提出了一系列鼓励创新、支持互联网金融稳步发展的政策措施，积极鼓励互联网金融平台、产品和服务创新，鼓励从业机构相互合作，拓宽从业机构融资渠道，坚持简政放权和落实、完善财税政策，推动信用基础设施建设和配套服务体系建设。

《指导意见》按照“依法监管、适度监管、分类监管、协同监管、创新监管”的原则，确立了互联网支付、网络借贷、股权众筹融资、互联网基金销售、互联网保险、互联网信托和互联网消费金融等互联网金融主要业态的监管职责分工，落实了监管责任，明确了业务边界。

《指导意见》坚持以市场为导向发展互联网金融，遵循服务好实体经济、

服从宏观调控和维护金融稳定的总体目标，切实保障消费者合法权益，维护公平竞争的市场秩序，在互联网行业管理，客户资金第三方存管制度，信息披露、风险提示和合格投资者制度，消费者权益保护，网络与信息安全，反洗钱和防范金融犯罪，加强互联网金融行业自律，监管协调与数据统计监测等方面提出了具体要求。

新的监管框架可分为两类，一类是对既有金融牌照拓展互联网金融销售渠道的规定，包括互联网保险、互联网信托如何在不违背现有金融监管框架的基础上拓展新的销售渠道；另一类才是真正的基于互联网行为的互联网金融，包括互联网支付、网络借贷、股权众筹融资、互联网基金销售、互联网消费金融等。互联网金融的分类监管见图2.1。

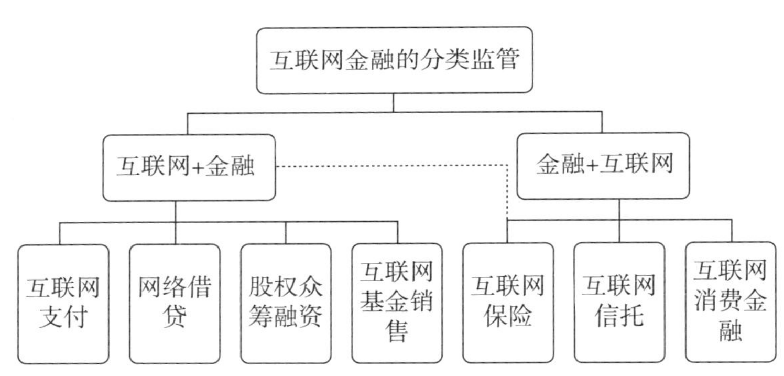

图2.1　互联网金融的分类监管

新的监管框架下，根据债权型基础资产来源的差异，互联网金融信息中介平台可以提供以下两类服务：一是网络借贷；二是互联网基金销售。债权类资产互联网金融信息中介平台见表2.1。

特别要说明的是，在新的监管框架下，互联网消费信贷被定义为受监管的消费信贷公司的互联网销售行为。实务中，借助网络借贷的基本原理，众多捆绑消费场景的互联网消费金融商业模式应运而生，本章后续也将介绍此类“网络分期”的互联网消费金融商业模式。

表 2.1 债权类资产互联网金融信息中介平台

债权类资产互联网金融信息中介平台		定义	资产特征	资金来源特征	基本行为要求	微观审慎监管要点	监管归口
网络借贷	个体网络借贷	个体网络借贷是指个体和个体之间通过互联网平台实现的直接借贷	来源于个人端，呈现颗粒状特征	小额零售、分散	个体网络借贷要坚持平台功能，为投资方和融资方提供信息交互、撮合、资信评估等中介服务	不得提供增信服务，不得非法集资	银监会
	互联网小额贷款	互联网企业通过其控制的小额贷款公司，利用互联网向客户提供的小额贷款	来源于个人端，呈现颗粒状特征	批发	发挥网络贷款优势，努力降低客户融资成本	遵循小贷公司监管规定	银监会

（续表）

债权类资产互联网金融信息中介平台	定义	资产特征	资金来源特征	基本行为要求	微观审慎监管要点	监管归口
互联网基金销售（金融网销）	基金销售机构与其他机构通过互联网合作销售基金等理财产品	专业机构发行的公募产品，或经过“产品创设”制作的符合公募特征的产品	小额零售、分散	要切实履行风险披露义务	1. 不得通过违规承诺收益的方式吸引客户 2. 采取有效措施防范资产配置中的期限错配和流动性风险 3. 通过其他活动为投资人提供收益的，应当对收益构成、先决条件、适用情形等进行全面、真实、准确的表述和列示，不得与基金产品收益混同	证监会

《管理办法》有关互联网基金销售的监管初衷应是针对各类“宝宝”类产品，这从其有关客户备付金、基金销售结算资金的监管要求可见一斑。但有关“等理财产品”的约定为现有的互联网销售各类非标产品找到了相关的法规依据。

二、中国互联网金融成熟度演化与监管介入

《指导意见》分为“鼓励创新，支持互联网金融稳步发展”、“分类指导，明确互联网金融监管责任”、“健全制度，规范互联网金融市场秩序”三大部分，反映了“鼓励创新、防范风险、趋利避害、健康发展”的总体要求。

监管当局思路十分清晰，对于处于技术成熟度不同阶段的不同业态，采取差异化的监管措施，在鼓励创新和防范风险之间取得动态平衡。

（一）加德纳技术成熟度曲线

加德纳（Gartner）公司是全球最权威的技术咨询机构，它的技术成熟度曲线（Gartner Hype Cycle）是根据技术发展周期理论来分析新技术发展周期的曲线（见图2.2，从1995年开始每年均有报告）。

技术成熟需经过5个阶段：

第一阶段是萌芽期又称感知期。人们对新技术产品和概念开始感知，并且表现出兴趣。

第二阶段是期望膨胀期又称过热期。人们一拥而上，纷纷讨论或采用这种新技术。成功的典型案例往往会把人们的这种热情加上把催化剂。

第三阶段是低谷期或行业整合期，又称幻想破灭期。过度的预期，严峻的现实，往往会把人们心里的一把火浇灭。

第四阶段是复苏期又称恢复期。人们开始反思问题，并从实际出发考虑技术的价值，相比之前冷静不少。

第五阶段是成熟期又称高原期。该技术已经成为一种平常。

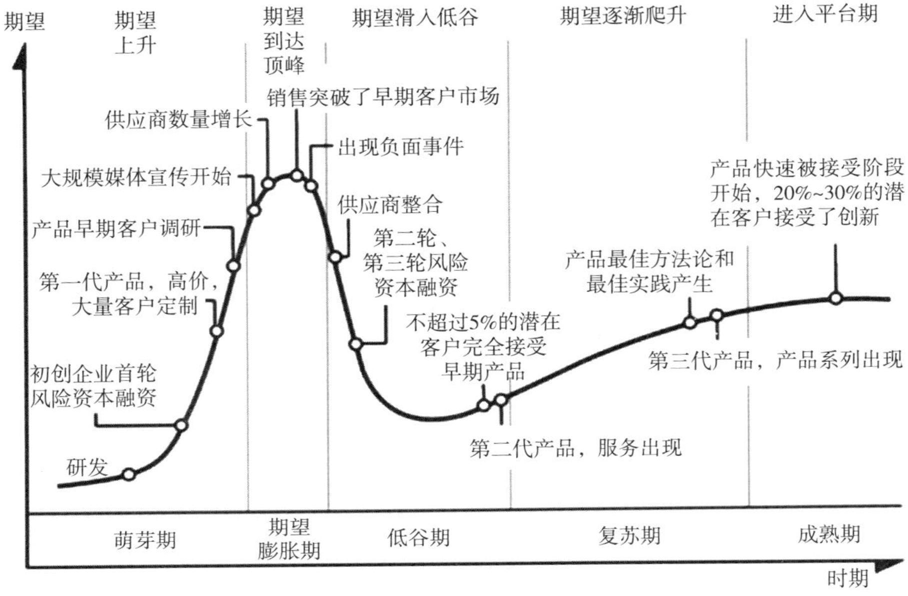

图 2.2　加德纳技术成熟度曲线

资料来源：加德纳网站，网址为 http：//www. gartner. com

（二）我国互联网金融当前的成熟度及分类监管

我们结合加德纳技术成熟度曲线，对我国互联网当前的主要业态进行成熟度分析（见表 2.2、表 2.3），从中可以发现监管当局对不同业态监管介入深度的差异。

表 2.2　我国互联网金融业态当前发展阶段

互联网金融	行业特点	当前所处时期	创新能力
网络支付	独立于商户和银行为商户和消费者提供的支付结算服务	成熟期	低
网络借贷	投资人通过中介机构，将资金贷给其他有借款需求的人	低谷期	中
网络分期	利用平台累积的数据，完成消费金融或小额贷款需要的信用审核并放贷	期望膨胀期	高

（续表）

互联网金融	行业特点	当前所处时期	创新能力
众筹	搭建网络平台，由项目发起人发布需求，向网友募集项目资金	萌芽期	中
虚拟货币	以比特币为代表的非实体货币，以提供多种选择和拓展概念为主	期望膨胀期，即将进入复苏期。复苏期的特征是区块链技术在互联网金融领域得到衍生二次开发	低
金融网销	具体包括基金、理财产品、保险	期望膨胀期	中

表 2.3　我国互联网金融业态发展成熟度分析

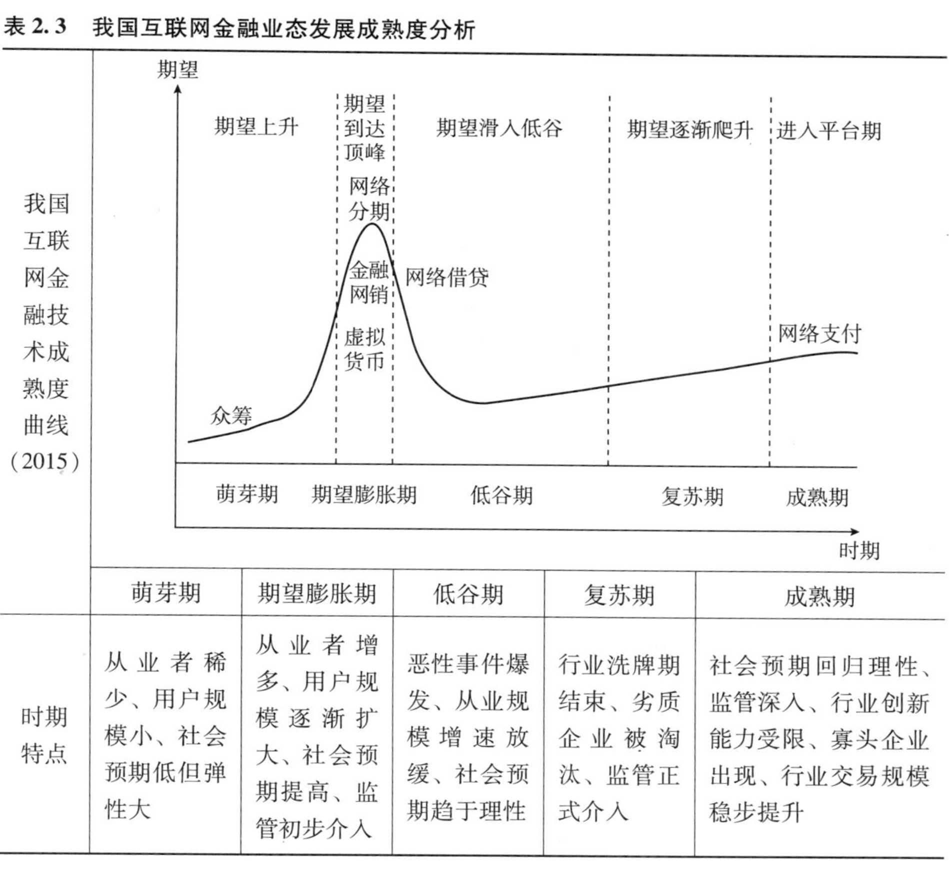

	萌芽期	期望膨胀期	低谷期	复苏期	成熟期
时期特点	从业者稀少、用户规模小、社会预期低但弹性大	从业者增多、用户规模逐渐扩大、社会预期提高、监管初步介入	恶性事件爆发、从业规模增速放缓、社会预期趋于理性	行业洗牌期结束、劣质企业被淘汰、监管正式介入	社会预期回归理性、监管深入、行业创新能力受限、寡头企业出现、行业交易规模稳步提升

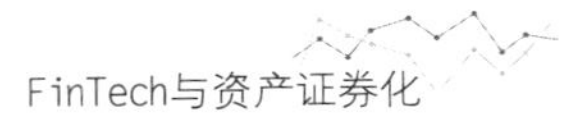

（续表）

企业应对	企业应规范运营模式、树立行业榜样、提高进入壁垒	建立科学、开放的运营体系，积极与政府合作	优质企业组成行业联盟，积极收购行业优质资产	申请正式从业资格、构建重要数据发布渠道、吸引人才及战略投资者	寡头企业全面发展，其余领先企业向细分领域逐步专业化；积极向周边产业辐射，建立跨行业的商业生态

我们以个体网络借贷为例。2014～2015 年，个体网络借贷事实上处于期望膨胀期，具体表现为：

（1）平台数量增长迅猛，行业尚未出现寡头垄断格局。

（2）成交规模和贷款余额呈现几何级数增长，尤其是 2015 年的增长速率更是骇人。

（3）客户收益率的下降反映了市场逐渐趋向成熟。

进入 2016 年，个体网络借贷行业陷入了恶性事件频发的阶段，给整个互联网金融行业带来了极大的监管压力。我们认为，该行业的行业整合期事实上已经到来。2011～2016 年 P2P 数据及问题统计见图 2.3、图 2.4 及表 2.4。

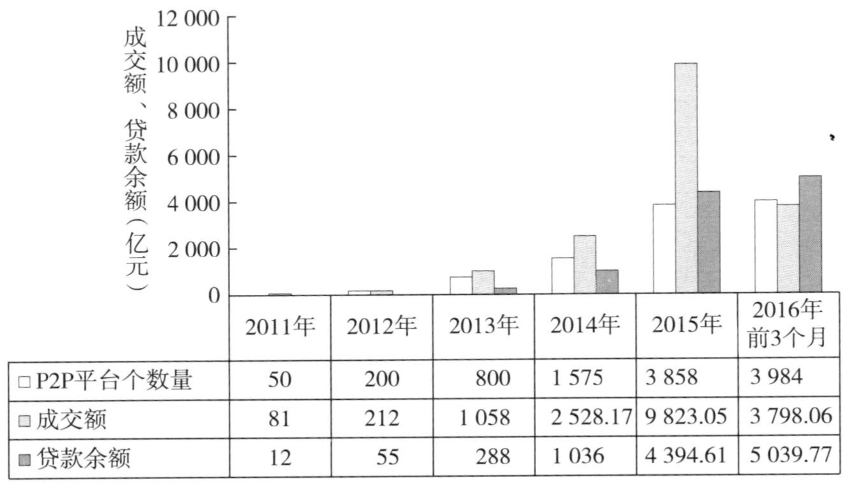

	2011年	2012年	2013年	2014年	2015年	2016年前3个月
□ P2P平台个数量	50	200	800	1 575	3 858	3 984
▨ 成交额	81	212	1 058	2 528.17	9 823.05	3 798.06
■ 贷款余额	12	55	288	1 036	4 394.61	5 039.77

图 2.3　2011～2016 年 P2P 平台数据

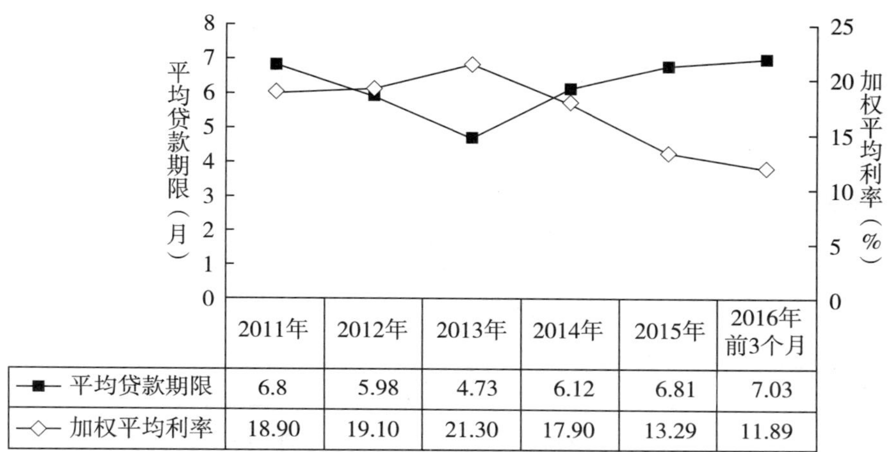

图 2.4　2011～2016 年 P2P 网贷基础数据

表 2.4　个体网络借贷问题平台统计数据

		成立年份								**总计**
		2010	**2011**	**2012**	**2013**	**2014**	**2015**	**2016**	**未知**	
问题年份	2011								10	10
	2012								6	6
	2013		1	2	69				4	76
	2014		1	7	76	164			27	275
	2015	3	5	18	81	378	334		77	896
	2016 年第一季度	2		1	14	95	131	7	20	270
总计		5	7	28	240	637	465	7	144	1 533

资料来源：根据网贷之家数据整理

（三）我国互联网金融信息中介模式的回归

互联网金融新的分类监管催生了行业转型的机会，使其回归信息中介模式这一本源。

互联网金融始于信息中介，随着平台信用的介入，逐渐演化成为信用中介，又随着产业的成熟和监管的收紧，逐渐演化出专业分工的庞大生态系统，在这一过程中互联网金融平台也逐渐回归信息中介模式。互联网金融生态系统简图如图2.5所示。

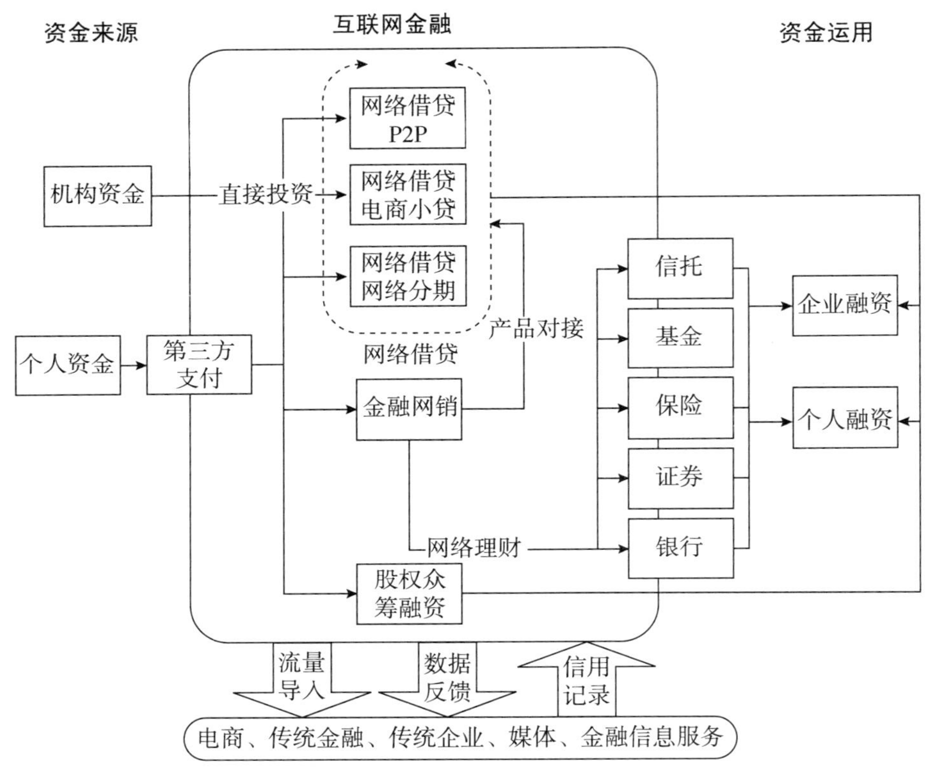

图2.5　互联网金融生态系统简图

仍以个体网络借贷为例，《指导意见》对个体网络借贷做出了如下要求："个体网络借贷要坚持平台功能，为投资方和融资方提供信息交互、撮合、资信评估等中介服务。个体网络借贷机构要明确信息中介性质，主要为借贷双方的直接借贷提供信息服务，不得提供增信服务，不得非法集资。"

个体网络借贷的发展反映了中国互联网金融生态的基本演化特征：准入门槛低，竞争激烈；市场发挥优胜劣汰功能，监管适时介入；行业逐步形成生态系统，增信等功能从互联网金融平台剥离，互联网金融平台呈现“信息中介化”。

第二节
当前信息中介的主流商业模式

本节将剖析3种互联网金融信息中介的主流商业模式，探讨目前市场对此类平台资产证券化的实践。我们将互联网金融信息中介平台上交易的债权类基础资产划分为来自个人端的网络借贷、网络分期，以及来自企业端的金融网销。

本节介绍的主流商业模式，尤其是其当前所做资产证券化的商业模式并不代表作者对这些模式的完全认同，本章第三节将就当前互联网金融信息中介资产证券化的法律法规环境及作者认同的合规的互联网金融资产证券化的商业模式进行分析和介绍。

一、网络借贷信息中介模式

网络借贷的基础资产来源于个人端，平台撮合个人或中小微企业的债务融资需求，其基础资产呈现典型的颗粒结构。

网络借贷的基础资产同时也呈现典型的非标结构，单个合同的差异较大。而结合基础资产获取渠道（或称借款人获客渠道）的差异，我们将网络借贷划分为线上获客和线下获客两种类型。

（一）拍拍贷线上借贷模式

以拍拍贷为代表的纯线上模式是最符合个体网络借贷平台初衷的一种模式，平台作为纯信息中介，为借款人和出借人提供借贷信息，平台要对借款人进行信用审核和评估，并披露相关信息，故要求平台有完善的信贷评估和大数据挖掘技术。但国内这种模式的平台非常少。

1. 基本商业模式

拍拍贷成立于2007年6月，公司全称为“上海拍拍贷金融信息服务有限公司”，总部位于上海，是我国第一家个体网络借贷平台，也是国内第一家由工商部门特批，经营范围为“金融信息服务”的互联网金融平台。截至2016年第一季度，拍拍贷平台注册用户近1 600万，累计成交额高达107.62亿元，贷款余额为47.84亿元。平台从品牌影响力、用户数、交易量等方面均在行业内占据领先地位。2012年10月拍拍贷成为首家完成A轮融资的网贷平台，获得红杉资本（Sequoia Capital）投资。2014年4月拍拍贷在北京钓鱼台国宾馆宣布完成B轮融资，投资机构分别为光速安振中国创业投资基金（Lightspeed China Partners）、红杉资本及纽约证券交易所（简称纽交所）上市公司诺亚财富。2015年4月拍拍贷正式宣布完成C轮融资，再次成为国内P2P行业首个完成C轮融资的网贷平台，C轮融资投资方组成为：由联想控股旗下君联资本和海纳亚洲联合领投，VMS Legend Investment Fund I、红杉资本以及光速安振中国创业投资基金等机构跟投。

与国内其他P2P平台相比，拍拍贷的最大特点在于采用纯线上模式运作，平台本身不参与借款，而是发挥信息匹配、工具支持和服务等功能，借款人的借款利率在最高利率限制下，由自己设定。而这也是P2P网贷平台最原始的运作模式。线上获客，线上征信与风控，线上撮合融资是拍拍贷最显著的特点。拍拍贷基本商业模式见图2.6。

2. 风险管理、风险识别技术与定价

纯线上模式是指获客、风控、交易、放款等全部流程都在互联网上完成，由Lending Club首创。如今，大多数中国个体网络借贷平台与Lending Club模式渐行渐远，放弃提供撮合服务的纯线上第三方平台模式，转为线上和线下结合，并为借款人提供担保或资金兜底保障的模式，明确表示不做线下业务的只有拍拍贷一家。

拍拍贷坚持纯线上模式，平台本身不参与借款，只承担信息匹配、工

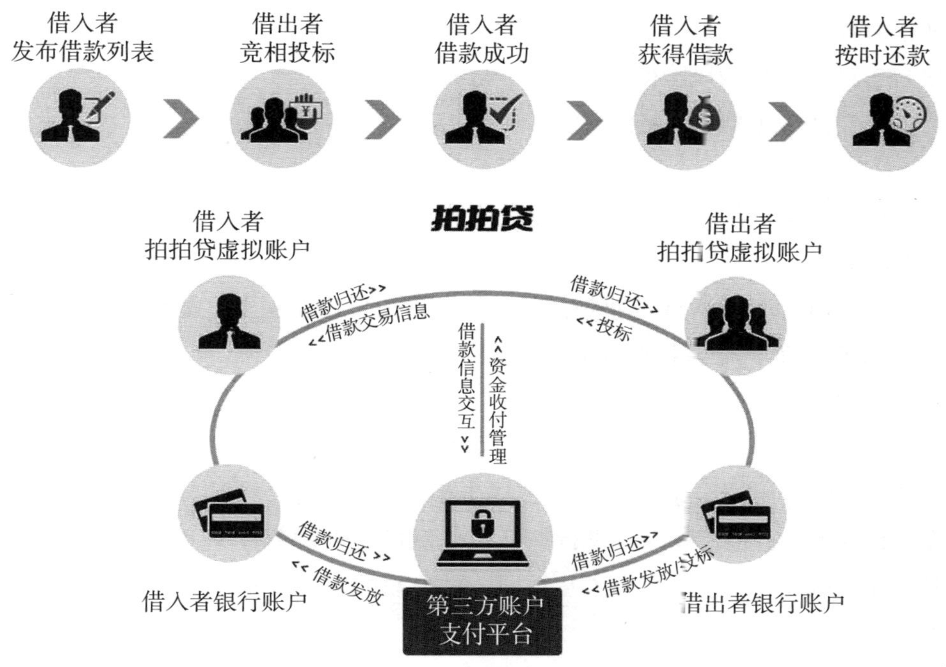

图 2.6 拍拍贷基本商业模式

资料来源：拍拍贷网站截图

具支持和服务等功能。资金借入者和借出者通过平台撮合达成借款意向，借款利率由借款人自己设定，网站设定了法定最高利率以避免高利贷的发生。

拍拍贷的风险管理与风险识别技术可以归纳为以下几方面：

（1）控制平台风险。

平台不承诺垫付本息是拍拍贷在创业之初就定下的铁律，拍拍贷首席执行官张俊曾说："诚实固然无情，却是最有用的风险提示。"旨在教育投资者自主把控风险。

"不担保、不吸储、不放贷"的原则让拍拍贷损失了一批厌恶风险的投资人，却使平台避免了因垫付功能而产生的流动性风险，有利于长久发展。

（2）投资者风险教育与投资者适当性管理。

投资者风险教育的第一大支柱是投资风险分散。根据拍拍贷 2015 年年报披露的数据，其2015年全年投资者平均每笔投资为382.27元，人均投资43 052.96元，标的风险得到了有效分散。

（3）风险识别与市场定价。

①吸引优质资产。

良好的投资者教育事实上提升了平台的公信力，也提升了平台吸引优质资产的能力。

根据拍拍贷2015年年报披露的数据，拍拍贷的借款人数量是投资人数量的4.21倍，而行业借款人数量仅为投资人数量的一半。

②建立独立的在线风控系统。

P2P的“鼻祖”是英国的Zopa以及美国最大的P2P平台Lending Club，英美发达的信用评级系统使得其纯线上模式得以延续。而我国没有独立的、商业化的第三方征信体系，央行的征信体系目前也暂不对P2P行业开放。因此，在线风控和征信系统成了互联网金融公司的立足之本，也是P2P行业竞争的基础。

拍拍贷的风控系统“魔镜”依靠上千、上万个大数据的自变量能够对借款人做出较为精准的逾期预测和风险定价，使得审批效率大幅度提升。“魔镜”可以把客户分得很详细，通过客观的视角看待项目。无论是根据客户资质，还是未来逾期率或者不良率，“魔镜”都可以很好地对客户进行区分，并据此进行风险定价，把客户的风险覆盖掉，如此一来客户群体会越来越大。比如A级客户逾期率可能在1.5%以内，但最差的客户逾期率可能在8%左右，所以拍拍贷可以更精准地知道自己的定价能覆盖哪些人群。

拍拍贷采用了大数据方法，采集借款人各个维度的数据判定其违约概率、违约成本，据此给出相应的贷款额度、利率区间和风险定价。目前拍拍贷的信用风险识别模型维度达2 000多个，一个人的参考因子就有400多个。在数据的获取上，拍拍贷与国内包括公安部身份证信息查询中心在内的十几家权威数据中心合作，通过数据查询借款人的身份信息。除此之外，拍拍贷主要依靠互联网上的碎片化信息进行分析，包括社交数据，如微博、QQ、人人网、开心网上的数据。此外，拍拍贷还与支付宝、敦煌网、慧聪网、盛付通、马可波罗等平台合作，使得用户信用得以共享。

拍拍贷的标的类型见表 2. 5。

表 2. 5　拍拍贷的标的类型

标的名称	适用人群	申请条件	额度	年利率
普通贷款标	初次借款的工薪族、私营业主、学生	21 ~ 55 周岁中国大陆公民 手机绑定 有固定工作	3 000 元 ~ 50 万元	13% ~ 24%
网购达人标	工薪族、私营业主、网店卖家、学生	21 ~ 55 岁中国大陆公民 支付宝实名关联 年度消费额度不少于 2 000 元	3 000 元 ~ 50 万元	16% ~ 24%
应收安全标	拍拍贷借出者	拍拍贷借出者用户 借出信用大于 200 分 第三方关联一个以上	不低于 3 000 元，不高于借出金额	8% ~ 24%
网商用户标	网店卖家	通过网商认证 网商店铺等级达到两钻 商城经营时间满半年	3 000 元 ~ 50 万元	16% ~ 24%
私营业主标	私营业主	相关资质证明 有效经营执照满一年	3 000 元 ~ 50 万元	
莘莘学子标	在校大学生	19 ~ 25 周岁中国大陆公民 学籍认证 视频认证	1 000 元	23%

注：因私营业主经营范围较大，其借款年利率暂时无完整的统计数据。

3. 资产证券化的内生需求与实践

P2P 平台数据显示，平台线上信用交易订单、实地认证和机构担保对应的借款成功率分别为2.74%、99.98%和100%，成功订单金额中位数分别为18 000元、67 300元和50 000元，利率中位数分别为12%、12.6%和11%，平均期限分别为12个月、36个月和18个月。实地认证标和机构担保标的成功率均接近100%，实地认证标的利率中位数高于机构担保标，更高于线上标。

线上撮合的难题在于融资人与投资人之间的信息高度不对称，拍拍贷运用的投标技术和投资人自发的组合管理在一定程度上分散了信息不对称背后隐含的道德风险和逆选择。

然而，市场用数据说话，纯线上平台需要解决的难题是撮合效率低下，在其他平台运用体外增信等措施提高撮合效率的竞争压力下，类似于拍拍贷的线上平台需要新的技术来提升融资人的体验，以防范优质基础资产的流失。

（1）以资产证券化技术提供极速成交体验。

类似于拍拍贷的线上P2P平台通过长期数据积累，已经能较为准确地识别优质融资客户及优质基础资产，对于此类资产，需要一个常备资金渠道来确保此类客户获得快速成交的体验。

资产证券化技术通过累积基础资产、结构化产品分层技术，为此类需求提供了解决方案。

（2）拍拍贷准资产证券化实践。

拍拍贷与某信托公司合作，由信托公司发行信托计划作为P2P签约方，为其优质客户提供极速交易体验。该信托计划承担了客户违约风险、客户提前清偿风险、循环购买资产池规模波动风险，信托计划通过分级技术，由拍拍贷通过大数据分析，将上述风险量化为一定比例的劣后级资金，由拍拍贷全额认购。该信托计划与拍拍贷的战略投资者之一诺亚财富合作，由歌斐资产管理的基金对接优先级资金。

（二）宜人贷线下模式向线下和线上结合模式的回归

根据《指导意见》，个体网络借贷是指个体和个体之间通过互联网平台实现的直接借贷，并强调互联网平台要明确信息中介的性质，为投资方和融资方提供信息交互、撮合、资信评估等中介服务（或者表达为：为借贷双方的直接借贷提供信息中介服务），旨在借助互联网金融的优势，缓解小微企业融资难问题。

但是调研发现，如今各大网贷公司为获取客户、寻找投资人，积极在各地专设门店，可见目前国内的个体网络借贷平台多为线下平台，主要采用人海战术来获取更多的订单收益。实地认证标相对于信用订单，多了线下认证环节，通过对借款人的实地走访、尽职调查以及借款后的服务环节，有效加强了风控。调研表明，线下和线上结合的信用认证机制（实地认证标）大幅提高了小微企业的借款可得性，但是由于小微企业需向实地认证机构缴纳服务费或担保费等，无形中助推了借款成本。实地认证标很可能是个体网络借贷平台合作伙伴（线下小贷公司）将其客户“赶到”线上，这样既能收取小微企业的服务费，亦能免除自身杠杆限制，换言之，实地认证标很可能仅仅是线下贷款的线上化。这种方式无疑已经脱离了个体网络借贷作为线上纯信息中介的初衷，许多平台争相与小贷公司或者担保公司合作，俨然从信息中介幻化为信用中介。

2015 年 11 月 16 日，美国证券交易委员会（SEC）正式接受宜信下属宜人贷在美首次公开募股（IPO）的招股说明书（Form 1），从中我们可以窥见中国当前典型的线下和线上结合的互联网金融平台运作模式。

2015 年 12 月 18 日，宜人贷在美国纽交所成功上市。

1. 基本商业模式

宜人贷由宜信于 2012 年推出。宜信创建于 2006 年，总部位于北京，目前已经在 232 个城市（含香港）和 96 个农村建立起全国协同服务网络。

宜人贷是宜信旗下的 P2P 平台，属于普惠金融板块，除此之外，宜信旗下还有财富管理板块。宜信将创新产品研发、P2P 平台运营、线上理财业务等都归属于一家新成立的公司，即普信恒业科技发展（北京）有限公司（以下简称普信恒业），而原有的线下业务，即潜在政策风险和舆论争议较大的部分则留在了另一家公司。2014 年 12 月 25 日，宜人贷官网发布公告，宜人贷所属新主体公司为恒诚科技发展（北京）有限公司（以下简称恒诚科技）。宜人贷股权架构见图 2.7。

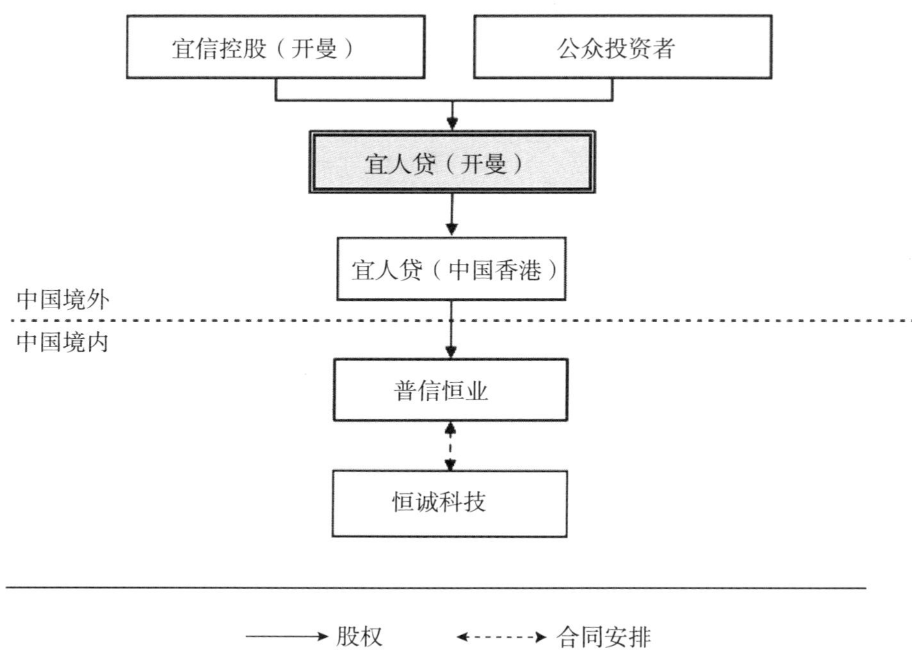

图 2.7　宜人贷股权架构

资料来源：宜人贷招股说明书

招股说明书中提到宜人贷的很大一部分客户是由宜信推荐的，占宜人贷贷款比重的六成以上。其实也就是宜信把自己集团内比较优质的线上业务部分，包括从宜车贷、宜房贷等品牌拆分出来的一些线上资产和资源都给了宜人贷。

根据宜人贷的招股说明书，其收入构成和借款人来源如下：

（1）收入构成。

宜人贷的收入来自其平台收取的源自借款端的交易费及投资端的服务费。借款端的交易费占其中的大部分，截至 2015 年 6 月，其借款端交易费为 1.236 1 亿美元，投资端的服务费为 384.7 万美元。宜人贷合并损益表见表 2.6。

表 2.6　宜人贷合并损益表

	12 月 31 日年报		6 月 30 日半年报	
	2013 年	2014 年	2014 年	2015 年
	单位：千美元			
合并经营状况概要： 净收入	3 131	31 893	5 044	79 007
运营成本与费用： 销售费用	5 220	22 354	9 095	40 890
发起和服务费	1 255	3 541	1 350	5 081
管理费用	4 998	10 490	3 626	9 276
总运营成本与费用	(11 473)	(36 385)	(14 071)	(55 247)
利息收入	—	—	—	40
(亏损)/税前利润	(8 342)	(4 492)	(9 027)	23 800
所得税费用	—	(5)	—	(6 496)
净（亏损)/利润	(8 342)	(4 497)	(9 027)	17 304

资料来源：宜人贷招股说明书

（2）借款人来源。

宜人贷的借款人来自线上和线下两个部分。其线上借款人主要通过大数据甄别，在线下，宜人贷主要通过其母公司宜信获取借款人，宜信将合适的借款人推荐给宜人贷，宜人贷支付给宜信一定的推荐费。宜人贷平台运营信息见表 2.7。

表 2.7　宜人贷平台运营信息披露

	12 月 31 日年报			6 月 30 日半年报		
	2013 年	2014 年		2014 年	2015 年	
	人民币	人民币	美元	人民币	人民币	美元
	单位：千					
运营数据概览： 贷款发放金额	258 322	2 228 562	359 179	421 530	3 704 745	597 540
线上渠道产生贷款	98 512	896 003	144 409	121 833	1 189 978	191 932
线下渠道产生贷款	159 810	1 332 559	214 770	299 697	2 514 767	405 608

	12 月 31 日年报		6 月 30 日半年报	
	2013	2014	2014	2015
	单位：千			
借款人交易费用	3 045	31 317	4 941	123 261
投资人服务收费	25	405	47	3 847

资料来源：宜人贷招股说明书

就数量而言，线上与线下借款人的差别不大，但就金额来说，线下借款总金额是线上的 2 ~4 倍。以下是招股说明书数据：

2014 年全年，宜人贷平台的借款人总数为 39 344 人，线上渠道为 20 422 人，线下渠道为 18 922 人；投资人总数为 34 527 人，线上渠道为 25 093 人，线下渠道为 9 434 人。2015 年上半年，宜人贷平台的借款人总数为 62 131 人，线上渠道为 30 393 人，线下渠道为 31 738 人；投资人总数为 59 185 人，线上渠道为 50 193 人，线下渠道为 8 992 人。

2014 年全年，宜人贷完成的贷款达到 3. 59 亿美元，线上渠道为 1. 44 亿美元，线下渠道为 2. 15 亿美元。2015 年上半年，宜人贷完成的贷款达到 5. 98 亿美元，线上渠道为 1. 92 亿美元，线下渠道为 4. 06 亿美元。

2. 风险管理、风险识别技术与定价

与拍拍贷的纯线上风险管理技术不同，宜人贷依托的是其母公司宜信庞

大的线下网络，并结合线上大数据技术。宜人贷使用宜信开发的客户信用评级系统，将借款人按其信用分数分为A、B、C、D四档，从而对风险进行识别与差异定价。此外，宜人贷还设立了风险备用金，以应对兑付风险。

（1）依托线下数据积累建立风控模型。

宜人贷的招股说明书明确指出，其风险管理系统建立在宜信9年运营数据积累而建立起来的数据库基础之上。

宜人贷使用了一套由宜信开发的信用评级系统，借款人按其信用分数分为A、B、C、D四档，A档风险最低，D档最高。

招股说明书披露了四档信用等级在过去两年半中的违约情况。遗憾的是，从实际违约率看，我们并不认为宜信现有的信用评级系统有效地甄别了客户的信用状况。宜人贷产品违约信息见表2.8。

表2.8　宜人贷产品违约信息披露

报告期	定价级别	期间发放的贷款金额（千人民币）	累计3个月逾期净额（千人民币）	2015年6月30日总计净坏账率（%）
2013年	A	258 322	22 060	8.5
	B	—	—	—
	C	—	—	—
	D	—	—	—
	合计	258 322	22 060	8.5
2014年	A	1 917 542	54 777	2.9
	B	303 030	5 656	1.9
	C	—	—	—
	D	7 989	82	1
	合计	2 228 561	60 515	2.7
2015年上半年	A	575 304	4 442	0.8
	B	142 174	49	0
	C	141 889	—	—
	D	2 845 378	6 687	0.2
	合计	3 704 745	11 178	0.3

资料来源：宜人贷招股说明书

（2）风险差别定价。

宜人贷借款人支付给投资人的利息在10%～12.5%，但宜人贷所收取的交易费则根据档次不同而有所差异，A、B、C、D四个档次的交易费率分别为5.6%、18.5%、26.4%、28.2%（见表2.9），借款人贷款的年利率分别为16.9%、27.4%、33.5%、39.5%。

表2.9 宜人贷产品差别风险定价

借款人档次	交易费率（%）
A	5.6
B	18.5
C	26.4
D	28.2

资料来源：宜人贷招股说明书

2015年8月，最高法出台司法解释，民间借贷年利率超36%部分利息无效。

（3）风险备用金。

由于宜人贷现有的风险识别能力尚无法有效识别客户风险，作为补偿措施，宜人贷设立了风险备用金。根据招股说明书，宜人贷将在一笔贷款无法按期兑付一定时间之后，从其风险备用金中提取资金偿付给投资人。

然而，正如招股说明书中披露的，风险备用金可能被认为向投资者提供了担保，继而违反了当前网上借贷的有关法规。

3. 资产证券化的内生需求与实践

2014年，宜信联手中航信托、国寿财险对其持有的线下资产共计31亿元进行了资产证券化。

与拍拍贷这类线上平台资产证券化的需求不同，线下平台资产证券化的目标是提升其资产的周转效率。

2014年，中航信托与宜信合作发起“天宜”、“天惠”、“天驰”3个系列的信托计划，共成立产品63只，产品的共同特征是：

（1）结构化设计，并由宜信认购劣后资金。

（2）劣后资金动态化设计，即根据违约率变化调整劣后出资比例。

（3）由中航信托、宜信与国寿财险签署《金融机构贷款损失信用保险项目保险业务合作协议》，由宜信投保，信托计划项下的款项若出现逾期（连续3个月或累计6个月未还款），国寿财险将根据协议约定的条件和赔偿限额，对借款人的违约本金进行部分赔付。

2016年3月3日，宜人贷宣布其将推出中国首个在线消费金融资产证券化产品，中金—宜人精英贷信托受益权资产支持专项计划，并已获得深交所无异议函。

宜人贷此次发行的资产证券化产品的基础资产为信托公司在宜人贷平台发放给借款人的2.5亿债权，宜人贷负责基础资产的管理服务。参与交易的合作机构有：中国国际金融公司、奋迅律师事务所、大公国际评级公司、德勤会计师事务所，分别提供投资银行服务、法律顾问服务、资产评级服务和审计服务。

二、网络分期信息中介模式

网络分期是近年来崛起的新的互联网信息中介商业模式，其基本原理是消费金融服务的互联网化。网络分期天然有资产证券化基因，是互联网金融资产证券化实践的一个重要领域。

我们以分期乐作为标本研究网络分期这一新型互联网金融信息中介模式。

分期乐于2013年成立，总部位于深圳，是国内互联网小微消费金融商业模式的开创者，通过不断创新，目前已发展成为国内最大的年轻人互联网金融服务平台。

2013年8月，分期乐获得天使轮融资，在深圳成立；2013年10月，上线正式营业；2014年3月，获得经纬中国领投的A轮千万美元融资，与京东达成战略合作；2014年5月，服务客户超过10万人；2014年9月，服务全国近百个城市、近千所学校；2014年12月，获得DST领投的B轮私募股权融资

1 亿美元；2015 年 3 月，获得京东战略投资；2015 年 5～6 月，获 2015 年互联网金融创新第一季度五大新秀奖，《中国企业家》“21 世纪未来之星”萌芽榜第一名；2015 年 9 月，举办首届大学生分期购物节，首日交易额突破 1 亿元。

目前分期乐在全国各地有 35 个营销分中心，覆盖 75 个城市、2 600 多所学校，分布在华南、华中、西南、华北、华东 5 个大区，占全国高校的 90%。分期乐共有全职人员近千人，兼职人员近 2 万人。

2015 年 12 月 29 日，“嘉实资本—分期乐 1 号资产支持专项计划资产支持证券”（以下简称分期乐 ABS）正式收到上海证券交易所的无异议函，这将是国内首个互联网金融资产证券化案例。

（一）分期乐网络分期模式

1. 基本商业模式

分期乐在网络前端体现出来的是一个纯粹的网络商城，由京东商城提供商品。传统网络商城的毛利很低，要盈利必须达到相当庞大的规模化销售。相比传统商城，分期乐选择的是大学生购物这一细分市场的分期购物领域，通过分期收取服务费，弥补了纯电商毛利过低的不足。分期乐商业模式见图 2. 8。

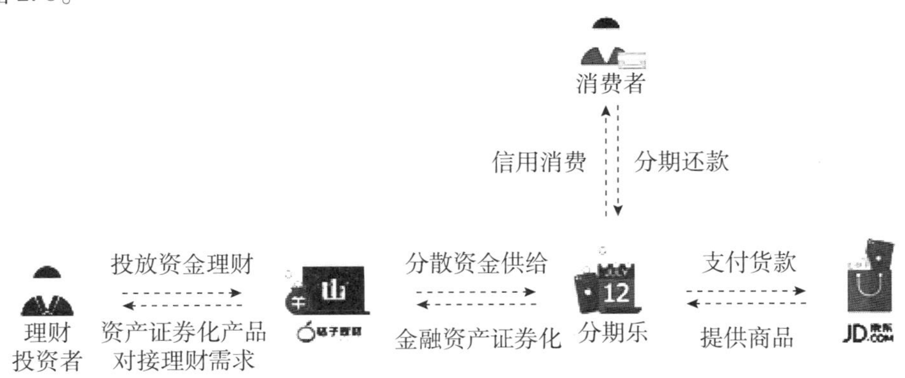

图 2. 8　分期乐商业模式

资料来源：分期乐网站截图

分期乐横跨理财端与借款端，并通过两个平台对接完成相关服务。一方面，消费者通过分期乐信用钱包进行分期购物或提现消费，分期乐通过京东等电商平台为用户完成购买、支付，并将商品送至消费者手中，由此获得相应债权，并完成消费端风控；另一方面，桔子理财代理了分期乐的债权，桔子理财会向其他 P2P 平台、金融机构出售，或将手中债券以资产证券化的形式打包成相应的理财产品向理财投资者发售，投资者将获得相应的利息回报，分期乐平台获取资金回流。

首先，分期乐的商业生态将金融与具体的消费场景完美结合，既保证了产品质量，又保证了用户体验在分期过程中不受影响；其次，针对大学生用户的小额消费分期债权的分散处理降低了理财端的金融风险；最后，金融与消费金融场景相结合，保证了源源不断的真实债权和资金的快速回流。综合来看，分期乐的优势不仅在于产品本身，还体现在资金、商品及信息链间形成的产业闭环。

2. 风险管理、风险识别技术与定价

分期乐作为全国第一家专业提供大学生在线分期付款服务的企业，在发展过程中根据数据和经验积累，多次对风控模型进行设计和改善，以适应大学生分期购物市场的风控需要。

桔子理财是分期乐集团旗下的独立品牌，图 2.9 是桔子理财网站披露的赔付率行业对比数据。根据披露数据，其违约率远低于行业平均水平。

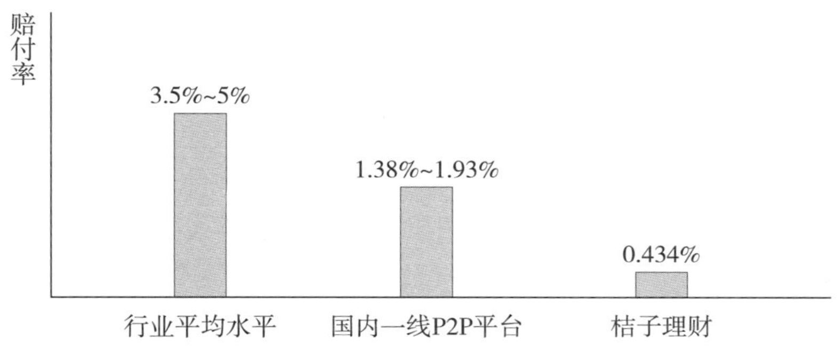

图 2.9 赔付率行业对比数据

资料来源：桔子理财网站截图

（1）主动风险管理技术及制度安排。

我们从桔子理财的网站可看到其三大主动风险管理理念：

①真实消费场景。

分期乐采用线上线下结合的模式，制定工作人员“亲自送货、亲自鉴定下单学生身份、确定学生亲自签字”的“三亲”政策，并实时把图片资料上传到总部风控中心，以“人工＋机器模型”双保险的方式对学生进行风险控制。

②微贷款。

从桔子理财披露的数据看，3 001～5 000 元的交易高达 54%，1 001～3 000元的交易则达到了 35.2%，大于 10 000 元的交易只占 0.1%，具体数据见图 2.10。

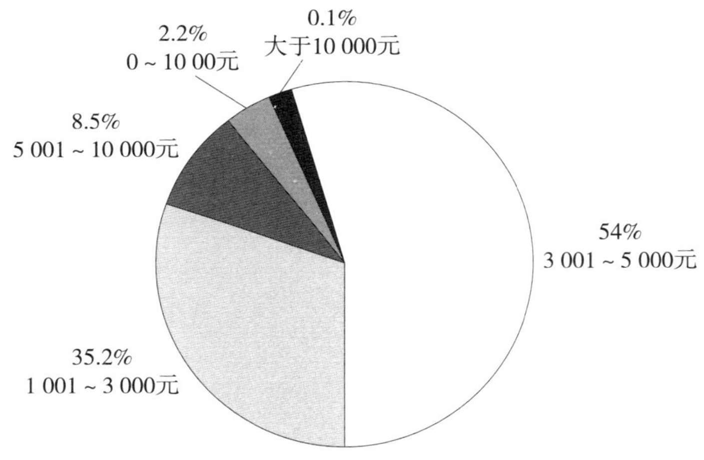

图 2.10　桔子理财交易规模分布

资料来源：桔子理财网站截图

由于缺乏可靠的收入来源，大学生信贷向来是违约率较高的融资品种，但通过控制单笔交易规模，增强单笔融资的“颗粒”属性，分期乐和桔子理财较好地控制住了违约风险。

③投资者风险教育。

分期乐和桔子理财鼓励投资者坚持分散投资的理念，提供“一对多”的投资方案，帮助投资者化解理财风险。其网站平均每笔借款金额为 3 500 元，平均每笔投资借给 98 个借款人。

（2）信用增级技术与制度安排。

在信用增级方面，分期乐和桔子理财已经异化为一个准信用中介，当然，出于合规方面的需要，桔子理财将信用增级的提供人归为“合作机构”。

我们从桔子理财的官网上找到了“本息保障计划”的具体披露：“本息保障计划”是桔子理财平台为保护平台全体投资理财人的共同权益而建立的信用风险保障机制。平台的所有投资理财人经过平台身份认证后，在平台的投资行为均适用于“本息保障计划”，理财人无须额外操作，也不需要承担任何费用。

桔子理财平台为了最大限度地保障投资理财人的资金安全，为“本息保障计划”设定了一套严格谨慎的资金安全体系：

①合作机构垫付。

桔子理财将进行严格的风险控制，保证合作的机构都是安全可靠、信用记录良好且盈利能力强的优质企业。桔子理财与合作机构的合作中，要求合作机构为所推荐的借款客户提供逾期垫付，当借款人出现逾期，到期需要还款时，合作机构需按时先行垫付借款人逾期资金，保证桔子理财平台投资人的资金安全。

②风险保证金。

桔子理财为了防范合作机构出现逾期等不良情况，基于不同的合作机构以及合作项目，要求所有合作机构根据借款的额度以及机构运营状况，提供相应比例的风险保证金。一旦合作机构出现逾期，桔子理财会使用风险保证金垫偿当期逾期金额，保障投资人的资金安全。同时，合作机构需要补足桔子理财平台已垫偿的风险保证金。

③平台风险备付金。

“平台风险备付金”是指在桔子理财平台每笔借款成交时，平台会提取一定比例的金额放入“风险备付金账户”。一旦理财人投资的借款出现逾期，桔子理财将根据风险备付金账户使用规则通过“平台风险备付金”向理财人垫付此笔借款的剩余出借本金和利息。

“本息保障计划”为理财人提供了有效的风险保障机制，通过三重保障机制保障投资理财人的资金安全和收益，规避了借款人逾期行为所带来的风险，真正做到了本息保障。

“风险备付金账户”使用规则：“风险备付金账户”是指桔子理财为在桔子理财平台注册并投资的所有理财人的共同利益考虑，以桔子理财名义单独在银行开设的专款专用账户，服务于桔子理财平台的“本息保障计划”。

“风险备付金账户”的资金来源：“风险备付金账户”的资金当前全部来源于桔子理财根据其与借款人签署的协议向所服务的借款人收取的服务费（以下简称服务费），桔子理财在依协议向借款人收取服务费的同时，将从收取的服务费中计提“平台风险备付金”。计提的“平台风险备付金”将存入“风险备付金账户”进行专户管理。

“风险备付金账户”的资金用途：“风险备付金账户”资金将专门用于在一定限额内补偿桔子理财平台所服务的理财人（债权人）由于借款人（债务人）违约所遭受的本息损失，即当借款人（债务人）逾期还款时，桔子理财平台将按照“风险备付金账户资金使用规则”从该账户中提取相应资金用于偿付理财人（债权人）应收取的本息。

“风险备付金账户”资金的使用规则如下：

a. 违约偿付规则，即当借款人（债务人）逾期还款时，桔子理财平台有权从“风险备付金账户”中抽取相应资金偿付理财人（债权人）逾期应收赔付金额。

b. 时间顺序规则，即“风险备付金账户”资金对理财人（债权人）逾期应收赔付金额的偿付按照该债权发生的时间顺序进行偿付分配。先偿付时间发生在前的债权，后偿付时间发生在后的债权。

c. 债权比例规则，即“风险备付金账户”资金对同一借款协议下的不同理财人（债权人）逾期应收赔付金额的偿付按照各债权金额占同协议内发生的债权总额的比例进行偿付分配。当“风险备付金账户”资金当期余额不足以支付当期（每月为一期）所有应享受该账户的理财人所对应的逾期赔付金额时，当期应享受该账户的理财人按照各自对应的逾期应收赔付金额占当期所有理财人对应的逾期应收赔付总额的比例进行偿付分配。

d. 有限偿付规则，即“风险备付金账户”资金对理财人（债权人）逾期应收赔付的偿付以该账户的资金总额为限。当该账户余额为零时，自动停止对理财人逾期应收赔付金额的偿付，直到该账户获得新的风险备付金。

e. 收益转移规则，即当理财人享有了“风险备付金账户”对某笔逾期债权赔付金额的足额偿付后，该债权对应的借款人其后为该笔债权所偿还的本金、利息及罚息归属“风险备付金账户”；如债权有抵押、质押及其他担保的，则平台代借款人处置抵押、质押物的所得等也归属“风险备付金账户”。

f. 金额上限规则，即当“风险备付金账户”内金额超过当时平台上所有债权本金的10%时，桔子理财有权将超出部分转出该账户，转出部分归桔子理财所有。

（3）定价安排。

从分期乐网站商品价格、分期期数、各期还款额可以推算出，分期乐的年化利率在18%～20%。

从桔子理财公告的投资产品可以看出，桔子理财已经将基础资产标准化为各种期限的类存款产品，其“爱定存”产品，3个月期限的产品年化收益率为9%，6个月期限的产品年化收益率达到11%，12个月期限的产品年化收益率达到了13%；其“爱活期”产品的年化收益率则在7.43%。

正是在基础资产端获取了可接受高利率的群体，并运用资产证券化技术将产品进行标准化，才使得分期乐得以获取高额的利差，并能提供产品的内部信用增级。

3. 资产证券化的内生需求与实践

分期乐的商业模式本身就嵌套了互联网资产证券化的基因，根据分期乐在其中究竟是作为信用中介还是信息中介，可划分为两类模式。

（1）分期乐作为信用中介的资产证券化。

在此类模式下（见图2.11），由分期乐或其关联的桔子理财首先垫付资金，借道信托等资产管理机构，形成对学生在消费场景下的委托贷款。而分期乐则持有信托受益权，这一信托受益权再运用资产证券化技术进行产品设计，包括产品的结构化分层与内部增级等，在交易所市场发行公募证券或通过信托与资管机构向私募市场发行。

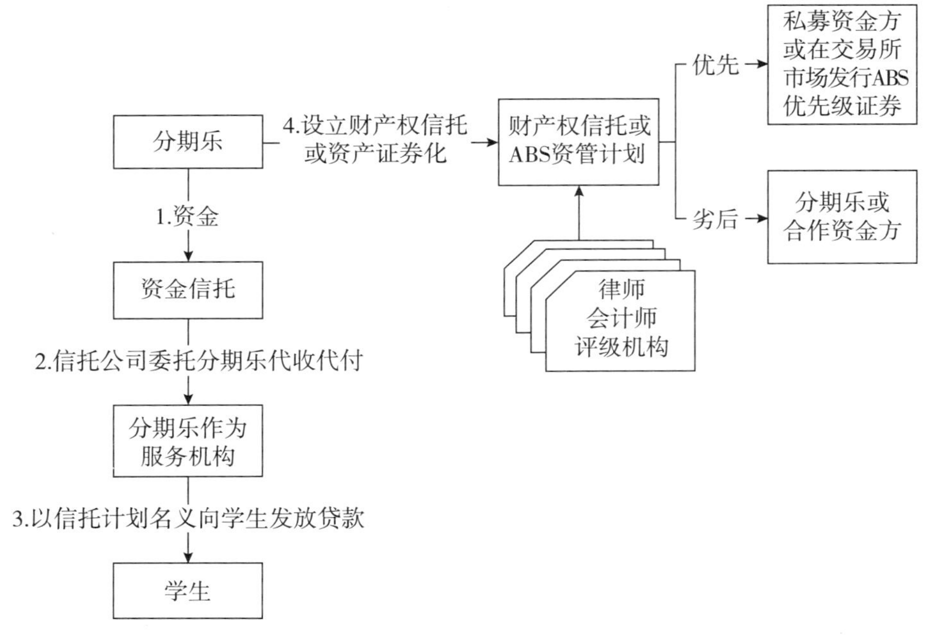

图2.11　分期乐作为信用中介的资产证券化

（2）分期乐作为信息中介的资产证券化。

分期乐向学生提供基于消费场景的现金分期，并将现金分期债权资产包转让给P2P平台，由P2P平台直接线上发包，向投资人募集资金。分期乐在其中主要承担的是代收代付职责，全程不垫付资金。

此类模式（见图2.12）主要适用于分期乐的信用消费产品，用于在分期乐上已经积累了一定的信用记录，分期乐有能力基于风险评估模型进行债权定价的客户。

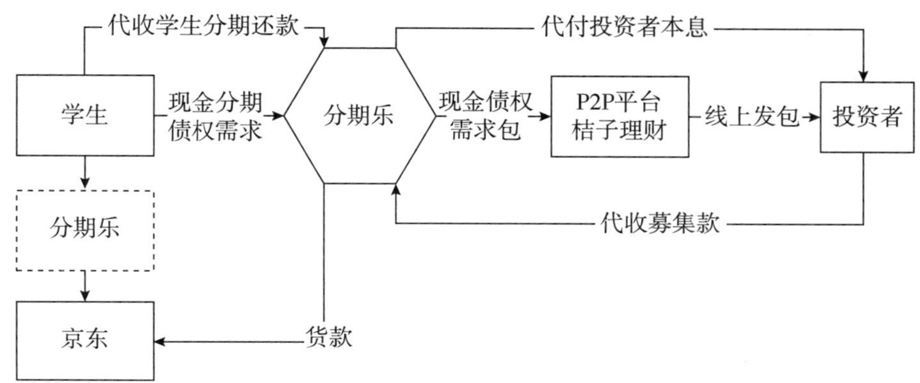

图 2.12 分期乐作为信息中介的资产证券化

三、金融网销信息中介模式

金融网销的基础资产来自于企业端，即平台将由专业机构创制的非标产品或是标准化产品进行销售，或是进行二次产品化，使其符合互联网金融客户群的需求特征。

（一）金融网销的基本生态系统

金融网销的基本生态系统由基础资产获取、产品创设、产品再销售三大板块组成，具体内容见图 2.13。

1. 基础资产获取

金融网销的基础资产获取有两大领域：一是与传统金融机构合作，如基金、信托、证券、小贷等；二是与互联网金融基础资产提供商合作，如 P2P 平台，网络分期平台等。

然而，从上述专业化机构获取的基础资产往往难以与互联网金融客户的需求场景匹配，尤其是非标产品，往往金额较高、期限较长，或是风险较为集中。

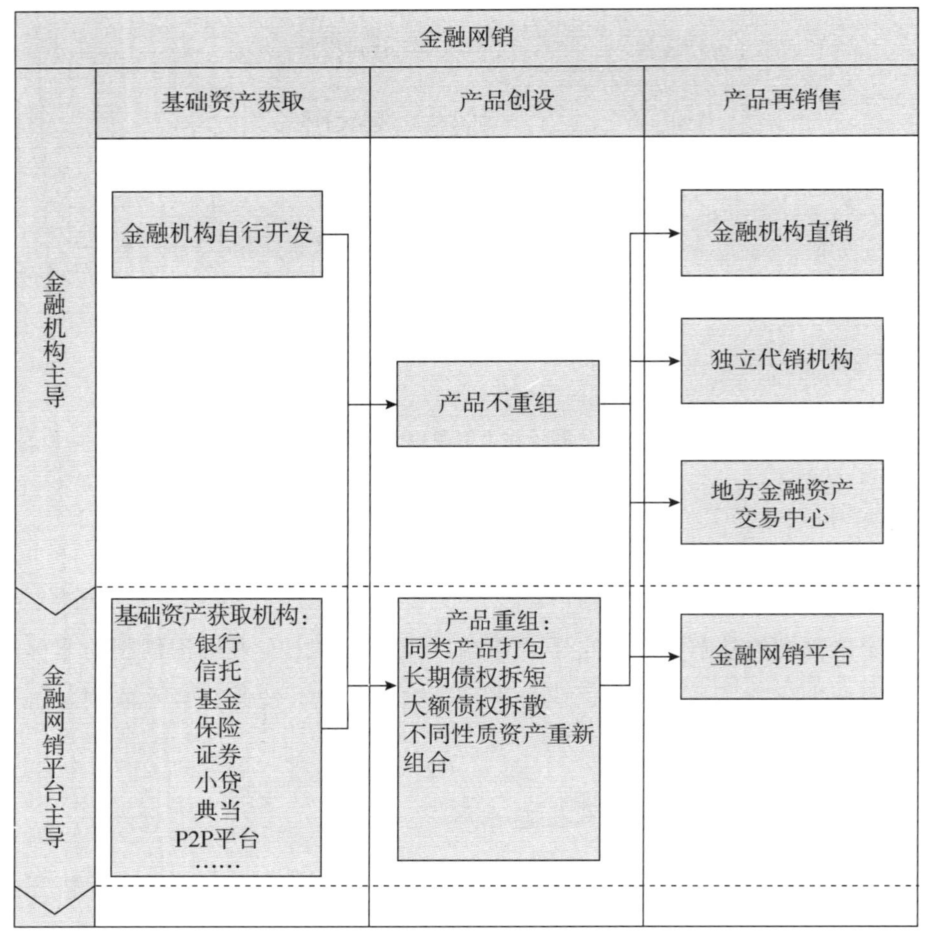

图 2.13　金融网销的基本生态系统

2. 产品创设

互联网金融理财客户对投资产品的首要要求是标准化、小额化、短期化；其次是流动性要好；最后，产品的风险特征描述要直白。

产品的上述 3 个特征有利于互联网金融理财客户快速做出投资决策，而不是进行冗长的产品分析。

从专业机构获取的基础资产，往往有以下几种方式进行重新组合，创设新的产品：同类产品打包、长期债权拆短、大额债权拆散、不同性质资产重新组合。

当前的金融网销产品创设模式见表2.10。

表2.10　当前的金融网销产品创设模式

	非标产品	金融网销客户需求	金融网销再产品化技术
金额	大	小	大拆小
期限	长	短，最好能实现T+0	长拆短
产品风险	投资者需要具备融资项目风险判断能力	产品风险特征需要直白易懂	引入内外部增信

需要注意的是，作者介绍当前市场的这些模式并非表示作者认同这些模式，事实上，这些模式由于过度金融化问题，加之互联网金融“轻监管”的属性，其隐含的信用风险、流动性风险、信用转换风险极易借由金融体系内较差的传染机制酿成系统性金融风险。本文后续将对此展开分析。

3. 产品再销售

新的金融网销往往与第三方支付实现深度捆绑，借助第三方支付的流量导入。目前第三方支付行业发展已十分成熟，其优越的商业延展性使其天然地成为覆盖所有理财产品的平台。

如果平台只销售单一产品，则必须将产品选择环节后台化，并且最好能将产品的销售用另外一种概念代替，比如基金申购与余额理财。

如果平台销售多种产品，则需要以搜索的方式帮助用户实现购买。但是用户搜索的应该是自身的需求，而非产品本身。比如：搜索收益率、产品期限等。除此之外，平台应该具备主动分析用户数据的功能，了解用户习惯，最终形成自助理财。比如，用户资产自动转入单一销售的产品中，T+0随用随提；用户产品到期后，自动寻找新产品，实现财富滚动增值。

（二）非标转标再产品化技术

非标转标技术是当前金融网销的核心技术，也是各家机构不愿明示于人的秘密，是在中国监管宽松背景下特有的商业模式。出于对各家机构保守商业模式机密动机的尊重，本章在此不以特定机构为例，而仅是简要介绍当前各家机构的通行模式。

作为金融网销平台，这些机构往往对外宣称，其作为平台不发布任何理财产品或借款项目，不设立资金池，亦不为交易各方提供担保。那么，金融网销平台是如何连接互联网客户需求与非标产品的呢?

1. 交易模式

从产品来源看，金融网销平台往往有内、外两大投资品种：

（1）内部产品。

内部产品即金融网销生态体系内的中小企业和个人通过网络小贷或 P2P 平台发布的借款产品，并由银行、保险公司等金融机构或大型担保机构提供本息保障。其基本交易结构见图 2. 14。

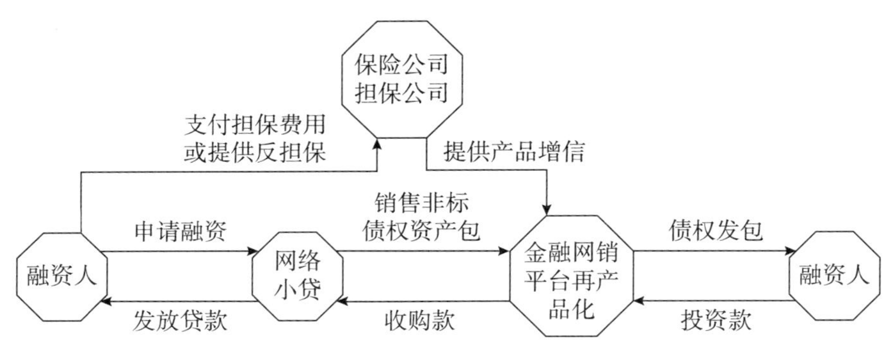

图 2. 14　金融网销内部产品基本交易结构

（2）外部产品。

外部产品由各类持牌资产管理机构（如信托公司、基金子公司等）向所谓的 SPV 销售理财产品，SPV 一般为符合持牌资产管理机构合格投资人准入标准的投资人。该投资人以其持有的理财产品做质押，在地方金融资产交易中心发行“金交所资产管理计划”，金融网销平台将经过再产品化的“金交所资产管理计划”在其平台上向投资人销售。在此过程中，金融网销平台往往要求产品必须经过外部增信，包括担保公司和保险公司进行增信。金融网销非标资产受益权之收益权转让业务基本交易结构见图 2. 15。

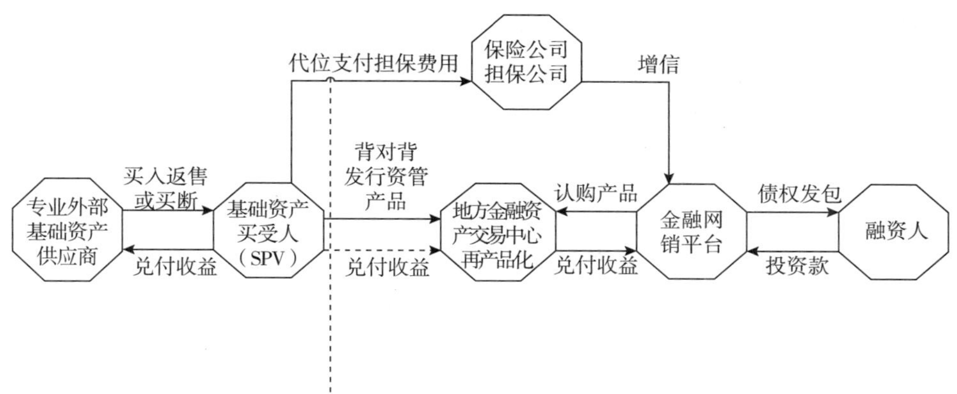

图 2.15　金融网销非标资产受益权之收益权转让业务基本交易结构

上述两幅交易结构图展现了金融网销平台两种典型产品的大致操作方式。在运作过程中，可通过对交易主体的重新组合形成更多的变化，如委托贷款、应收账款、租赁资产等收益权转让，定向融资工具、私募债挂牌销售等。但万变不离其宗，其核心在于借道当前地方金融资产交易中心的监管空白，将非标资产进行单位投资净额、期限、风险的标准化，然后对接低成本的小额零散投资者（突破金融机构合格投资者条件限制），最终实现为资金需求方融资的目的。

2. 非标资产再设计的关键要素

金融网销平台非标产品再设计的关键要素包括：

（1）庞大的小额投资者。

金融网销平台往往聚集了亿数量级的客户，消费场景或金融投资场景为其提供了沉淀资金和客户黏性，便于转换。互联网业务信息传递的快捷性和监管红利，使得用户投资决策和操作极其简单。

（2）专业化的基础资产提供商。

利率市场化的推进正在逐渐抹平市场大额资金和小额资金收益与风险的不对称，传统非标资产机构因产品投资金额起点高、期限长、期间缺乏流动性、风险集中，竞争力日趋下降，因而其资金募集端愈发困难。

金融网销平台往往将自身定位为开放式平台，允许各金融机构在满足准入标准后在其平台上分销经过包装的非标资产，其超强的资金募集能力和相对较低的资金成本对非标资管机构具有很强的吸引力。在市场过度竞争的现实环境下，非标资管机构虽然明知此种合作非长久之计，但仍不得不饮鸩止渴。

对投资者而言，传统的银行固定收益理财早已在各类互联网金融“理财产品”的冲击下溃不成军，投资者对预期收益率和流动性的胃口已被提高，传统非标资产理财产品已经无法满足。金融网销平台上的理财产品操作方便、期间可转让、流动性强、投资起点低、收益高于传统理财产品。在安全性方面，保险公司或大型担保公司承保，对投资者也有心理安慰的作用。

（3）外部增信。

非标资产的官方定义是不能在证券交易所和银行间市场进行交易的债权类资产。这个定义将在特定交易场所流通作为判断标准，其背后的原因在于对可流通债权资产的信用标准要求较高。除了严格的信息披露，还依赖于上市流通前要通过严格的信用审查。只有资质较好、满足评级标准的企业才能够发行债券等标准化债权票据募集资金。部分信用资质稍差的企业，也可寻求大型担保公司或保险公司等外部增信机构予以增信，通过支付增信费用借用外部增信机构的信用评级，满足标准化的要求。

外部增信主体前置，发行主体增信后置，既是融资产品增信标准化的过程，也是非标产品标准化的前提。通过这一过程，投资者将产品的信用风险转移到公开市场一致认可的外部增信主体，由外部增信主体以自身的信用强化产品的信用。外部增信主体代替投资者，接受发行主体的非标准化增信，在发生风险事件时通过处理各种非标准化的增信来降低或弥补自己的损失，使得公开市场投资者不再需要直接面对纷繁复杂的非标准化增信资产，满足了公开市场快速、标准化交易的需要，降低了交易成本。

可见，非标资产标准化过程中的核心问题在于产品增信的标准化。针对这一问题，金融网销平台往往选择市场上一些排名较为靠前的外部增信机构作为其认可的产品增信主体，并要求融资方或非标资产转让方通过这些增信主体为其产品向投资者增信。

投资者在选择产品时将筛选标准定位于期限和收益率，而收益率和期限挂钩，呈正相关。最终，投资者选择产品，主要受自身可投资资金规模的起点限制和对期限的偏好。至于流动性，因为期间可转让功能的存在，可实现实际的产品流动。至此，产品的期限/收益率成为平台标准化资产的核心标准，而产品所对应的资产内容和性质，则被最大化地淡化。

第三节
新监管下信息中介资产证券化路径展望

以网络借贷、网络分期和金融网销为主要业务模式的互联网信息中介是互联网金融中创新最为活跃的领域。互联网金融作为游离于传统金融监管体系之外的影子银行体系的一部分，各国在影子银行监管方面的实践在一定程度上推动了中国互联网金融监管的成熟。伴随着互联网金融监管多项行业规章的出台，行业的经营行为势必日趋规范，这为互联网金融资产证券化的有序开展创造了条件。

一、全球影子银行监管实践背景下的互联网金融监管

互联网金融是全球日渐庞大的影子银行体系的一个重要组成部分。

影子银行在金融体系中无处不在，从基于证券市场的标准化批发业务到另类借贷渠道，具有形式多样、涉及主体多样的特征，在金融机构间形成了盘根错节的复杂网络。

影子银行体系对实体经济的发展发挥着重要作用，对提高金融市场效率也发挥着重要作用。然而，如果影子银行体系未进行妥善的构造和监管，影子银行对金融稳定将构成重大威胁。影子银行体系的风险来自交易对手到期违约风险、流动性风险、信用转换风险和杠杆。

作为互联网金融众多创新商业模式的发祥地，美国对个体网络借贷平台（P2P 平台）的监管框架体现了全球影子银行监管的基本思路，对中国当前互联网金融的监管有重要启示。

（一）欧盟投资基金监管框架

作为影子银行体系监管的基石，欧盟的监管框架是从以下几个维度来展开的，见表2.11。首先是区分公募产品和私募产品，公募产品是面向公众投资人零售的投资基金产品，私募产品则是面向合格投资人定向发行的投资基金产品。这两类产品由于投资者适当性管理的差异，对投资者承担风险的能力要求不同，监管的严苛程度也略有差异。欧盟私募产品监管适用《另类投资（私募）基金管理人指引》（Alternative Investment Fund Manager Directive，简称AIFMD），公募产品则适用《公募基金管理人指引》（Undertakings for Collective Investment in Transferable Securities Directive，简称UCITS）。其次，对于影子银行的监管着重从流动性管理（包括无序清偿预案）、杠杆率、交易对手风险与连锁反应、透明度和信息披露等维度展开。

表2.11　欧盟投资基金监管框架

风险监管	《另类投资（私募）基金管理人指引》	《公募基金管理人指引》
流动性转换/无序清偿	1. 清偿政策与基础资产流动性匹配原则 2. 制定异常情况清算政策（包括逐级预定义异常情况、清偿限制、与投资者的沟通政策） 3. 管理人必须设定定性和定量的流动性风险敞口限额 4. 独立于资产组合管理的流动性管理系统和流程 5. 投资于低流动资产时的尽职调查流程	1. 坚持基于赎回指令清偿的基本原则，但同时兼顾清偿政策与基础资产流动性匹配的原则 2. 在发生国家定义的流动性危机时可执行临时性暂缓清偿程序 3. 制定符合流动性管理标准的合格投资资产限制性标准并实施敞口限额管理 4. 基金风险管理政策中应包括流动性风险管理政策

（续表）

风险监管	《另类投资（私募）基金管理人指引》	《公募基金管理人指引》
杠杆率	1. 管理人制定最高杠杆率标准、重复抵押率标准 2. 由托管人验证杠杆率限额 3. 当杠杆过高时需向监管部门报告 4. 当杠杆率过高时，监管部门有权主动干预	1. 通过衍生产品投资、融券、回购交易等形成的“全球敞口”（Global Exposure）不得高于基金净资产价值（NAV） 2. 基于变量计算“全球敞口” 3. 设定衍生产品投资、融券、回购交易的限额 4. 制定抵押物标准 5. 无抵押借款仅被限定在特定用途，并且不能超过资产总额的10%
交易对手风险与连锁反应	1. 向监管部门报告主要工具、本金敞口、最主要集中度 2. 监管部门有权要求获得进一步的信息以检测系统性风险 3. 尽职调查和利益冲突管理方面的要求 4. 主要经纪人与资产托管人原则上不能为同一人	交易对手风险敞口限额管理和单一发行人集中度管理（一般而言，单一发行人发行的可交易证券不超过5%，存款不超过20%，交易对手为信贷机构的场外交易市场衍生产品不超过10%，其他场外交易市场衍生品不超过5%）
透明度和信息披露	1. 应在投资初始即向投资人披露投资策略和投资资产类别 2. 定期披露风险状况 3. 年度资产和负债报告 4. 衍生品无穿透原则 5. 监管部门报告	1. 标准化的签约前信息披露 2. 年度资产负债报告 3. 监管部门报告

（续表）

风险监管	《另类投资（私募）基金管理人指引》	《公募基金管理人指引》
其他	1. 运营资本要求、额外自有资金或赔偿责任保险要求 2. 单资产托管人要求（资产托管、簿记、监控）	1. 营运资本要求 2. 单资产托管人要求

（二）美国投资基金监管框架

在美国，投资基金一般都是根据1940年《投资公司法案》（Investment Company Act）设立的公司或营业信托。

2010年，《多德—弗兰克华尔街改革和消费者保护法案》（Dodd-Frank Wall Street Reform and Consumer Protection Act）强化了对美国私募基金的监管，该法案第五章要求私募基金管理人必须向SEC备案，并向监管当局（包括SEC和金融稳定监管委员会）报告系统性风险测试的相关数据，具体包括：

（1）管理资产规模和杠杆率。

（2）交易对手信用风险敞口规模。

（3）交易头寸与投资头寸。

（4）定价政策与实践。

（5）持有资产类型。

（6）投资者优先条款。

（7）交易流程。

SEC还被授权以保护投资者为目的向基金管理人索要更多的信息和数据。美国监管当局对投资基金也提出了监管要求。

（1）初始资本：在开始募集资金前，基金管理人需要提供至少10万美元的种子资本。

（2）透明度和信息披露：基金需发布并持续更新基金募集说明书，或发布标准格式的文本。

（3）投资者保护：基金有托管人，一般必须是美国的银行；基金需要任命一名合规官（督察长），必须有详细的合规政策、流程和内控标准。

（4）流动性管理：公募基金的资产组合中，投资于非流动性资产的规模不能超过基金规模的15%，基金赎回的支付延迟不应超过7个工作日；在特殊情况下，赎回支付可以被延迟，SEC也可以要求暂停清偿。

（5）杠杆：基金被限制使用其杠杆，且不能发行债券，但可以从银行按照300%资产覆盖率的标准借入资金；基金也可以使用衍生工具，但前提条件是基金隔离出与衍生工具合同潜在债务等值的流动资产。

（6）资产组合多样化和发行人集中度管理：基金投资风格若被描述为“多样化投资”，则必须根据金融工具和行业分别满足法规规定的合格资产、集中度限额要求。

总体上，美国的基金管理法规与欧盟的《公募基金管理人指引》更为接近，但美国没有独立的私募管理人监管指引。

（三）美国网络借贷的监管框架

根据Chapman and Cutler LLP（美国一家成立于1913年的知名律师事务所）于2014年4月发布的《个体网络借贷法规——主要事项概要》（The Regulation of Peer-to-Peer Lending – A Summary of the Principal Issues）统计，美国对个体网络借贷的监管架构涵盖了美国的几十项法律、法案、法规。美国网络借贷监管框架见表2.12。

表2.12　美国网络借贷监管框架

法规		内容概要	监管导向
证券相关法规	《证券法》（Securities Act）	除非有豁免，所有参与公开证券发行的发行人都必须向SEC注册证券	规范P2P平台的信息披露行为

（续表）

法规		内容概要	监管导向
证券相关法规	新的私募规则——《506规则》修订（The New Private Placement Rules）	根据修订的《506规则》，P2P平台可以介入游说合格投资人	规范P2P平台的信息披露行为
	《蓝天法案》（Blue Sky Laws）	《蓝天法案》为州证券法律，除非有豁免，发行人在销售的每个州都必须注册证券	
	《证券交易法》（Securities Exchange Act）	在《证券交易法》下，发行人在销售注册的证券后，需要满足持续披露要求	
	《投资公司法》（Investment Company Act）	在向公众出售之前，投资公司必须向SEC注册	
	《投资顾问法》（Investment Advisers Act）	除非有豁免，投资顾问必须向SEC注册	
	风险保留要求（Risk Retention Requirements）	证券化必须为任何发行、转让、出售、让与的财产保留部分信用风险，证券化不可对冲或者转移保留的信用风险	
	与资产证券化相关的法律（Laws about Securitization）	证券化是为从不同的金融财产中获取现金，创造资产担保的证券（“ABS”），需要特定的法律规制证券化，这一领域未来会有更多法律监管	

（续表）

法规		内容概要	监管导向
借贷相关法规、借款人登记及注册法规	《高利贷法》（Usury Laws）	在多数州，贷款人可以收取的贷款利率有上限，不同州之间的最高贷款利率差别很大	规范 P2P 平台的监管管辖权
	《银行秘密法案》（Bank Secrecy Act Regulations）	提供贷款的银行需要遵守关于贷款资金的法律。在一些情况下，提供贷款的银行要求 P2P 平台遵守针对银行而不一定针对 P2P 平台适用的法律	
	第三方使用银行牌照（Issues Related to Third－Party Use of Bank Charters）	规范互联网金融使用金融机构牌照进行经营的行为	
	州注册要求（State Licensing Requirements）	州在关于 P2P 监管方面，针对贷款去向和贷款服务保留重要的司法权	
《消费者保护法》（Consumer Protection Laws）	《诚信借贷法》（Truth in Lending Act）	贷款人必须向借款人提供包括在借款条件改变时关于借款标准的可以理解的信息	规范 P2P 平台的经营行为
	《联邦贸易委员会法案》、UDAP 法及 CFPB（FTC Act，UDAP Laws and the CFPB）	要求遵守《联邦贸易委员会法案》的第五部分；P2P 平台已经提供贷款的银行可能被要求遵守禁止不公平或者欺诈行为的州法律（UDAP 法）；并且《多德—弗兰克华尔街改革和消费者保护法案》要求建立 CFPB，并授权该组织采用禁止在消费者金融市场上欺诈或滥用的行为	

（续表）

<table>
<tr><th colspan="2">法规</th><th>内容概要</th><th>监管导向</th></tr>
<tr><td rowspan="5">《消费者保护法》(Consumer Protection Laws)</td><td>公平借贷法及其他法律(Fair Lending and Other Laws)</td><td>《平等信用机遇法案》《公平信用报告法案》《服役人员民事救助法案》适用于信用交易的各个方面，包括广告、贷款申请、贷款批准、贷款发放以及贷款清收</td><td rowspan="5">规范 P2P 平台的经营行为</td></tr>
<tr><td>关于催收债务的监管(Debt Collection Practices)</td><td>第三方清收机构必须符合联邦《公平催收法案》以及类似的州的法律。这些法律与从破产的借款人那里催收过期未偿还的借款相关</td></tr>
<tr><td>《隐私法》(Privacy Laws)</td><td>非常重要的一点是，P2P 平台需要遵守监管非公众的个人信息的相关法律法规</td></tr>
<tr><td>《电子商业法》(Electronic Commerce Laws)</td><td>P2P 平台必须符合《全球和国家电子签名法案》及类似的州的法律。这一领域的法律规定了披露及同意的要求</td></tr>
<tr><td>《多德—弗兰克华尔街改革和消费者保护法案》与政府问责机制(The Dodd-Frank Act and GAO Study)</td><td>SEC 在未来很可能会保持其在 P2P 领域作为主要监管者的角色。CFPB 会逐渐采用 P2P 借款人保护的规则，可能会在 P2P 领域担负更多的监管责任</td></tr>
<tr><td colspan="2">与平台破产处置相关的考量</td><td>P2P 平台破产可能导致其无法服务借款人和投资人，即使其发行的 P2P 产品仍然处于正常状态，这时需要将破产平台管理的资产转移至可继续提供服务的平台</td><td>提出 P2P 平台的恢复与处置计划</td></tr>
</table>

（续表）

法规	内容概要	监管导向
税收考量	P2P 平台票据的税法地位不清晰，无论借款人还是投资人都难以对其利息进行所得税处理	指出 P2P 商业模式下各当事人的税收风险

资料来源：根据《个体网络借贷法规——主要事项概要》

（四）中外影子银行监管取向的差异

中国的影子银行体系与欧盟和美国的影子银行体系存在较大的差异（见表 2. 13），监管取向的差异是其中的重要特征。我们对中国影子银行的监管取向与欧盟和美国进行比较。

表 2. 13　中外影子银行监管取向差异

	中国影子银行监管			欧盟	美国
	互联网金融	信托业	其他资产管理业态		
初始资本与持续资本充足性管理	无	有	部分	有	有
透明度与信息披露	建设中	有	有	有	有
投资者保护	暂无	有	有	有	有
管理资产与自有资产隔离	有	有	有	有	有
流动性管理	无	无	无	有	有
杠杆	无	有	无	有	有
资产组合多样化管理	无	无	无	有	有
交易对手风险及连锁反应管理	无	无	无	有	有
交易复杂度管理	无	无	无	有	有
机构经营失败处置机制	无	有	无	有	有

二、当前中国互联网金融信息中介监管的短板

互联网金融信息中介，尤其是金融网销的产品创设活动存在一系列的经济风险和法律合规风险，但金融网销又是互联网金融资产证券化的基础，是众多互联网金融创新活动的基础，如何在两难间取得平衡，是监管者和从业者需要思考的问题。

（一）金融网销监管套利与投资者适当性管理缺失

与P2P基于合同法法律关系的民间借贷不同，金融网销的特性是向非特定大众销售金融产品，这些金融产品的基础资产风险往往较高，传统金融机构往往需要面向具有一定风险识别能力和风险承担能力的投资者销售。

借助组包、大拆小、长拆短、外部增信等资产证券化惯用工具，金融网销试图将基础资产的信用风险特性、久期风险特性进行重新组合，将仅适合私募的非标基础资产转化为适合公募的标准化资产。

由于此类互联网金融资产证券化行为不受当前《信贷资产证券化试点管理办法》和《证券公司及基金管理公司子公司资产证券化业务管理规定》的规范，其产品风险特性是否符合可向非特定对象募集的公募产品的标准，缺乏统一的识别手段。更多的情况是，众多中小规模互联网金融网站和地方股权交易中心滥用资产证券化之名，将原本面向具有风险识别和承受能力的特定对象发行的私募产品，如信托、私募基金或资产管理计划，经过简单的大拆小和长拆短之后，即向普通公众投资人发行。

对于小部分金融网销平台假借互联网资产证券化之名，行监管套利之实，需要进行监管和规范，并将资产证券化行为纳入既有的监管框架。

（二）信息披露缺乏统一规范

金融网销模糊在“资产证券化”之名之后的，是对基础资产信息披露

的缺失。

由于隔离了基础资产风险特性的信息，代之以各金融网销平台自身缺乏公信力的基础资产信用风险评级，投资者仅能比较期限、收益率、外部增信等几个被抽象化的信息。

由于缺乏统一的信息披露规范，即便有经验的投资者也难以识别产品风险，“买者自负”的原则就难以落到实处。

（三）流动性备付机制普遍缺失

长拆短是当前众多金融网销平台普遍的盈利模式，将久期较长的基础资产包通过连续多个久期较短的集合工具进行滚动融资，在收益率曲线呈现上扬的正常分布的市场环境下，长拆短可以有效获取利差。

然而，长拆短的一个重要前提是必须要有流动性备付机制，市场必须保持充足的流动性才能保证此类“庞氏融资”能够持续下去。

此外，全球影子银行监管的实践表明，资产管理机构需要备有不低于15%的流动性储备，这些储备可以来自其自有资产，也可来自其管理的资产，只有这样才能在面对市场流动性消失的极限情形下，为市场提供恢复信心的缓冲时间。在流动性危机中，“信心比黄金更宝贵”。

（四）缺乏限制重复抵押和约束杠杆的机制

金融网销产品创制过程的惯用模式是，由一家平台有控制力的SPV以基础资产做抵押，背对背创设新的私募产品或互联网金融理财产品，再借道地方股权交易中心或金融网销平台，将创制的理财产品进行分拆销售，继而回笼资金。

部分金融网销机构开拓的基金份额抵押再融资，或是当前已经被禁止的场外证券配资，抑或是被限制的场外固定收益互换等加杠杆的行为，其缺陷都是监管当局对杠杆率管理的缺失。当前部分互联网金融平台，尤其是部分金融网销平台借由鼓励互联网金融创新之名，逃避当前的金融监管，成为监管套利的工具。

三、逐渐规范化的互联网金融信息中介监管

以国务院《指导意见》的发布为分水岭，中国正逐渐规范互联网金融的监管体系。

2015年11月3日，《中共中央关于制定国民经济和社会发展第十三个五年规划的建议》第三节“坚持创新发展，着力提高发展质量和效益”的第六条“构建发展新机制”中明确提出“规范发展互联网金融”。

2015年12月25日，中国人民银行发布《关于加强个人银行账户服务、加强账户管理的通知》。

2015年12月28日，中国人民银行发布《非银行支付机构网络支付业务管理办法》。

2015年12月28日，中国银行业监督管理委员会发布了重量级的《网络借贷信息中介机构业务活动管理暂行办法（征求意见稿）》（以下简称《P2P管理办法》）。

2016年3月10日，筹备中的中国互联网金融协会抛出了另一重量级的文件——《互联网金融信息披露（征求意见稿）》（以下称《互联网金融信息披露办法》）。

（一）网络借贷信息中介平台的行为监管

《P2P管理办法》对“网络借贷信息中介机构”进行了定义，是指“依法设立，专门从事网络借贷信息中介业务活动的金融信息中介企业。该类机构以互联网为主要渠道，为借款人与出借人（即贷款人）实现直接借贷提供信息搜集、信息公布、资信评估、信息交互、借贷撮合等服务”。其引入了负面清单管理模式（见表2.14），有助于防范网络借贷信息中介机构野蛮生长。此外，《P2P管理办法》还进行了一些强制性规定，见表2.15。

表 2.14 《P2P 管理办法》的负面清单管理

负面清单	描述
不得自融	利用本机构互联网平台为自身或具有关联关系的借款人融资
不得非法集资	直接或间接接受、归集出借人的资金
不得自保	向出借人提供担保或者承诺保本保息
不得非实名	向非实名制注册用户宣传或推介融资项目
不得以自身名义放款	发放贷款，法律法规另有规定的除外
不得设立资金池，长拆短	将融资项目的期限进行拆分
不得代销金融产品	发售银行理财、券商资管、基金、保险或信托产品
不得代销金融产品	除法律法规和网络借贷有关监管规定允许外，与其他机构投资、代理销售、推介、经纪等业务进行任何形式的混合、捆绑、代理
不得披露虚假信息	故意虚构、夸大融资项目的真实性、收益前景，隐瞒融资项目的瑕疵及风险，以歧义性语言或其他欺骗性手段等进行虚假片面宣传或促销等，捏造、散布虚假信息或不完整信息损害他人商业信誉，误导出借人或借款人
资金不得流向股市	向借款用途为投资股票市场的融资提供信息中介服务
不得从事证监会监管的众筹	从事股权众筹、实物众筹等业务
兜底条款	法律法规、网络借贷有关监管规定禁止的其他活动

表 2.15 《P2P 管理办法》强制性规定

强制性规定	法条描述	分析
资金存管	资金存管机构对出借人与借款人开立和使用资金账户进行管理和监督，并根据合同约定，依照出借人与借款人向网络借贷信息中介机构发出的指令，对出借人与借款人的资金进行存管、划付、核算和监督	网络借贷信息中介机构无法操纵存管账户的资金划转

（续表）

强制性规定	法条描述	分析
限制线下业务	除风控和贷后管理，不得开展线下营销	当前部分平台线上与线下结合的模式受到挑战
投融资限额管理	网络借贷金额应当以小额为主。网络借贷信息中介机构应当根据本机构的风险管理能力，控制同一借款人在本机构的单笔借款上限和借款余额上限，防范信贷集中风险	“小额”缺乏定义
信息披露	借款人信息披露、融资项目信息披露、信息中介机构信息披露	尚缺乏强制的信息披露格式和监管核查细则

（二）金融网销信息中介平台的行为监管

除了对网络借贷信息中介平台的规范化监管，金融监管当局也逐渐认识到了金融网销创新过程中累积的各类风险，并采取了一系列新的监管措施。

2015 年 9 月 27 日，证监会清理整顿各类交易场所办公室（以下简称证监会整顿办）向地方各级政府金融办下发了《关于请加强对区域性股权市场与互联网平台合作销售企业私募债行为监管的函》，对互联网平台与区域股权交易中心开展私募债拆分、转让合作的业务进行了限制。

监管当局认为，此类金融网销模式“一是将私募债拆分为多期进行销售，实质上仍是销售一个产品，从实际情况看，多期投资者人数相加大多超过了 200 人，存在变向突破私募债发行人数限制的问题。二是有关区域股权交易中心和招财宝平台均没有对认购人是否为合格投资者进行实质性审查，适当性管理要求未能有效落实。三是私募债的增信机构主要由少数几家机构承担，风险集中度较高，难以有效防范和应对发行人的违约风险，而且部分发行人募集金额较大，与自身实力严重不匹配。四是相当部分私募债的发行人是负责备案管理的区域股权交易中心所在省市以外的企业，将来如果发行人不能还本付息，容易出现风险处置责任不清晰，投资者利益难以得到保障的问题”。

2016 年 3 月 18 日，对于目前一些互联网平台开展私募投资基金、证券公司及基金子公司资管计划等私募产品或私募产品收益权的拆分转让业务的情况，证监会表示，开展私募投资基金、证券公司及基金子公司资管计划等私募产品或私募产品收益权拆分转让业务，应严格遵守《证券投资基金法》《私募投资基金监管暂行办法》等相关法律法规，任何机构或个人不得向非合格投资者募集、销售、转让私募产品或者私募产品收益权，且单一私募产品不得超过法定上限。证监会重申相关主体在开展私募业务时应提高合规意识，在开展私募产品受益权的拆分转让业务时不得以金融创新突破合规底线，证监会将加大对违规开展私募产品拆分业务的查处力度。

金融监管部门逐渐收紧了跨界经营所带来的监管问题，对传统金融借道互联网金融渠道，或是互联网金融借道传统金融的资产管理工具，对以金融创新为名，行监管套利之实的伪创新进行了更为严格的规范，具体包括 3 个方面：一是定义私募集合工具的合格投资者；二是设定单个私募集合工具的投资者数量上限；三是对私募集合工具受益权的拆分转让进行规定。

表 2. 16 比较了我国资产管理行业，包括信托、券商、基金及基金子公司、私募基金有关合格投资者定义、投资者上限、拆分转让的有关规定。

我们看到，监管当局经过多年实践，逐渐形成了我国较为统一的合格投资者标准认定，并对私募产品不得向非合格投资者进行销售达成监管共识。

但各监管当局对以下事项尚未形成统一意见：一是合格投资者的穿透认定问题；二是单个集合工具合格投资者数量上限问题；三是关于产品是否允许拆分问题。

（三）互联网金融信息披露规则

互联网金融信息披露涉及向监管披露和向公众披露两方面的要求。

表 2.16　我国资产管理行业投资者适当性管理及受益权转让规则

主管部门	发布时间	法规名称	投资者适当性管理规定	转让/拆分转让管理规定	单个集合工具的投资者数量限制
银监会	2005 年 9 月 24 日	《商业银行个人理财业务风险管理指引》	第三十四条 商业银行应综合分析所销售的投资产品可能对客户产生的影响，确定不同投资产品或理财计划的销售起点 保证收益理财计划的起点金额，人民币应在 5 万元以上，外币应在 5 000 美元（或等值外币）以上；其他理财计划和投资产品的销售起点金额应不低于保证收益理财计划的起点金额，并依据潜在客户群的风险认识和承受能力确定		单个信托计划的自然人人数不得超过 50 人，但单笔委托金额在 300 万元以上的自然人投资者和合格的机构投资者数量不受限制
银监会	2009 年 2 月 4 日	《信托公司集合资金信托计划管理办法》	第五条 （三）单个信托计划的自然人人数不得超过 50 人，但单笔委托金额在 300 万元以上的自然人投资者和合格的机构投资者数量不受限制	第二十九条 信托计划存续期间，受益人可以向合格投资者转让其持有的信托单位。信托公司应为受益人办理受益权转让的有关手续	单个信托计划的自然人人数不得超过 50 人，但单笔委托金额在 300 万元以上的自然人投资者和合格的机构投资者数量不受限制

（续表）

主管部门	发布时间	法规名称	投资者适当性管理规定	转让/拆分转让管理规定	单个集合工具的投资者数量限制
银监会	2009 年 2 月 4 日	《信托公司集合资金信托计划管理办法》	第六条 前条所称合格投资者，是指符合下列条件之一，能够识别、判断和承担信托计划相应风险的人： （一）投资一个信托计划的最低金额不少于 100 万元的自然人、法人或者依法成立的其他组织 （二）个人或家庭金融资产总计在其认购时超过 100 万元，且能提供相关财产证明的自然人 （三）个人收入在最近 3 年内每年收入超过 20 万元或者夫妻双方合计收入在最近 3 年内每年收入超过 30 万元，且能提供相关收入证明的自然人	信托受益权进行拆分转让的，受让人不得为自然人。机构所持有的信托受益权，不得向自然人转让或拆分转让	单个信托计划的自然人人数不得超过 50 人，但单笔委托金额在 300 万元以上的自然人投资者和合格的机构投资者数量不受限制
证监会	2012 年 7 月 31 日	期货公司资产管理业务试点办法	第九条 资产管理业务的客户应当具有较强资金实力和风险承受能力。单一客户的起始委托资产不得低于 100 万元。期货公司可以提高起始委托资产要求		

（续表）

主管部门	发布时间	法规名称	投资者适当性管理规定	转让/拆分转让管理规定	单个集合工具的投资者数量限制
证监会	2012 年 9 月 26 日	《基金管理公司特定客户资产管理业务试点办法》	第十一条 为单一客户办理特定资产管理业务的，客户委托的初始资产不得低于 3 000 万元，中国证监会另有规定的除外 第十二条 为多个客户办理特定资产管理业务的，资产管理人应当向符合条件的特定客户销售资产管理计划 前款所称符合条件的特定客户，是指委托投资单个资产管理计划初始金额不低于 100 万元，且能够识别、判断和承担相应投资风险的自然人、法人、依法成立的组织或中国证监会认可的其他特定客户 第十三条 资产管理人为多个客户办理特定资产管理业务的，单个资产管理计划的委托人不得超过 200 人，但单笔委托金额在 300 万元以上的投资者数量不受限制；客户委托的初始资产合计不得低于 3 000 万元，但不得超过 50 亿元人民币；中国证监会另有规定的除外	第二十五条 资产管理计划每季度至多开放一次计划份额的参与和退出，为单一客户设立的资产管理计划、为多个客户设立的现金管理类资产管理计划及中国证监会认可的其他资产管理计划除外 资产委托人可以通过交易所交易平台向符合条件的特定客户转让其持有的资产管理计划份额	单个资产管理计划的委托人不得超过 200 人，但单笔委托金额在 300 万元以上的投资者数量不受限制

（续表）

主管部门	发布时间	法规名称	投资者适当性管理规定	转让/拆分转让管理规定	单个集合工具的投资者数量限制
证监会	2012年12月28日	《中华人民共和国证券投资基金法》	第八十八条 非公开募集基金应当向合格投资者募集，合格投资者累计不得超过200人 前款所称合格投资者，是指达到规定资产规模或者收入水平，并且具备相应的风险识别能力和风险承担能力、其基金份额认购金额不低于规定限额的单位和个人 合格投资者的具体标准由国务院证券监督管理机构规定		非公开募集基金应当向合格投资者募集，合格投资者累计不得超过200人
证监会	2013年6月26日修订	《证券公司客户资产管理业务管理办法》	第二十一条 证券公司办理定向资产管理业务，接受单个客户的资产净值不得低于100万元 第二十二条 证券公司办理集合资产管理业务，只能接受货币资金形式的资产 第二十六条 证券公司可以自行推广集合资产管理计划，也可以委托其他证券公司、商业银行或者中国证监会认可的其他机构代为推广		集合资产管理计划应当面向合格投资者推广，合格投资者累计不得超过200人

（续表）

主管部门	发布时间	法规名称	投资者适当性管理规定	转让/拆分转让管理规定	单个集合工具的投资者数量限制
证监会	2013 年 6 月 26 日修订	《证券公司客户资产管理业务管理办法》	集合资产管理计划应当面向合格投资者推广，合格投资者累计不得超过 200 人。合格投资者是指具备相应风险识别能力和承担所投资集合资产管理计划风险能力且符合下列条件之一的单位和个人： （一）个人或者家庭金融资产合计不低于 100 万元 （二）公司、企业等机构净资产不低于 1 000 万元 依法设立并受监管的各类集合投资产品视为单一合格投资者		集合资产管理计划应当面向合格投资者推广，合格投资者累计不得超过 200 人
证监会	2013 年 6 月 26 日修订	《证券公司集合资产管理业务实施细则》	第五条 证券公司从事集合资产管理业务，应当为合格投资者提供服务，设立集合资产管理计划（以下简称集合计划或计划），并担任计划管理人。 集合计划应当符合下列条件： （一）募集资金规模在 50 亿元以下 （二）单个客户参与金额不低于 100 万元 （三）客户人数在 200 人以下	第三十七条 集合计划存续期间，证券公司、代理推广机构的客户之间可以通过证券交易所等中国证监会认可的交易平台转让集合计划份额。受让方首次参与集合计划，应先与证券公司、资产托管机构签定集合资产管理合同	特定资产管理计划客户人数在 200 人以下，但单笔委托金额在 300 万元以上的客户数量不受限制

（续表）

主管部门	发布时间	法规名称	投资者适当性管理规定	转让/拆分转让管理规定	单个集合工具的投资者数量限制
证监会	2014年8月21日	《私募投资基金监督管理暂行办法》	第十二条 私募基金的合格投资者是指具备相应风险识别能力和风险承担能力，投资于单只私募基金的金额不低于100万元且符合下列相关标准的单位和个人： （一）净资产不低于1 000万元的单位 （二）金融资产不低于300万元或者最近3年个人年均收入不低于50万元的个人 前款所称金融资产包括银行存款、股票、债券、基金份额、资产管理计划、银行理财产品、信托计划、保险产品、期货权益等 第十三条 下列投资者视为合格投资者： （一）社会保障基金、企业年金等养老基金，慈善基金等社会公益基金 （二）依法设立并在基金业协会备案的投资计划	第十一条 投资者转让基金份额的，受让人应当为合格投资者，且基金份额受让后投资者人数应当符合前款规定	私募基金应当向合格投资者募集，单只私募基金的投资者人数累计不得超过《证券投资基金法》《公司法》《合伙企业法》等法律规定的特定数量

（续表）

主管部门	发布时间	法规名称	投资者适当性管理规定	转让/拆分转让管理规定	单个集合工具的投资者数量限制
证监会	2014年8月21日	《私募投资基金监督管理暂行办法》	（三）投资于所管理私募基金的私募基金管理人及其从业人员 （四）中国证监会规定的其他投资者以合伙企业、契约等非法人形式，通过汇集多数投资者的资金直接或者间接投资于私募基金的，私募基金管理人或者私募基金销售机构应当穿透核查最终投资者是否为合格投资者，并合并计算投资者人数。但是，符合本条第（一）、（二）、（四）项规定的投资者投资私募基金的，不再穿透核查最终投资者是否为合格投资者和合并计算投资者人数	第十一条 投资者转让基金份额的，受让人应当为合格投资者，且基金份额受让后投资者人数应当符合前款规定	私募基金应当向合格投资者募集，单只私募基金的投资者人数累计不得超过《证券投资基金法》《公司法》《合伙企业法》等法律规定的特定数量

1. 向监管披露

2015 年 11 月 28 日，中国人民银行调查统计司和中国互联网金融协会共同发布了互联网金融统计系统，统计工作做到了对互联网金融全业态覆盖。从产生数据的机构来看，分为传统的金融机构和互联网企业。金融机构数据不仅包括银行业金融机构数据，还包括证券业和保险业金融机构数据。从统计渠道看，有从银行直接采集的数据，有从其他监管机构共享得到的数据，也有委托中国互联网金融协会代为采集的数据，还有利用现代化手段直接从互联网企业的网站上获取的数据等。

互联网金融统计数据采集指标体系可以分为两个层次：一是互联网金融业务总量数据，包括机构的基本信息、资产负债信息和损益信息、各类业务总量信息和产品风险信息等；二是部分业态逐笔明细数据，如 P2P 平台投资人和融资人信息、贷款项目信息、股权众筹融资项目信息等。对于部分互联网企业的客户备付金和风险准备金等信息，也将予以统计。

2. 向公众披露

2016 年 3 月 10 日，在北京通泰大厦，由人民银行条法司、科技司组织，筹建中的中国互联网金融协会逾 40 多家成员单位、行业研究机构及部分银行参加了对《互联网金融信息披露》（初稿）的研讨会。该文件针对个体网络借贷、互联网非公开股权融资和互联网消费金融从业机构的信息披露标准进行了单独要求。

信息披露要求包括：公司信息，平台运营信息，借款项目、借款人、借款机构信息。这些信息需要在中国互联网金融协会指定渠道以指定方式全部披露，包括相关网站、互联网平台、手机 App（应用程序）、微信公众号、微博等。

公司信息方面，要求披露持股比例在 5% 以上的股东成员信息，规则还要求披露平台 ICP 备案号及对应的移动 App。

平台运营信息披露方面，文件要求平台每日公布至少 21 条公司运营信息，包括：交易总额、交易总笔数、借款人数量、投资人数量、人均累计借款额度、笔均借款额度、人均累计投资额度、笔均投资额度、贷款余额、最大单户借款余额占比、最大10户借款余额占比、平均满标时间、累计违约率、平台项目逾期率、近3个月项目逾期率、借款逾期金额、借贷逾期率、借贷坏账率、客户投诉情况、已撮合未到期融资项目等有关情况。

充分的信息披露一直被视作互联网金融行业发展的引擎，2015年12月28日公布的《管理办法》，其中出现了12处“信息披露”的字眼，透露出监管层严抓信息披露、保障金融消费者知情权的决心。在第六章第三十四条明确了地方金融监管部门要对网络借贷信息中介机构业务活动的信息披露进行监督，制定信息披露、风险管理、合同文本等标准化规则，促进机构信息披露和增强经营管理透明度，可见信息披露标准化已成为行业监管规范的重中之重。

提高信息披露的质量，有利于监管层发现资金池、项目分拆等不规范运营行为，势必为净化行业发挥关键作用。

四、互联网金融信息中介资产证券化业务模式展望

互联网金融信息中介监管的逐步成熟，有利于互联网金融资产证券化业务的有序开展。

在第二节中，我们看到了互联网金融中3种主流的信息中介模式都基于提升客户体验等种种原因存在着资产证券化的强烈动机。

在现有的金融监管环境下，互联网金融资产证券化偏好的基础资产是由网络借贷和网络消费金融所形成的颗粒状资产，互联网金融信息中介更多地以服务机构的身份参与其中，通过公募资产证券化或私募集合工具实现销售。

（一）信息中介模式下互联网金融资产证券化的基础流程

资产证券化业务，是指以基础资产所产生的现金流为偿付支持，通过结构化等方式进行信用增级，在此基础上发行资产支持证券的业务活动。资产

证券化生态系统见图 2.16。

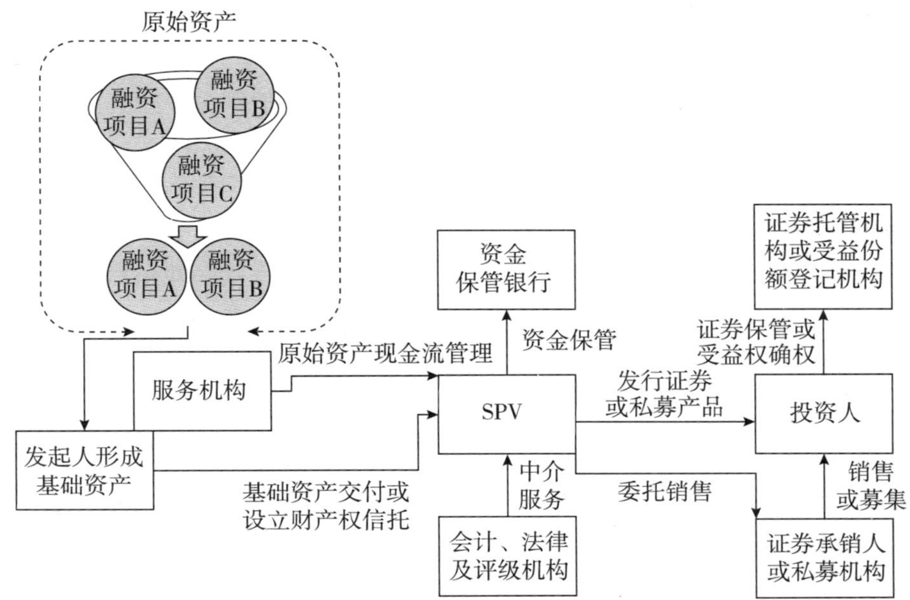

图 2.16　资产证券化生态系统

基础资产，是指符合法律法规规定，权属明确，可以产生独立、可预测的现金流且可特定化的财产权利或者财产。基础资产可以是单项财产权利或者财产，也可以是多项财产权利或者财产构成的资产组合，其交易基础应当真实，交易对价应当公允，现金流应当持续、稳定。基础资产可以是企业应收款、租赁债权、信贷资产、信托受益权等财产权利，基础设施、商业物业等不动产财产或不动产收益权等。

基础资产原始权益人或发起人向 SPV 转移其合法拥有的基础资产以获得资金；SPV 管理人以基础资产现金流为依托，发行资产支持证券，并为资产支持证券持有人之利益，对 SPV 进行管理及履行其他法定及约定职责；托管人一般为商业银行或其他机构，为资产支持证券持有人之利益，按照规定或约定对专项计划相关资产进行保管，并监督 SPV 的运作；服务机构（可以为基础资产原始权益人或发起人）可以接受 SPV 管理人的委托，管理基础资产。

信息中介模式下，互联网金融资产证券化需要引入原始资产和基础资产的概念，并且在基础资产生成、发起模式、服务机构、SPV、证券发行或资金募集方式方面都体现出有别于传统资产证券化的特殊之处。

（二）互联网金融原始资产的来源与偏好

互联网金融中以下业态可形成债权型资产，分别是网络借贷、互联网消费金融（如网络分期）和金融网销。

网络借贷和互联网消费金融的原始资产来源于个人端，即平台撮合个人或中小微企业的债务融资需求，其原始资产呈现典型的颗粒结构。

与此相对的是，互联网基金销售的原始资产来源于企业端，无论基金销售还是其他理财产品销售，其原始资产均来源于“专业”机构发起的债券型资产或权益性资产。

互联网金融资产证券化的优质原始资产事实上应该是由平台型网络借贷和互联网消费金融所形成的颗粒状资产。通过第二节对当前主流的平台型网络借贷和网络分期商业模式的分析，我们发现，这些资产具有以下几个显著特征：

（1）交易基础真实。

（2）数量庞大，单笔金额较小，信用风险得到有效分散。

（3）单个资产有效风险定价，整体资产违约概率得到有效历史数据积累的支撑。

（4）到期期限分散，证券化后的流动性风险可控。

然而，有一类网络借贷或网络消费金融资产并不符合此类特征，即由所谓的“实体经济自融”的互联网金融资产，典型的如地产开发商、地产中介机构、矿主、金属生产商所架设的互联网金融平台所形成的债权型资产，此类具有典型“自融”性质的互联网金融资产具有以下特征：

（1）向关联人或利害关系人融资。

（2）原始资产的行业集中度、区域集中度，甚至是项目集中度过高，资产信用风险无法得到有效分散。

（3）单个资产也许可得到有效定价，但整体资产的定价缺乏历史数据支撑。

（4）到期期限分散度不够，证券化后需要进行跨期平滑，流动性管理压力大。

此外，金融网销中主要来自持牌专业金融机构的资产所具有的以下特征同样降低了其作为资产证券化理想原始资产的价值：

（1）交易基础不真实。

（2）原始资产的项目集中度高，缺乏信用风险的有效分散，运用资产证券化进行信用增级的空间有限。

（3）资产的风险定价缺乏有效历史数据支撑。

（4）原始资产到期期限分散度不够，证券化后需要进行跨期平滑，流动性管理压力大。

互联网金融原始资产特征见表2.17。

表2.17　互联网金融原始资产特征

原始资产来源	交易基础	基础资产信用风险分散度	基础资产风险定价可靠性	到期期限集中度	结论
平台型网络借贷、互联网消费金融	交易基础真实	高度分散	有历史数据支撑，较为可靠	到期现金流充分分散	理想的基础资产，资产证券化可有效实现信用增级
自融型网络借贷、消费金融	向关联人或利害关系人融资	分散度相对较低	历史数据分散度不够，风险定价不可靠	到期现金流分散度较低	可作为基础资产，但资产证券化的信用增级效果不明显
传统金融产品的金融网销	交易基础真实	信用风险集中度高	传统尽职调查和风险定价，定价可靠度较低	到期现金流分散度极低	除非寻求监管套利，否则资产证券化价值不高

（三）基础资产发起人/原始权益人及服务机构模式

由原始资产形成资产证券化的基础资产，是互联网金融资产证券化精彩的“第一跳”。

随着监管对互联网金融“信息中介”化的要求，信息中介往往不能成为互联网金融资产的原始权益人。然而，互联网金融信息中介平台是资产全部信息的真正拥有人，并承担着原始资产现金流管理的重要职责。

互联网金融信息中介平台掌握着原始资产的以下重要信息：

（1）借款人。

（2）交易金额。

（3）利率。

（4）到期期限。

（5）借款人的违约概率及提前偿还概率。

（6）资产包累计违约率。

（7）逾期催收情况。

（8）其他交易信息。

互联网金融信息中介无疑是整个交易的核心，但有关原始资产的发起及原始权益持有，当前的主流模式是以合法的资产管理工具作为发起人，这有多重价值：一是可以履行放款人的身份；二是可以以资产管理工具的受益权作为未来资产证券化的基础资产，免去了资产证券化过程中大量原始债权过户的复杂法律流程。

具体来讲，从原始资产发起基础资产有两种模式：

一是由具有放贷资格的传统金融机构作为发起人，由互联网金融信息中介作为原始资产的服务提供商。

该模式下，信托公司往往作为基础资产的发起机构，基于互联网金融信息中介的指令向借款人发放贷款，在资产端形成原始资产。信息中介往往会安排单一资金作为过桥资金，在信托端形成资产包，受益人持有该资产的权益，就形成了后续资产证券化的基础资产。

以信托公司等传统金融机构作为发起人当前遇到一项合规挑战，即此类机构需要将贷款信息向人行征信系统录入数据，而人行征信系统当前尚未开放信托公司等机构向自然人借款人发放贷款的征信信息录入权限。

二是信息中介将自身注册成为具备放贷资格的私募基金，从而将发起人与服务商的角色合二为一。互联网金融平台以私募基金身份发行契约型基金，可以实现产品快速成立。

在该模式下，互联网金融的信息中介就可能转换成为真实持有资产的“信用中介”。在当前的监管环境下，该模式至少在资产端是合规的。

需要特别说明的是，除了以上两种模式外，传统上，互联网金融平台还存在着以自身或搭桥投资人作为发起人，再将自身投资在网络借贷平台上以资产包发标的模式。受限于《网络借贷信息中介机构业务活动管理暂行办法》，该模式将被认定为不合规。

（四）SPV及受托机构或资产管理人

搭桥资金向发起机构认购资产包形成了特定金融产品（如信托或资管计划或契约型私募基金份额）的受益权，向SPV（信托、资管计划或契约型私募基金）做卖断式转让，或是以特定金融产品的受益权设立财产权信托/专项资产管理计划。

SPV具体的发起形式事实上是与后续的募集方式相联系的。表2.18对比了在后续公募发行和私募发行方式下，SPV与基础资产发起人之间的交易方式。

表2.18　互联网金融资产证券化资金募集方式比较

	后续资金募集方式	
	私募发行	公募发行
SPV	集合信托、资管计划、私募基金	财产权信托、专项资产管理计划
发起人与SPV间的交易方式	转让	财产权交付
交易现金流	当期现金交割	当期无现金交割

对私募发行而言，SPV 通过集合工具形成下一阶段可向最终投资人募集的新载体，这一过程需要掌握一定的技巧，即集合单个受益权份额的规模需要考虑未来集合工具的投资人数量限额、产品转让及拆分的限制等细节。

（五）公募发行或私募发行

在互联网金融新的监管体系下，过去将原始资产打包后，通过外部和内部信用增级及金额和期限的拆分，并通过 P2P 平台向个人投资者发标的所谓“场外资产证券化”模式将难以受到法律的保护。

未来的互联网资产证券化将回归公募发行或向合格投资人私募发行的受监管的渠道中来。

1. 公募发行

就公募发行而言，SPV 以财产权信托或专项资产管理计划为基础在交易所市场发行资产支持证券，其发行行为受证监会关于《证券公司及基金管理公司子公司资产证券化业务管理规定》的监管。

公募发行的优点是可向公众投资人进行募集，不受私募发行中有关合格投资人的制约，缺点是交易所市场证券发行的交易成本高、流程复杂，尤其是时效性较低，意味着搭桥资金需要有较长时间的沉淀。互联网金融资产证券化公募发行模式见图 2. 17。

2. 私募发行

私募发行全过程一般经过 3 个环节，第一个环节将原始资产转换为用于资产证券化的基础资产，第二个环节受让第一环节形成的基础资产，结合其现金流特征运用集合计划进行分拆，第三环节则是向最终投资人进行销售。

私募发行的优点是所有环节均可在契约型产品间进行交易，且最终募集可在互联网金融平台上进行，效率较高。然而，受制于私募集合工具的合格投资人穿透管理以及合格投资人数量限制，即穿透后不能超过 200 人，私募发行的规模往往会受到限制，一般在 2 亿 ~5 亿元。资产包较小往往意味着风

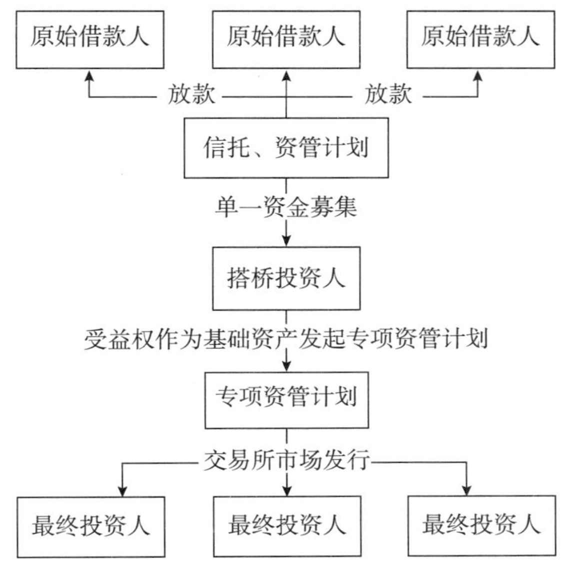

图 2.17　互联网金融资产证券化公募发行模式简图

险难以得到有效分散，这其中即包括信用风险，也包括提前到期风险等。互联网金融资产证券化私募发行模式见图 2.18。

（六）保险增信对资产证券化私募发行的重要意义

互联网金融成功的关键在于向投资人提供可快速做出投资决策的标准化产品。

互联网金融资产证券化私募发行方式中，受制于合格投资人人数的限制，原始资产的规模有限，造成基础资产的风险无法得到有效分散，因此，每个资产包的风险特性可能千差万别，难以为互联网投资者提供标准化的产品。

私募发行可引入保险公司，将原始资产的逾期风险、提前到期风险进行有效风险定价，利用保险公司在产品之间进行风险平滑，从而为市场提供标准化产品。

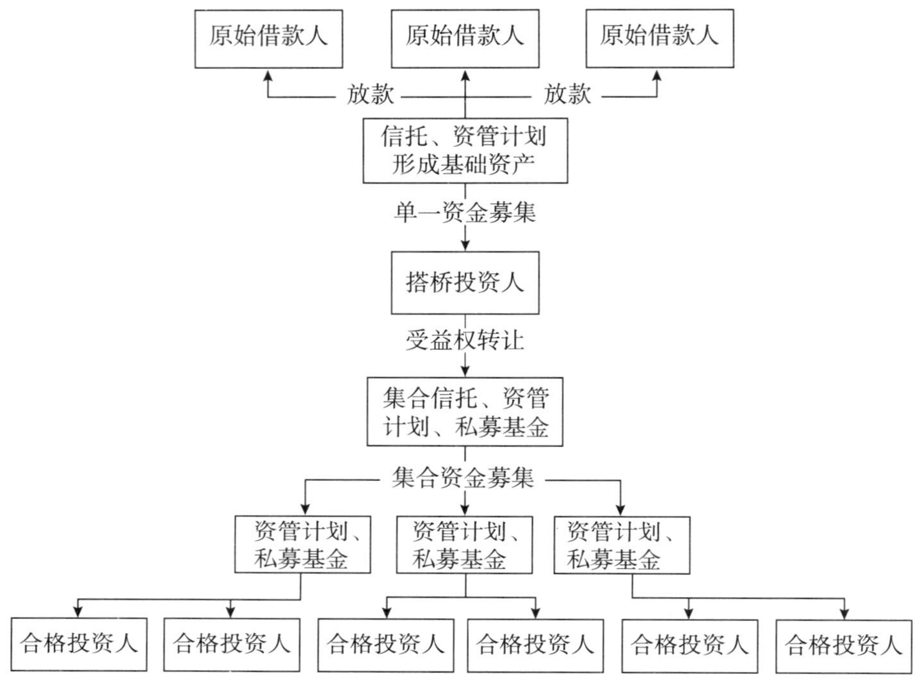

图 2.18　互联网金融资产证券化私募发行模式简图

第三章

互联网金融证券化的Originator模式

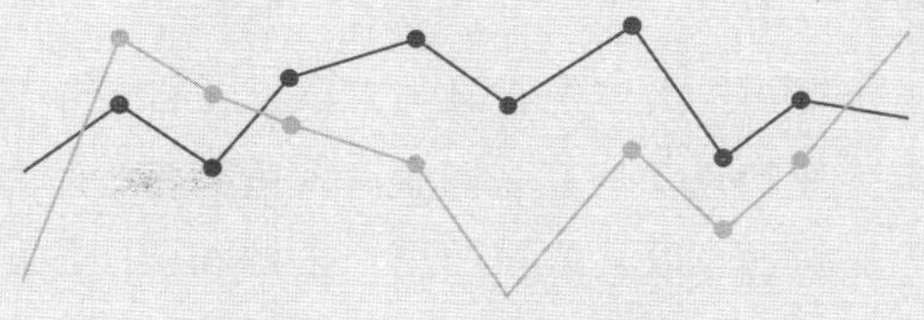

互联网金融作为一种促进金融创新、提高资源配置效率的新兴业态，随着信息网络通信技术的迅猛发展与传统金融的融合而产生。这种融合大体上表现为两个方面：一是互联网企业向金融的渗透参与；二是传统金融企业利用互联网技术与信息通信技术转型升级其金融服务能力。这两个方面体现于互联网金融的平台特点、业务模式、收益方式、风险控制体系，体现于互联网金融的各种要素、各个方面、各个环节、各个发展阶段，也必然体现于互联网金融资产证券化业务中。

互联网金融的平台模式作为传统金融与互联网技术及信息通信技术融合的结果，也同样具有上述特点。从互联网金融实践来看，平台要么依托于成功互联网企业的强大辐射力，以其海量的用户资源和访问流量形成金融消费场景；要么依托于传统金融企业丰富的金融操作经验，以其传统信用优势、金融产品设计优势和风控优势聚集众多的交易要素。由于以上两类平台均具有产生金融资产的能力，可称为互联网金融信用中介平台。还有一类平台是利用互联网技术优势为金融产品交易双方提供服务，本身并不拥有金融资产，这类平台被称为信息中介平台。

本章介绍的互联网金融证券化的 Originator 模式属于前者，即互联网金融信用中介平台。在这种模式下，无论是依托于传统金融还是依托于互联网，平台成为拥有金融资产的放贷人或者放贷人关联方，在建仓期间消耗比较多的资本，资产在表内堆积一段时间后，一次性进行销售，实践中以银行主导的金融系互联网金融放贷平台和互联网金融消费场景平台为典型。

第一节
互联网金融 Originator 信用中介平台模式

互联网金融平台资产要么来自线上，要么来自线下。就信用中介模式来说，互联网企业参与金融业务建立的互联网金融平台，其资产产生于线上商品交易或称电子商务，我们不妨将其概称为电商系平台；而传统金融介入互联网形成的平台如银行系网贷平台及小额贷款平台，由于其资产主要产生于线下金融机构或类金融机构，我们不妨将其概称为金融系平台。互联网金融 Originator 信用中介平台模式主要是指这两类平台。

一、金融系网络借贷信用中介平台

人们一提到网络借贷平台，就认为是指 P2P 平台，二者似乎是完全等同的。但根据国家十部委联合发布的《指导意见》，“网络借贷包括个体网络借贷（即 P2P 网络借贷）和网络小额贷款”，也就是说，从规范意义上来讲 P2P 平台仅指个体网络借贷，而网络小额贷款并不属于 P2P 范畴。

根据《指导意见》，“个体网络借贷是指个体和个体之间通过互联网平台实现的直接借贷。在个体网络借贷平台上发生的直接借贷行为属于民间借贷范畴，受合同法、民法通则等法律法规以及最高人民法院相关司法解释规范。个体网络借贷要坚持平台功能，为投资方和融资方提供信息交互、撮合、资信评估等中介服务。个体网络借贷机构要明确信息中介性质，主要为借贷双方的直接借贷提供信息服务，不得提供增信服务，不得非法集资。网络小额贷款是指互联网企业通过其控制的小额贷款公司，利用互联网向客户提供的小额贷款。网络小额贷款应遵守现有小额贷款公司监管规定，发挥网络贷款优势，努力降低客户融资成本。网络借贷业务由银监会负责监管”。也就是说，P2P 平台只能作为信息中介平台，提供信息交换、撮合、资信评估等中介服务；而网络小额贷款平台应在遵守小额贷款公司监管规定的前提下，努力发挥网络优势降低融资成本。因此，互联网金融的信用中介平台主要包括以银行系为代表的金融系平台和对接小贷公司的互联网金融平台。

在宏观经济形势进入新常态以及互联网技术、信息通信技术迅猛发展的背景下，传统金融机构包括银行、证券公司等向互联网金融市场挺进大致来说可分为3种路径：直接从事互联网金融业务、投资互联网金融公司、与优质的互联网金融平台资源深度整合，业界把此类互联网金融平台称为银行系平台①、券商系平台。

（一）银行系互联网金融信用平台

网络借贷存在风险，如在资金端有非法吸收公众存款问题，在风控方面有流动性及备付金不足及缺乏完善的征信系统、平台获取企业信用数据能力不足问题，在资产端有缺乏优质丰富的客户资源问题等。而银行系平台由于本身依托银行平台，上述问题的解决并非难事。但与其他非银行系互联网金融平台相比，它们也存在缺乏P2P业务经验、因相对规范而导致决策管理低效等劣势。

随着2013年互联网金融爆发式地增长，招商银行、国家开发银行、兰州银行、尧都银行、青岛银行、华润银行、平安银行、齐商银行、江苏银行、恒丰银行等相继推出了各自的网贷平台，截至2015年11月我国正式上线运营的银行系网贷平台共13家，见表3.1。

表3.1 银行系网贷平台概况（截至2015年11月）

平台名称	银行	上线时间	年化收益率
小企业e家	招商银行	2013年4月	5%～6.5%
e融e贷	兰州银行	2014年6月	6%～8%
投融资平台	宁波银行	2014年7月	5.5%～7%
e融九州	尧都银行	2014年8月	7%

① 根据网贷之家对网贷平台的分类，有民营系、风投系、上市公司系、银行系、国资系几大类。我们认为，由于网贷平台投资人背景对于其业务模式、风控体系水平有显著的影响，此种划分很有意义。

（续表）

平台名称	银行	上线时间	年化收益率
财富 e 屋	青岛银行	2014 年 6 月	6% ~7%
华润银行资产交易平台	华润银行	2015 年 1 月	5.5% ~7%
陆金所	平安银行	2012 年 3 月	8%
小马 Bank	包商银行	2014 年 6 月	7.50%
开鑫贷	国家开发银行	2012 年 12 月	10.46%
民生易贷	民生银行	2014 年 7 月	7% 以下
齐乐融融 E	齐商银行	2014 年 11 月	7% ~8%
融 e 信	江苏银行	2014 年 11 月	6% ~8%
一贯	恒丰银行	2015 年 12 月	5.50%

资料来源：根据网贷之家数据搜集整理①

根据有关业内人士分析，银行介入网贷方式主要有以下几种②：

（1）多对一委托贷款模式。委托贷款本身就是商业银行的一项传统的中间业务，以委托贷款业务为基础运营银行系网贷平台是一种可以考虑的模式。此模式某银行曾在 2003 年开办过，但被监管机构叫停。据了解，叫停的原因在于这样的业务对信托公司集合资金信托业务产生了一定的冲击。

（2）居间/撮合模式，这也是网贷行业的主流模式。监管层一直呼吁网贷平台的角色定位应该是居间人，多数平台也以居间人自称，尽管由于一些隐性担保的存在使得居间关系并不纯粹。

（3）见证模式，即银行对与融资项目及融资人相关信息的真实性进行见证。

① 需要说明的是，根据小马 Bank 公告，自 2015 年 8 月起其已升级为全新的品牌——有氧金融，自 2015 年 12 月 25 日起，将原有小马 bank 平台服务逐步转入到有氧金融平台，2016 年 4 月 30 日 15 时正式关闭原有小马 bank 所有功能。业界解读为原小马 Bank 业务模式实际上自我宣告失败。

② 《银行切入 P2P 的五种模式及靠谱度分析》，作者肖飒，2015 年 6 月 18 日发表于网贷之家，访问于 2015 年 12 月 2 日。

（4）信贷资产收益权转让模式，即银行作为“供货商”将其存量的信贷资产通过平台转让给投资人。

（5）托管、结算模式，即银行作为第三方机构进行资金托管，在托管的基础上实现账户间结算。

我们不难看到，上述介入方式中，对平台运营资金的托管、结算是监管方对所有网贷平台的共同要求，这种介入是对整个行业的保障，本身并不是主要或典型的盈利模式；而居间/撮合以及银行对与融资项目及融资人相关信息的真实性进行见证[①]本身与其他平台无异，并非是银行系平台的特色。由此可以看出，银行系平台的最大特点来自资产端，即将银行内部的委托贷款及信贷资产通过平台进行转让。

从这个角度来说，由于此类平台的资产端对接银行业务，平台投资者直接面对的是银行的客户资源，受益于银行及平台的风险控制系统，因此可以称之为信用中介平台，其有资格在资产证券化中作为发起人。除了银行系平台以外，还有一类是对接小贷公司资产的平台，其模式与银行系差不多，也属于信用中介平台。

（二）券商系互联网金融信用平台

我们不妨以国泰君安的小微融资“君弘微融资”为例对券商系平台做介绍[②]。值得注意的是，国泰君安的信用业务包括融资融券、股票质押、约定式回购和微融资，其中微融资属于互联网金融信用平台。

君弘微融资产品依托君弘金融商城、君弘一户通及移动App等互联网终端，将线下信用融资业务升级再造，创新普惠金融产品，满足个人客户和小微企业临时性、周期性、季节性融资需求。君弘微融贷适用的对象是新客户、长线持股客户、需要解决燃眉之急又不愿错失因股价波动带来的收益良机的客户、为提高生活品质的客户（因买车、置业、旅游等）、机构投资者、小微企业等。

---

① 从法律意义上来说，银行的见证只具有私法上的意义，其证据效力不及我国《公证法》规定的公证行为，其专业性也不及《律师见证业务工作细则》中的律师见证。

② 有关国泰君安君弘微融资业务介绍内容均根据国泰君安证券网站，访问于2016年3月7日。

君弘微融资标的证券范围为除 ST、* ST 类证券均可做担保（包括股票、基金、债券等）。标的证券折算率最高为75%，平均为55%以上。君弘微融资期限灵活，客户可自主选择，最短7天，最长3年。在融资成本方面：

（1）融资利率：根据融资期限不同，产品设定不同的利率标准，最低年化利率为8.68%，远低于P2P网络融资平台14%~20%的借款利率，亦低于市场同类产品的利率水平。

（2）交易费用：证券的质押登记费、印花税、过户费、交易佣金。

（3）融资费用：提前购回费、延期购回费、罚息。

融资期间标的物处理包括两种：一是约定购回融资标的证券权益处理，其中分红回到客户账户，或者充抵融资金额；送股则回到客户账户，或者购回时获得。二是股票质押融资标的证券权益处理，一并质押，如果需要使用，需要解除质押。君弘微融资业务类型见表3.2。

表3.2　君弘微融资业务类型

业务类型	股票质押	约定回购
放款速度	T+1	T+2
贷款时长	≤3年	≤5年
贷款利率	适中	适中
折算率	高	高
可否延期	不可以	不可以
是否过户	不过户	过户
收费方式	质押登记费/经手费/按笔	过户费/印花税/佣金
还款方式	按季还息，到期还本	到期还本付息

从以上内容可以看出，券商微融资业务有以下几个特点：

一是资金来源于证券公司，是证券公司开展的信用业务。

二是放贷对象主要针对客户，因为其融资主要是以股票质押形式开展的，而不是无担保的融资。

三是全天候业务办理，这体现了互联网金融的特点。

四是额度控制，最高融资300万元，其中股票质押融资为250万元，约定式回购为50万元。

五是由于采用股票质押，资金用途无限制。

二、电商系互联网金融平台

除了银行系网贷平台，电商的互联网金融平台也拥有自身的资产来源。目前国内的三大电商平台天猫、京东、苏宁都推出了自己的消费金融平台。京东有白条，阿里有天猫分期、花呗，苏宁易购有任性付、零钱贷。

（一）电商系互联网金融平台的业务模式

"电商系"互联网金融平台各有特色，但其业务模式也具有一定的共性。下面我们以京东金融为例，通过其业务模式的分析来了解和把握电商系互联网金融平台的特点。

京东金融是依托于京东商城发展起来的互联网金融平台。京东商城是中国最大的综合网络零售商，是中国B2C（企业对消费者）市场较大的3C（计算机、通信、消费电子产品）网购专业平台，是中国电子商务领域受消费者欢迎和具有影响力的网站之一。京东商城目前拥有遍及全国各地的1 500万注册用户，1 200家供应商，在线销售家电、数码通信、电脑、家居百货、服装服饰、母婴、图书、食品等11大类数万个品牌30余万种优质商品。相较于同类电子商务网站，京东商城拥有更为丰富的商品种类，并凭借更具竞争力的价格和逐渐完善的物流配送体系等各项优势，赢得了市场占有率多年稳居行业首位的骄人成绩。

京东商城的盈利来自3个方面，一是直接销售收入，赚取采购价和销售价之间的差价，在线销售的产品品类超过3万种，产品价格比线下零售店便宜10% ~20%，库存周转率为12天，与供货商现货现结，费用率比国美、苏宁低7%，毛利率维持在5%左右，向产业链上的供货商、终端客户提供更多价值，实现京东"低盈利，大规模"的商业模式；二是虚拟店铺出租费，店铺租金、产品登录费、交易手续费；三是资金沉淀收入，利用收到顾客货款和向供应商支付的时间差产生的资金沉淀进行再投资从而获得盈利，京东商城上第三方支付平台有财付通、快钱和支付宝；四是广告费，目前，网络广告逐步被人们接受，对于一些大型的媒体网站而言，网络广告已经成为其重要的经营收入来源之一。

京东金融是京东集团打造的一站式在线投融资平台，以“成为国内最值得信赖的互联网投融资平台”为己任，依托京东集团强大的资源，发挥整合和协同效应优势，将传统金融业务和互联网业务相结合，探索全新的互联网金融发展模式，致力于为个人和企业用户提供安全、高收益、定制化的金融服务，使投资理财变得简单快乐。京东金融目前有理财、众筹、保险、白条、京东贷、股票和东家七大业务模块。

大型电商平台基于其平台优势收集了大量的销售和用户习惯数据，在一定程度上解决了金融服务中的信息公开、信用等级等问题，将这些数据用到小贷、白条等信用业务上，能很好地体现自己的优势，这是传统金融机构和大多数 P2P 网贷平台所不具备的。

在京东金融的产品中，理财产品主要是基于货币基金，与众筹产品、保险产品、股票产品、东家等均属于传统金融产品在线销售。而白条和京东贷则属于基于信息网络的金融产品创新，其中白条依托于京东商城的电子商务平台，主要内容是消费者在京东购物便可申请最高 1.5 万元的个人贷款支付，并在 3～24 个月内分期还款。2015 年 9 月京东白条资产证券化项目已获证监会批复，并由华泰证券发行完毕，于 2015 年 10 月在深交所挂牌。

（二）电商系互联网金融平台的优势

上述三大电商巨头纷纷打造了自家的电商消费金融，与网贷平台相比，他们的优势何在？

第一个优势是用户黏度。作为国内电商巨头的阿里（包括淘宝、阿里巴巴、天猫）、京东、苏宁，它们拥有其他平台（不管是网贷平台还是其他电商平台）无法比拟的流量入口优势，而且这三大电商平台所积累的庞大消费群体对平台有很强的黏性，用户忠诚度比较高。

第二个优势是服务渗透能力。电商平台是一个巨大的消费平台，其信用消费构建于其巨大的电商体系之上，二者相得益彰。在对用户在平台上的消费行为进行精确分析的基础上，针对消费者在电商平台上进行购物消费的场景恰当而便捷地设计消费金融产品，解决了消费者支付不方便或者资金暂时紧张的问题，很自然地拓展了电商平台的消费金融业务，具有很强的渗透能力。

第三个优势是信用基础及增信能力。中国的网贷乃至整个互联网金融的一大痛点就是信用体系不完善，特别是消费借贷的方式一般属于无担保模式，很多平台的风控其实是停留在概念上，并没有多少实际的措施和效果，导致平台运营经常处于“靠天吃饭”的窘境。但是阿里、京东、苏宁拥有强大的信用基础，有交易行为所积累的大数据作为依托，拥有足够的实力应对部分还款逾期、欠款不还等坏账现象，某种程度上是对其消费金融资产有力的增信。

不过目前电商巨头们的互联网金融平台还是采用稳扎稳打的策略，其网上金融产品的消费群体基本限于基于电商平台的消费金融，但未来发展是否能超越其平台，发展到平台以外很难断言。

第二节
互联网金融资产证券化的 Originator 模式

由于互联网金融的信用中介平台模式与其他模式相比有其自身独特之处，因此在其资产证券化中也表现出一些特殊性。下面我们讨论这些特殊性。

一、互联网金融 Originator 平台模式资产证券化的动机

一般来说，资产证券化对于发起方的意义在于降低融资成本的潜能、多样化资金来源与改善风险管理的能力。无论是网贷平台还是电商平台，其进行资产证券化的动机大体上都是来自这三方面，当然各自也存在一些特殊性。

从目前网贷行业发展的情况来看，资产证券化一方面是平台改善融资、

管理风险的需要，另一方面是促进网贷行业规范化的可行途径。

如果平台资产端对接的是小贷公司，小贷公司的资金来源渠道按规定只有两种：一是来自股东的注册资本金，二是来自不超过两家银行的贷款，且贷款金额不能超过注册资本金的50%①。此外，小贷公司可以接受捐赠款项、通过股东权益质押的方式向国开行进行再融资、通过私下集资来加大杠杆，但这些途径对于大多数小贷公司来说显然不可能成为主要途径，而前两种途径对于小贷公司来说很难满足其放贷需求。

如果平台对接的是银行系其他资产，比如信贷资产等，因其风险加权资产比重较高，资产证券化需求此处不再赘述。在这种模式下，资产证券化可以将线下非标准的企业债打包成线上标准化的小贷资产包、合作担保和小贷公司承诺溢价回购的业务。

我国互联网金融行业发展迅猛，其发展总的趋势得到社会各界包括从政府到基层的多数认可，但问题与风险不断累积，非法集资、自融、洗钱、虚假标等风险一直威胁着行业发展，有论者认为风险管理和定价机制是行业规范化的核心，而证券化则是促进规范的合适途径②。

对于电商系金融信用中介平台来说，目前已经进行的京东白条证券化和阿里小贷资产证券化项目的迅速成功推出本身就说明了问题。在这类平台的资产证券化中，由于电商巨头们享有优质的基础资产、强大的信用优势和市场影响力，其发行的证券化产品得到了市场投资者较高的认可度，电商巨头在这其中充分获得了优化风险管理、获得更加充分的融资和丰富融资多样化的好处，反过来进一步增强了其服务能力。

二、互联网金融 Originator 平台模式资产证券化的发行交易平台

一般的资产证券化中主要要素包括发起人、SPV（平台或平台关联方）、

---

① 参见《关于小额贷款公司试点的指导意见》（银监发〔2008〕23 号）。

② 参见《几种网贷行业基础模式风险分析》，作者韩海庭，2015 年 7 月 9 日发表于未央网（www. weiy-angx. com），访问于 2015 年 11 月 30 日。

债权人（投资者）和基础资产（现金流供体）。上文已经讨论了 Originator 平台模式中电商系平台和银行系平台基础资产的特点，这里我们对该类平台的其他资产证券化要素进行分析。

对于电商系平台，由于此类平台的基础资产产生于线上，其原始权益人就是电商企业或其关联公司（一般是专门设立的小贷公司或专门的消费金融公司），因其所依托的电商平台，其对于基础资产所产生的现金流和风险识别防控有比较成熟的数据及手段，这类平台所拥有的基础资产得到市场广大投资者的认可，加之其确有改善现金流和风险管理的需要，目前已经通过场内的资产证券化途径发行了证券化产品，如阿里小贷和京东白条项目，具体操作流程将在后文中进行介绍。

而对于银行系平台，由于此类平台基础资产产生于线下，在这一点上从本质上来说其与传统金融并无相异之处，其与互联网的结合主要体现在该产品的出售与交易。因此如果仅以该等资产进行资产证券化，则与互联网已无直接联系；如果将该等资产在互联网平台上的销售交易用证券化模式加以规范，则必然涉及此种证券化产品在互联网平台上的发行和交易问题，而目前我国资产证券化发行交易场所限于银行间市场和证券交易所①、保险资产登记交易平台②。值得注意的是，现在有部分私募证券化产品③通过陆金所金融资产交易平台（Lfex）交易，成为互联网金融平台证券化产品交易的先行者。

---

① 根据《信贷资产证券化试点管理办法》，我国信贷资产支持证券在全国银行间债券市场按照有关规定进行登记、托管、交易、结算；根据《证券公司及基金子公司资产证券化业务管理规定》，企业资产支持证券按照规定在证券交易所、全国中小企业股份转让系统、机构间私募产品报价与服务系统、证券公司柜台市场，以及中国证监会认可的其他证券交易场所挂牌、转让；根据《银行间债券市场非金融企业资产支持票据指引》，企业可选择公开发行或非公开定向发行方式在银行间市场发行资产支持票据；根据保监会《资产支持计划业务管理暂行办法》，证券化受益凭证可按规定在保险资产登记、交易平台发行、登记和转让。

② 保险资管产品注册发行系统于 2015 年正式上线。

③ 如中海信托—平安银行汽车消费贷款资产收益权集合信托计划由陆金所担任财务顾问并在陆金所销售。

三、互联网金融 Originator 平台模式资产证券化的基本流程

对于银行类平台的类资产证券化模式，这里结合小贷公司资产网贷平台的类资产证券化产品的特殊性，来看一下目前我国网贷平台类资产证券化的基本流程，这种平台证券化的主要特点是属于场外交易。

一般来说，资产证券化的主要程序有如下几步：

（1）发起人构建基础资产池。把希望用来证券化的可产生现金流的资产，如委托贷款资产、信贷资产或小贷资产等进行剥离，组成一个资产池。

（2）成立 SPV，进行资产证券化。从本质上说，SPV 是资产池的法律主体，其没有自己的意思表示，按照资产证券化项目事先设计的交易结构分配现金流和风险，SPV 所发行的针对该资产池的受益凭证或证券是代表现金流和风险的凭证。SPV 可以对资产池的现金流进行结构化的重新安排，将现金流和风险分割成不同期限、不同利率性质（固定或浮动）、不同优先级，从而对资产进行分层，并据此发行不同等级的证券，提供给具有不同风险偏好的投资者。这一步是资产证券化的核心过程。我国目前资产证券化业务的 SPV 有信托公司、专项资管计划。

对于 Originator 平台模式来说，基本上是由平台或平台关联方担任类似的 SPV 直接销售给投资者。在这种情况下，证券化投资者所购买的证券资产，其风险与出售资产的平台及平台关联方的风险联系在一起，并没有做到使证券化后的资产出表，只能算作类资产证券化。当然我们可以认为这也是资产证券化的一种形式①。

（3）证券登记、托管、发行。我国资产证券化的登记托管机构主要有中央国债登记结算有限责任公司（简称中债登）、全国银行间市场清算所股份有

---

① 一般认为规范意义的资产证券化需要真实出售、破产隔离、增信和分层。但是以特定收费权为资产的证券化并未实现破产隔离，我国资产证券化中的资产支持票据则并不强调破产隔离，在信贷资产证券化和企业资产证券化中也强调发起人留存权益以保障投资者利益。而我们可以发现，以能产生未来现金流的非流动性资产为支持发行优先级证券是上述证券化业务的共同特征。

限公司（简称上清所）、中国证券登记结算有限责任公司（简称中证登）等。目前互联网金融类资产证券化中，为了对有关债权资产进行确认，一般是将基础资产到地方金融交易所①，如北京金融交易所、天津金融交易所、广州金融交易所、前海金融交易所等进行登记和托管。

我国资产证券化的发行一般是由承销商开展。但互联网金融资产证券化则其于平台发行，投资者通过平台认购。根据事先设计的交易结构，平台或关联方依据 SPV 所组成的资产池采用公开或者私募等方式发行证券，发行所得用来给付资产证券化项目发起人也即原始权益人，并负担整个证券化过程的服务费。

（4）项目后续管理与结算。证券发行成功后，贷款服务机构——一般就是发起人（原始权益人）——负责资产池存续期间的管理，包括资产池产生的现金流的收取、账户之间的资金划拨、法律行政税务等其他相关事宜。证券到结算日后，会进行资产的清偿结算和收益兑付。所有债权人（投资者）都获得约定本息收益后，剩余现金流返还给发起人。通常，由资产的原始持有人作为贷款服务机构。

总之，与我国资产证券化过程相比，网贷的类资产证券化有所“变通”。在 Originator 平台模式下，发起人一般是需要融资的小贷公司或者是拥有委托贷款或信贷资产的主体，网贷平台或平台的关联公司充当了类 SPV 的职责，对这些小贷资产进行打包，通过在地方金融交易所登记挂牌进行增信（实际上这种增信并非是对投资者风险的降低，只是对债权资产的登记，从某种程度上确认其债权的真实性和唯一性），然后由有关联的公司摘牌买回资产，将资产或者收益权转让给平台进行发售。P2P 网贷平台可能是唯一承销商，也可能是代销部分产品。最后由小贷公司回购来实现投资收益，万一小贷公司无法兑付，则由担保公司兜底。

通常的资产证券化是单向的资产流动，使发起人控制的信贷资产实现真

① 2009 年 3 月，财政部颁布了《金融企业国有资产转让管理办法》，即财政部第 54 号令，明确规定：金融非上市企业国有产权的转让应当在依法设立的省级以上产权交易机构公开进行。此后各地纷纷成立金融资产交易所。

实销售和破产隔离，不再与发起人有权属关系，最后的债权人（投资者）通过贷款服务机构进行资产池的后续管理，对资产池现金进行现金流催收和分配，实现投资收益。而在网贷平台 Originator 模式的类资产证券化产品中，资产并没有实现真实销售，投资者最后通过小贷公司的资产回购来获得本息收入，资产只是暂时抵押给了投资人，仍然和发起人有债务关系，并且由小贷公司、小贷公司的股东、担保公司，乃至网贷平台的风险准备金来承诺兜底。

换句话说，通常的资产证券化通过 SPV（信托公司或专项资管计划）转让对应资产池的现金流收益权，通过 SPV 的风险隔离特性来实现风险隔离，SPV 是债权受让人，投资人仅是该 SPV 对应特定资产的收益权人；而网贷的类资产证券化模式则由平台或平台关联方充当债权受让方（由于没有实现破产隔离，并不是真正通常资产证券化意义上的 SPV），网贷投资人直接是债权受让人，万一无法到期兑付，可以对发起人的其他资产进行追偿。

从另外一个角度，互联网金融平台也可以看成是类似的信托公司或资管公司，其或其关联公司所购买的资产包也可以看成是专项信托计划或专项资管计划，既然这些“计划”可以成为信用风险隔离的载体，为什么平台为证券化产品出售的资产包不能打包成为类似的“计划”载体呢？当然这是在法律、会计问题得到解决的前提下。

电商系平台资产的证券化，主要特点是其基础资产来自线上，但其整个资产证券化过程属于规范意义上的也就是说属于场内证券化产品，特殊性更多地体现在现金流和风险控制上，下文我们会专门分析京东白条和阿里小贷的两个案例。

第三节
互联网金融资产证券化 Originator 模式线下基础资产模式案例

本节主要讨论网贷平台的类资产证券化模式，关于电商系平台场内证券化模式另节专门讨论。目前网贷平台上已经开始了很多类资产证券化，之所以称为类资产证券化，是因为在整个过程中没有设立 SPV 进行风险隔离（当然也就不存在评级增信），而是通过保理公司或资产管理公司将其持有的债权放在平台上向投资者出售，这种债权是由保理公司或资产管理公司从小贷公司处购买，投资者购买的是产品的部分份额，最后由保理公司或资产管理公司担保回购。这种资产转移仅仅是合同转让关系，应该说离规范意义上的资产证券化还很远。出于防范风险和合规性考虑，很多网贷资产证券化产品还在地方性的金融资产交易所挂牌，通过金融资产交易所登记确认的方式对产品进行某种程度上的“增信”，离真正的资产证券化又近了一步，此中的先行者是 PPmoney 的“安稳盈”和联金所的“联金稳财”，虽然这两个平台分别是上市公司系和民营系，而非银行系平台，但是其基础资产来源却显示出与银行系相似的特点。下面对这两款产品进行讨论。

一、PPmoney——安稳盈类资产证券化

PPmoney 网贷平台成立于 2012 年 12 月 12 日，原名万惠投融，于 2014 年 4 月 16 日正式更名为 PPmoney，意为“人民（People）的财富（money）为人民（People）”。截至 2015 年 11 月 30 日，PPmoney 成交量达到 378 937.86 万元，贷款余额达到 721 473.07 万元，投资人数和借款人数达到 162 364 人和 29 518 人。①

PPmoney——安稳盈类资产证券化最早推出于 2014 年，在深圳 2014 年 1 号文的下发及深圳市金融办小贷公司融资比例放开的大背景下，该产品由广东太平洋资产管理有限公司和深圳联合产权交易所共同推出，以小额贷款公司优质信贷资产为基础，具有稳健、安全、透明度高、投资便捷的特点，投资期限为 90 天、180 天、360 天，预期年化收益率为 7% ~10% 。

安稳盈—小额信贷资产权益产品在 2014 年 3 月 20 日 10：00 开始申购，

① 数据来自网贷之家，访问于 2015 年 12 月 3 日。

第一期项目来自深圳市中源小额贷款有限公司，该项目已在深圳联合产权交易所进行登记托管，托管编号为中源 001，登录 http：//www. eoechina. com. cn/notice-details-4140. html 即可查阅《深圳市中源小额贷款有限公司信贷资产权益托管公告》。该期总额为 1 000 万元，投资期限为 180 天，年化收益率为 10%。

该产品可通过线上、线下两种渠道购买，个人投资者、机构投资者都可申购。线上渠道将通过 PPmoney 平台，平台将会开通全新的“理财项目”栏目，每一期的安稳盈—小额信贷资产权益产品都将会在该栏目发布，不再另行公告。

按照交易流程，安稳盈—小额信贷资产权益产品由太平洋资管作为主荐商和承销商，负责甄别小贷公司，将符合要求的资产打包推荐给深圳联合产权交易所。推广期满后，募集资金达到托管转让条件后，在交易所登记托管。深圳联台交易所作为登记托管和监督机构，对项目资质、资金往来等进行监管。

安稳盈—小额信贷资产权益产品在其业务模式内共融入 8 道防火墙式的风险控制模块，通过严格市场准入、内外部共同增信、四重审核机制、资金全程监管、到期偿付准备、资产买断风险隔离、严格信息披露制度、风险保证金来控制该业务隐藏的各类风险源。此项业务同时匹配了为投资者本金及收益兑付提供保证担保的保障机制，若小贷公司在投资期限届满未能全面履行回购义务，则由担保方代小贷公司履行回购责任，保障投资者本息回收安全①。

二、联金所——联金稳财类资产证券化

资产证券化的蛋糕吸引了众多网贷平台的目光。目前多家网贷平台进军资产证券化，抢食这原本属于传统金融机构的千亿元市场。

联金所网贷平台于 2013 年 11 月 1 日上线，累计成交量超过 5. 3 亿元，其最大股东是深圳联合金融控股有限公司，总资产规模超过 30 亿元，是中国最大的金融外包公司。深圳联金所于 2015 年一季度在线上销售自己定义的资产证券化产品——联金稳财。

---

① 安稳盈—小额信贷资产权益产品内容根据《安稳盈—小额信贷资产权益申购公告》整理。

根据联金所联金稳财产品说明书，其第一期产品为固定收益型的深圳联交所（即产权交易所）挂牌优选债权产品，5万元起购，投资期限为1～12个月，年化收益率为7.5%～12%。资产包总额为1 000万元，来源为联金所的母公司金融联，投向单笔金额30万元以下的个人经营、消费需求，回购主体为兄弟公司联金商业保理公司。联金所首席运营官刘哲对该业务模式进行了解读，即联金所将金融联提供的优选小贷资产打包，在深圳联交所登记和托管转让，再由联金保理公司或者第三方机构摘牌，最后保理商以低折扣价格受让给金融联，后者回购。也就是说，从资产的提供方到摘牌方，到转让方再到回购者，联金所实际正在形成合法的资金闭环。首次尝鲜效果不错，第一期联金稳财产品很快售罄。

PPmoney的安稳盈和联金所的联金稳财共同点体现在以下几个方面：一是其基础资产均来源于小贷公司；二是其均通过地方性的金融资产交易所进行登记托管。但也有许多不同点：一是联金所不像PPmoney转让小贷资产包收益权，而是直接转让小贷资产包，这可能与不同的载体有关；二是联金稳财整个流程参与方都是联金所及其关联公司，因而形成了合法的资金池闭环，为整个联金所P2P生态圈沉淀更多资金，而PPmoney资产包的产品资质和属性更加多元化，来源于数十家不同地域的小贷公司，并在前海股交中心、广州金交所、深圳联交所、赣南金交中心、山西股交中心等多家区域股权及产权交易所挂牌，也就是说，PPmoney的产品合作更加开放；三是在购买方式上，联金稳财产品只能线下购买，投资门槛较高，安稳盈则实现了线上销售，100元起售，可覆盖的客户更广，充分发挥了P2P平台的优势。

第四节
互联网金融资产证券化 Originator 模式线上基础资产模式案例——京东白条资产证券化

京东白条应收账款资产支持专项计划（以下简称京东白条专项计划）的

基础资产为北京京东世纪贸易有限公司（以下简称京东世纪贸易）通过京东商城向合格用户以“白条”形式进行赊销商品所产生的应收账款。依照该等商品买卖合同，原始权益人向用户配送并交付商品，用户按照约定期限向原始权益人支付相应对价。京东白条专项计划是资产证券化业务备案制后深交所发行的首批以互联网应收款为基础资产的资产证券化产品，也是深交所继阿里小贷、中和农信系列产品后运用资产证券化产品创新服务、支持金融创新的又一阶段性成果。

2015 年 10 月 28 日，由华泰证券（上海）资产管理有限公司作为管理人的京东白条专项计划在深圳证券交易所（简称深交所）成功挂牌转让①。京东白条专项计划募集资金规模为 8 亿元，存续期限为 24 个月。优先级、次优级、次级资产支持证券比例为 75∶15∶10，优先级和次优级资产支持证券评级分别为 AAA 和 AA－，发行利率分别为 5.1% 和 7.3%。

一、资产支持证券项目产品信息

京东白条专项计划成立公告明确说明“预期年化收益率仅供委托人参考，管理人并不承诺或保证优先级份额持有人取得预期收益，在集合计划资产出现极端损失的情况下，优先级份额持有人可能面临无法取得预期收益乃至投资本金受损的风险。资产支持证券项目产品信息见表 3.3。

表 3.3　资产支持证券项目产品信息

证券代码	119249	119250	119251
证券简称	京东优 01	京东优 02	京东次级
发行金额（亿元）	6	1.04	0.96
预期收益率（%）	5.1	7.3	—

① 本节有关京东白条专项计划的数据及具体方案描述，均依据《华泰证券（上海）资产管理有限公司京东白条应收账款债权资产支持专项计划说明书》及相关信息披露文件。

（续表）

评级	AAA	AA－	NR
转让起始日	2015/10/28	2015/10/28	不转让
到期日	2017/9/26	2017/9/26	2017/9/26
管理人简称	华泰资管	华泰资管	华泰资管
产品全称	京东白条应收账款债权资产支持专项计划	京东白条应收账款债权资产支持专项计划	京东白条应收账款债权资产支持专项计划
每份面值（元）	100	100	100
还本付息方式	循环期每季度付息、分配期过手摊还本息	循环期每季度付息、分配期过手摊还本息	分配期优先级本息偿付完毕之后获得全部剩余收益
产品设立日	2015/9/15	2015/9/15	2015/9/15
存续期（年）	2	2	2
推广对象	境内具备适当的金融投资经验和风险承受能力，具有完全民事行为能力的合格投资者（法律法规和有关规定禁止参与者除外）		
托管银行	兴业银行股份有限公司		
登记托管机构	中国证券登记结算有限公司深圳分公司		
流动性安排	深圳证券交易所综合协议交易平台		
原始权益人	北京京东世纪贸易有限公司		
评级机构	联合信用评级有限公司		
法律顾问	奋迅律师事务所		
会计师事务所	普华永道中天会计师事务所		
优先级资产支持证券转让场所	深圳证券交易所		

二、基础资产情况及现金流分析

（一）基础资产构成

该专项计划的基础资产是指原始权益人在京东商城销售商品过程中同意向用户提供赊销服务（京东白条），所合法享有的要求用户按期足额支付应付货款、服务费及其他应付款项（包括但不限于违约金，如有）的债权。该专项计划基础资产的法律性质是基于买卖合同关系所产生的企业应收账款。

该专项计划以基础资产产生现金流循环购买新的符合合格标准的基础资产的方式构成动态资产池。原始权益人通过 IT 系统在现有应收账款资产中抽取部分资产组成模拟基础资产池。奋迅律师事务所以合格标准为条件，对该模拟基础资产池进行审查，认为基础资产《京东白条服务协议》的条款内容符合《合同法》等相关法律的规定，基础资产真实、合法、有效，且不属于《资产证券化基础资产负面清单》所列范畴。

（二）基础资产的权利负担情况

依照入池标准的规定，就每一笔基础资产而言，在计划管理人购买基础资产的买卖交割之时，基础资产上未设定抵押权、质权或任何第三方的其他有效的权利主张。经过对抽样基础资产的审查，奋迅律师事务所认为，基础资产上未设定抵押权、质权或任何第三方的其他有效的权利主张。

（三）基础资产转让行为的合法性

经过对《京东白条服务协议》等相关文件的审查，奋迅律师事务所认为，京东白条应收账款的合同债权及其从权利的转让不存在当事人约定及法律规定限制或禁止转让的情况。

根据对《资产买卖协议》等专项计划法律文件的审阅，奋迅律师事务所认为，《资产买卖协议》的协议主体适格，合同条款不存在违反法律、行政法

规的内容；基础资产转让的约定合法、有效。该专项计划之《资产买卖协议》经原始权益人与计划管理人合法有效地签署后，就首次和后续每一次基础资产转让而言，原始权益人对该次转让的京东白条应收账款债权及其从权利的转让于该次基础资产转让交割完成之日即在原始权益人与计划管理人之间发生法律效力。在原始权益人或计划管理人根据《资产买卖协议》以全面通知的形式将债权转让的事实通知给用户后，该债权的转让即对用户发生法律效力。

（四）基础资产的运营及管理

计划管理人委任京东世纪贸易作为专项计划的资产服务机构，对计划管理人在专项计划项下合法持有的基础资产进行管理，具体管理事项包括但不限于基础资产文件的记录和管理、台账管理、应收账款催收、代为划付资金、提起诉讼、保存档案等。

（五）风险隔离手段及效果

京东世纪贸易根据《资产买卖协议》将基础资产转让给计划管理人，计划管理人支付的购买价款为公平市场价格。因此，奋迅律师事务所认为，在京东世纪贸易发生破产情形的情况下，法院根据《企业破产法》的上述规定撤销《资产买卖协议》项下的债权转让行为的可能性是极低的，对已经转为专项计划资产的京东白条应收账款债权不应被法院认定为京东世纪贸易的破产财产。

（六）基础资产循环购买

自专项计划设立日起，至以下两者中较早发生时点之前：（1）循环期届满，或（2）加速清偿事件发生之日，计划管理人可利用专项计划资金以循环的方式购买符合合格标准的京东白条应收账款债权资产。循环购买按照与首次购买相同的入池标准进行。

（七）资金归集监管情况

原始权益人向计划管理人开放资产监控平台端口，计划管理人可通过资产转让审批系统对资产质量进行监控。系统每日会更新前日的基础资产不良率、未还应付货款和服务费金额、不良明细等信息，计划管理人及资产服务机构可根据基础资产表现根据专项计划文件的约定进行对应的管理和操作。

另外，该专项计划还通过账户设置等机制安排来实现对资金归集的监管。

三、信用评级

（一）交易概况

原始权益人/资产服务机构：北京京东世纪贸易有限公司。

计划管理人：兴业银行股份有限公司。

基础资产：计划管理人自原始权益人处购买的全部京东白条应收账款资产。

资产池类型：动态循环购买，循环期 12 个月。

还本付息方式：循环期按季付息，分配期按月过手摊还本息。

法定到期日：专项计划设立日期 48 个月届满之日之后第 6 个工作日。

原始权益人主要财务数据见表 3.4。

表 3.4　原始权益人主要财务数据　　金额单位：亿元

项目	2012 年	2013 年	2014 年
资产总额	51.55	113.30	355.89
所有者权益	32.26	37.11	44.63
全部债务	0.65	0.90	46.45
营业收入	58.35	57.91	723.00
净利润	-1.52	4.85	1.15
经营性净现金流	11.37	42.01	2.03
资产负债率（%）	37.43	67.25	87.46

（二）评级观点

联合信用评级有限公司（以下简称联合评级）对该次交易所涉及的基础资产、交易结构、法律要素以及相关参与机构等多方因素进行了信用分析，并对基础资产进行了现金流分析与压力测试。

该专项计划原始权益人京东世纪贸易资产规模较大，其旗下京东商城作为中国第二大电商品牌，中国第一大自营B2C电商品牌，具有较强的竞争优势。

该专项计划基础资产是指计划管理人自原始权益人处购买的全部京东白条应收账款资产。基础资产涉及债务人众多、分散性良好，同时完善的循环购买措施有效保证了专项计划的持续运作；优先01/优先02/次级安排、现金流超额覆盖、触发机制设置等有效提升了优先级资产支持证券的信用级别。

综合上述因素，联合评级评定京东白条专项计划优先01级资产支持证券的评级结果为AAA，优先02级资产支持证券的评级结果为AA-。

（三）项目优势

（1）该交易基础资产涉及的应收账款债务人数量众多、单笔借款额度较小、分散性良好，有利于分散违约及损失风险。

（2）该期交易采用了优先01/优先02/次级结构作为主要的信用提升机制，具体而言次级及优先02级为优先01级资产支持证券提供了25%的信用支持，次级为优先02级资产支持证券提供了12%的信用支持。

（3）该期交易首次购买基础资产采取折价购买的方式保障资产支持证券预期收益的支付；同时后续基础资产回收款的滚动投放将带来一定程度的资金放大，从而进一步提高基础资产现金流对优先级资产支持证券本息偿付的保障。

（4）原始权益人京东世纪贸易基于京东商城长期积累的大数据仓库对债务人进行信用判断，风险识别与控制能力较强，整体资产逾期率较低。

（四）存在风险

（1）京东白条业务开展时间较短，随着业务规模的扩大及授信政策的或有调整，逾期及回收情况有待持续关注。

（2）循环期内，若计划管理人长期无法找到合格资产进行购买，闲置资金过多或沉淀时间过长，循环购买带来的资金放大效应有限，将降低基础资产现金流对优先级资产支持证券本息的保障程度。

（3）影响现金流预测、应收账款违约及违约后回收的因素较多，定量分析时采用的模型方法和相关数据可能存在一定的模型风险。

四、信用增级方式

该专项计划采用了内部信用增级方式。

（一）优先/次级安排

优先/次级安排是证券化项目中最常见的内部信用增级安排。根据项目安排的各档级证券本金/利息的受偿前后，劣后受偿档级的投资者为优先档级的投资者提供信用增级。

该期专项计划的结构设计中设定了优先/次级的分层结构，优先01/优先02/次级比例分别为75%、13%和12%。

从资产池回收的资金将会按照事先约定的现金流支付顺序支付，排在现金流支付顺序最后面的证券档将承担最初的损失，所以在现金流支付顺序中，排名在后的证券档为高一级别的证券档提供了信用增级。就该期专项计划而言，优先02级为优先01级资产支持证券提供了信用增级，次级为优先01级、优先02级资产支持证券提供了信用增级。

（二）信用触发机制

该期专项计划设置了信用触发机制，即同原始权益人和参与机构履约能力相关的加速清偿事件。加速清偿事件一旦被触发将引致基础资产现金流支付机制的重新安排。

如果加速清偿事件被触发，基础账户内记录的资金不再用于购买原始权益人符合合格标准的资产，计划管理人应立即向资产服务机构发出指令将证券化服务账户的全部余额划付至专项计划账户。如证券化服务账户之后进一步收到任何金额，计划管理人应授权或定期令资产服务机构在收到该等金额后将该等金额划付至专项计划账户，用以向资产支持证券持有人进行分配。在分配顺序上，偿付完相关税费后，优先清偿优先01级、优先02级的预期收益，再清偿优先01级、优先02级本金，最后对次级进行分配。

五、交易结构

（1）认购人与计划管理人签订《认购协议》并缴付认购资金，计划管理人设立并管理专项计划，认购人取得资产支持证券，成为资产支持证券持有人。

（2）计划管理人运用专项计划资金购买原始权益人（资产转让方）的应收账款债权资产，即原始权益人（资产转让方）在专项计划设立日转让给专项计划的、原始权益人对用户的应付货款及服务费的请求权和其他附属权利。该专项计划仅与京东世纪贸易进行资产转让交易。

（3）计划管理人委托基础资产转让方作为资产服务机构，对基础资产进行管理，包括但不限于基础资产资料保管、对用户应还款项进行催收、运用前期基础资产回收款滚动投资后续资产包等。

（4）托管人依据《托管协议》的约定，管理专项计划账户，执行计划管理人的划款指令，负责办理专项计划名下的相关资金往来。

（5）计划管理人按照合同约定将基础资产的收益分配给专项计划资产支持证券持有人。

六、资产服务机构基本情况

资产服务机构（该计划由原始权益人担任）建立了标准化的业务流

程，可在该专项计划运作过程中实现无差别对待入池白条及自有白条，京东世纪贸易采用的催收方式包括但不限定于：短信催收、信函催收、电话催收、上门催收、委托外部催收、债务重组及法律诉讼等。资产服务机构会将所有当前逾期白条排入催收系统，系统会依据工作量自动将京东白条应收账款分配给内部催收和委托外部催收团队。对于委托外部催收，系统将不会显示京东白条应收账款资产的所有机构，该团队只能统一进行催收。

目前资产服务机构实施的催收流程包括：

（1）还款提醒：还款日前 3 天、还款日当天、逾期第 3 天、逾期第 7 天、逾期第 15 天，共发送 5 次短信进行提醒。

（2）委托外部催收：①逾期超过 18 天开始进行委托外部催收；②A1、A2 类账户只提供客户姓名、身份证号码（隐藏部分数字）、激活时所预留手机号码；③A3 类账户会提供客户身份证号码（隐藏部分数字）及历史配送信息；④B 类账户会提供全部身份证号码及历史配送信息。

（3）成绩计算：委托日委托金额加总为该批次成绩计算的分母，此数值锁定不变；委托期内，委托的账户所有偿还逾期款项均计为分子。

（4）佣金结算：每月 15 日之前核算出上月底已到期的所有案件催收费用，发送各催收机构核对无误后将催收机构寄回的发票及盖章的结算单，以及验收单交付采购。

第五节
互联网金融资产证券化 Originator 模式
线上小贷模式案例——阿里小贷资产证券化

早在 2012 年，阿里小贷为解决资金困境，尝试与银行、信托、基金及保险公司等开展合作，通过资产转让（包括收益权转让、债权转让）的方式获得外部融资（为了保持其业务模式的可持续性）。阿里小贷发现，在合作过程中，通过私募的方式，资金方相对单一，每次融资规模也较小。为了解决融资困境，拓宽融资渠道，阿里小贷走上了资产证券化的道路。

一、阿里金融及阿里小贷基本情况

（一）阿里巴巴集团业务架构

（1）阿里巴巴：1999 年成立，是全球第一的网上贸易市场和商人社区［B2B（企业对企业）平台］，中国交易市场注册用户 4 902 万家（2011. 9）。

（2）淘宝网：2003 年成立的中国最大的 C2C（消费者对消费者）购物网站，淘宝网与天猫网有 3. 7 亿注册用户，年交易额超 4 000 亿元（2010. 12）。

（3）天猫：2008 年成立的中国领先的 B2C 购物网站，2011 年年底更名为天猫网，年交易额超过 1 000 亿元（2011. 12）。

（4）支付宝：2004 年成立的全球领先的第三方在线支付平台，有超过 6 亿注册用户，日交易笔数超过 1 100 万笔（2011. 9）。

（5）阿里云计算：2009 年成立，将打造全球最先进的以数据为中心的云计算服务平台，拥有海量网络数据和大数据计算能力。

（6）阿里巴巴金融：2009 年成立，致力于为小微企业和创业者提供批量化、数量化的融资服务，旗下小贷公司累计放贷 134. 25 亿元，累计获得客户数 9. 81 万户（2011. 12）。

（二）经营理念及业务模式

（1）对象：阿里巴巴、淘宝电子商务平台卖家、众多小微企业。

（2）方式：以支付宝为平台，大部分业务环节通过网络完成。

（3）基础：淘宝、天猫及支付宝等电子商务平台所积累的真实的交易数据。

（4）特点：高度分散、金额小、期限短、随借随还，符合大数定律。

（5）经营理念：开发以“网络、数据”为核心的新型微贷技术，建立起真正的信贷工厂，批量为小微企业提供融资服务，补充传统银行在这方面的缺失，满足电子商务行业中数量庞大的小微企业特征明显的融资需求。

二、阿里小贷小额贷款资产质量

（一）小贷产品

（1）信用贷款。淘宝、天猫卖家及阿里巴巴网站会员以自身信用为基础，向阿里小贷申请信用贷款，最长期限为12个月，卖家可以提前还款，按日计息。

（2）订单贷款。淘宝和天猫卖家在支付宝已经收到买家货款后将订单款项作为实际经营能力的凭据向阿里小贷申请信用贷款（应收账款贴现），买家收货确认付款后支付宝将货款直接用于还款，一般期限为5～7天，按日计息。

（二）业务流程及风险控制

阿里小贷的业务流程及风险控制见表3.5。

（三）资产质量分析因素

（1）客户在阿里巴巴、淘宝平台上积累的信用及行为数据。

（2）数据采集和模型分析。

（3）评估客户的还款能力及还款意愿。

（4）贷后监控。

（5）网络店铺/账号关停机制，提高客户违约成本。

表 3.5　阿里小贷的业务流程及风险控制

	信用品质	偿债能力	押品价值	资产/财务状况	经营/还款条件
贷前	营销指引 政策预险 渠道控制 外部数据库检查 平台交易数据	收入调查 产品周转率计算 盈利率计算 行业标准比对	经营时间准入 客户违约成本核算 类目准入	资产情况调查 负债情况调查 杠杆率 目前居住情况 目前职业情况 线上/线下收入情况	贷款用途 企业偿债能力 贷款背景调查 设备运转情况/开工率 主要生产设备技术水平 必要批准文件
贷中	身份/国籍/户籍核实与准入 婚姻/住址/供养人口状况 申请材料审核/逻辑检查 评分卡及策略 征信调查（全国/本地/专项） 黑名单检查 集团贷款记录 集团交易记录	平台收入合适 平台交易历史 最低收入 贷款期限/利率/金额 还款方式	最大/最小成数/额度	资产负债表 损益表 现金流量表 业主及主要股东报告期间借款及对外担保情况 银行流水 店铺交易流水 支付宝交易流水	成品仓库入库/出库情况 主要供应商/销售商情况 预计资金来源及使用情况 预计资产负债/损益/项目进度及营运计划
贷后	事故/司法/刑事责任 信用品质恶化（内/外） 企业业主及主要股东个人的风险预警信息 客户交易信用水平变化 欺诈交易信息 平台政法信息	网店经营不善 交易量减少 客户履约能力变化 逾期次数增加/程度加深	店铺所有权/经营权变更 影响店铺经营的重大事件 抵质押权属变更	店铺交易异动 支付宝交易异动	回访异常反馈 管理层或关键技术人员变化 关键的限制性条款变化 关键经营要素变化 行业变化及其影响

三、专项计划设计方案

（一）项目概况

2013 年 7 月，阿里小贷与东方证券资产管理公司（以下简称东证资管）合作推出小额贷款资产证券化产品——“东证资管—阿里巴巴专项资产管理计划”[①]。9 月 18 日，该资产证券化产品在深圳证券交易所综合协议交易平台上市交易。

东证资管通过设立专项计划并以计划管理人的身份发行资产支持证券。该计划分 10 期，每期结构一致，且发行规模控制在 2 亿 ~ 5 亿元，期限为 1 ~ 2 年，总额不超过 50 亿元，存续期不超过 3 年。各期募集资金用于向原始权益人（每期在重庆阿里小贷与浙江阿里小贷中选择一家作为原始权益人）购买基础资产，即阿里小贷因通过阿里巴巴、淘宝和天猫平台向借款人发放小额贷款而合法享有的债权资产。

（二）项目参与人

（1）原始权益人/次级资产支持证券持有人/资产服务机构：重庆阿里小贷。

（2）优先级资产支持证券持有人。

（3）次优级资产支持证券持有人。

（4）计划管理人：东证资管。

（5）推广机构：东方证券。

（6）托管银行：兴业银行。

（7）资产支持证券登记托管机构：中证登深圳分公司。

---

① 本节有关阿里巴巴专项计划的数据及具体方案描述，均依据东证资管—阿里巴巴 1 号、2 号专项资产管理计划说明书及相关信息披露文件。

（8）担保及补充支付承诺人：商诚融资担保有限公司。

（三）交易结构

（1）计划管理人通过设立专项计划募集资金，原则上专项计划优先级资产支持证券、次优级资产支持证券和次级资产支持证券比例为7.5∶1.5∶1，3类资产支持证券合并运作。

（2）计划管理人运用专项计划资金购买原始权益人（资产转让方）小额贷款资产包，即原始权益人（资产转让方）在专项计划设立日转让给专项计划的、原始权益人对借款人的本金及利息的请求权和其他附属权利。专项计划仅与重庆阿里小贷或浙江阿里小贷之一进行资产转让交易。

（3）计划管理人委托基础资产转让方作为资产服务机构，对基础资产进行管理，包括但不限于基础资产资料保管、对借款人应还款项进行催收、运用前期基础资产回收款滚动投资后续资产包等。

（4）发行的专项计划到期后，管理人按照合同约定将基础资产的收益分配给专项计划资产支持证券持有人。

（5）担保及补充支付承诺人在期限届满时在保证责任范围内提供担保，并在补充支付额度内为优先级和次优级资产支持证券的本金及收益提供补充支付，履行担保及补充支付义务的金额合计不超过专项计划规模的30%。

（四）资产支持证券的品种及种类

根据不同的风险、收益特征，该专项计划分为优先级、次优先级、次级资产支持证券，认购份额比例为7.5∶1.5∶1，优先级资产支持证券优先获得收益，其次是次优级资产支持证券，次级资产支持证券优先偿还损失。其中优先级与次优先级资产支持证券向境内合格机构投资者发行，次级资产支持证券向阿里小贷（该计划原始权益人）定向发行。

1. 优先级（占总规模的75%）

面向境内合格投资者，被上海新世纪资信评估投资服务有限公司评为

AAA级；可在深交所交易，预期收益率为6.2%/年，优先获得收益分配（包括本金和投资收益）。

2. 次优先级（占总规模的15%）

面向境内合格投资者，未评级，不可交易，预期收益率为11%/年。

3. 次级（占总规模的10%）

向阿里小贷定向发行，未评级，不可交易，不设预期收益率，如发生资产损失先由次级承担。

（1）该计划将向合格机构投资者和阿里小贷募集资金。东证资管运用募集到的资金购买阿里小贷（原始权益人）的小额贷款资产包，即基础资产包。

（2）阿里小贷作为原始权益人（资产服务机构），对基础资产包中的小额贷款进行管理，包括但不限于基础资产资料保管、对借款人应还款项进行催收、运用前期基础资产回收款滚动投资后续资产包等。

（3）发行的专项计划到期（专项计划开始后的第13、14、15个月）后，东证资管按照合同约定将基础资产的收益分给各个投资者。其中，优先分配优先级投资者的本金和收益。

（4）基础资产再投资——在首批受让的基础资产产生回收款后，经管理人审核，基础资产服务机构根据约定继续将该款项投资于符合合格投资约定的小额信贷资产，并按照约定进行保管和催收等管理工作，托管人将于次日对前一日在投资过程中的资金划拨进行核查。以此类推，直到本期发行的专项计划份额到期。

（5）担保及补充支付承诺人——商诚融资担保有限公司（以下简称商诚担保）——在期限满时为优先级和次优先级资产支持证券的本金及收益提供担保和补充支付，履行担保和补充支付义务的金额不超过专项计划的30%。商诚担保是阿里巴巴旗下的一家担保公司。

（五）资产回收再投资

在首批受让的基础资产产生回收款后，资产服务机构向计划管理人提交再投资拟受让的基础资产清单及再投资金额的建议，经计划管理人的审核和确认后，资产服务机构根据约定继续将该款项投资于符合合格投资约定的小额贷款资产并按照约定进行保管和催收等管理工作，计划管理人每日对前一日基础资产再投资过程中发生的资金划拨进行核对。以此类推，直到该专项计划按照约定停止再投资。

（六）资产池监控

资产服务机构需对已向计划管理人转让的资产池进行实时监控，并根据计划管理人的要求随时提供相关数据。当发生以下任一情形时，资产服务机构应立即通知计划管理人及原始权益人：

（1）基础资产逾期率超过6%（不含6%）。

（2）基础资产不良率超过5%（不含5%）。

一旦发生基础资产逾期率大于6%或基础资产不良率超过5%的情况，资产服务机构应向计划管理人进一步提供资产池行业、地区或信用等级分散度的相关信息，包括：

①按借款人所处行业、地区或借款人在淘宝或天猫的信用等级进行划分，某一行业、地区或信用等级之全体借款人合计未偿还贷款本金余额与届时资产池全部未偿还贷款本金余额之间的百分比（资产池行业、地区或信用等级分散度）。

②原始权益人整体小额贷款业务的行业、地区或信用等级分散度百分比（整体行业、地区或信用等级分散度）。此外，资产服务机构应核查并落实相关原因，并根据实际情况采取对应措施，包括但不限于调整基础资产的合格标准，对基础资产所涉及的贷款种类、借款人所处的行业、借款人的地区等做出限定，从而使基础资产不良率在2周内恢复至5%以下（含5%）。如基础资产不良率2周内恢复至5%以下（含5%），计划管理人及原始权益人应协商调整基础资产的合格标准，包括但不限于要求拟转让的小额贷款资产的借款人在淘宝或天猫的信用等级需达到四钻以上（含四钻），并根据具体情况进一步对贷款种类、借款人所处的行业、借

款人的地区等做出限定。在基础资产不良率超过8%（不含）的情形下，资产服务机构还应根据计划管理人的要求对不良基础资产展开专项催收工作。

四、阿里小贷总结

（一）基础资产

基础资产是阿里小贷面向阿里巴巴、淘宝商城、天猫商城平台上小微企业和个体工商户发放贷款形成的债权。小额信贷资产规模大、高度分散、每笔金额小、期限短、不良贷款率低、整体质量好。

阿里小贷目前提供信用贷款和订单贷款两种。信用贷款是以阿里电商平台上卖家的信用为基础，最长时限一年，可提前还款，按日计息。订单贷款是以淘宝和天猫卖家在支付宝已经收到买家货款后将订单款项作为实际经营能力的凭据向阿里小贷申请的信用贷款，买家收货确认付款后支付宝将货款直接用于还款，一般期限为5~7天。截至2013年4月底，阿里小贷累计服务了24.03万贷款客户，累计发放贷款803.08万笔，累计发放金额810.23亿元。阿里小贷平均每笔不到1万元，平均每户贷款5万元左右，比民生银行“小微贷款”户均20万元的规模小很多。而贷款资产整体的逾期率和不良率控制在1%~2%，并逐渐降低，趋于稳定。

东证资管—阿里巴巴1号专项计划的基础资产为重庆阿里小贷的小额信贷资产，计划发行5亿元，其中面向合格境内投资者发放的优先级、次优先级专项计划分别为3.75亿元、0.75亿元，阿里小贷承担0.5亿元。机构投资者和阿里小贷认购该计划后（资金由兴业银行托管），计划成立。到期日时，按照优先顺序偿还本金和收益，即优先级机构投资者——次优先级机构投资者——阿里小贷。粗略计算，若只收回3亿元，扣去0.5%的管理费、0.03%的托管费、2%的担保费后，剩余2.873 5亿元。按照规定优先级投资者应获得3.982 5亿元（3.75+3.75×6.2%），因此商诚担保向优先级投资者支出1.109亿元。次优先级投资者应获得0.8325亿元，本应全部由商诚担保，但商诚担保付出资金不超过计划的30%（即1.5亿元），所以次优先级投资只能得到0.391亿元，损失0.4415亿元。各个参与者的损益表如表3.6所示。以上假设只是为了说明资产证券化流程，状况极端。

表3.6 假设收回3亿元，各类投资者的损益表 单位：亿元

投资者	认购资金	收益	损益
优先级投资者	3.75	3.9825	+0.2325
次优先级投资者	0.75	0.391	-0.4415
阿里小贷	0.5	0	-0.5

（二）基础资产的循环购买模式

阿里小贷的资产证券化在交易结构设计上采用了循环购买方式。具体而言，基础资产相关债权产生回款后，阿里小贷向东证资管提交再投资拟受让的基础资产清单和再投资金额的建议，经过东证资管的审核、确认，阿里小贷将该款继续用于符合规定的小额贷款资产。循环购买基础资产能够帮助阿里小贷循环获得资金，不断改变资金池，但是总量基本不变。同时，机构投资者也省去了频繁收取收益的麻烦。这是因为阿里小贷中的贷款资产期限短，随借随还。循环购买基础资产解决了短期贷款资产和长期证券化产品的期限匹配问题，在国内资产证券化市场则是首次尝试。

（三）统一结构分期发行

东证资管—阿里巴巴专项资产管理计划分为10期发行，每期产品交易结构一致。发行时间由阿里小贷根据融资需求确定；发行规模及期限根据市场情况确定，并且与阿里小贷的资产规模和资产质量挂钩。

（四）风险控制

为了控制信用风险、利率风险、现金流预测风险，东证资管和阿里小贷

从基础资产到证券化流程，从贷款人到投资人，都做了一定的限制。

1. 原始权益人对借款人进行严格审核

借款人在阿里巴巴、淘宝和天猫平台上经营业务，阿里小贷能够对借款人的实际经营状况、真实的现金流状况进行实时监控，从源头上遏制信用风险的产生。单笔金额小、服务企业多，降低了非系统性风险。

2. 增信方式：内部分层、外部担保和补充支付

根据不同的风险、收益特征，专项计划的资产支持证券分为3级，优先级优先获得收益分配，次优先级次之，资产损失先由次级承担。担保及补充支付承诺人——阿里巴巴旗下的商诚融资担保有限公司提供不超过30%的有限额度担保及补充支付。

3. 对专项计划所受让的资产包进行实时监控

设置相应的预警线，超过预警线后调整基础资产准入标准或停止再投资于同类资产。若存续期内的专项计划基础资产风险数据过高，管理人将暂停发行后续专项计划。

4. 提高投资者适当性管理要求

确保投资者具有相应的风险承受能力，优先级资产支持证券认购起点为人民币500万元，次优级资产支持证券认购起点为人民币2 000万元，面向机构投资者发行，转让环节提高投资者单笔成交申报的最低数量至5万份。

第六节
互联网金融资产证券化 Originator 模式的机会与挑战

上文对互联网金融证券化 Originator 模式的具体操作进行了介绍与分析，但我们不应该满足于此。相信每个人在了解了这些信息之后都会有自己的感受，我们应该考虑的最大问题就是，这些模式对于今后资产证券化实践与理

论有什么启示呢？从总体上看，未来互联网金融资产证券化，不管是机遇还是挑战，均主要围绕着以下 3 个方面的问题。

一是明确进行证券化的目标资产。当我们决定进行资产证券化时，首先要明确用哪种资产进行证券化。一般来说证券化资产的选择在很大程度上取决于资产证券化的目的：考虑到证券化成本问题，此种资产是否相对稳定而且具有一定的规模？将此种资产进行证券化后能不能改善资产释放和风险管理状况？哪种资产能够产生更大的利润？证券化后所得资金目的是什么？

随着互联网金融的持续发展，今后类似互联网金融网贷平台、京东白条和阿里小贷这样的项目肯定会越来越多，他们进行证券化的主要目的很明确，就是为了更持续地提供互联网金融服务，这就是机会。而挑战则是，不是任何互联网金融企业都能拥有如此稳定和相当规模的基础资产，且证券化后所融资金能用于持续而稳定的经营。

二是确定选择资产的标准。确定了进行资产证券化的资产种类以后，就要确定入池资产的标准。一般来说，入池资产应该尽可能分散，且处于稳定还款状态，借款人应具有相对优良的信用水平。

京东白条号称是迄今为止分散度最高的资产池。由于互联网金融企业的服务模式，在入池资产分散度方面从某种程度上说相比传统企业具有一定优势。而入池资产面临的挑战则是，在分散度高的同时，是不是都能够像京东和阿里那样具有优良的大数据支撑其信用评价呢？

三是识别及防控风险。一般来说，确定入池资产的标准后，就需要构建交易结构了。构建交易结构时，主要考虑的应是资产池以及交易结构所带来的各种风险，包括信用风险、逾期风险、提前偿付风险，当然也有利率风险、服务风险等。这些风险的防范需要采取综合措施，通过设计证券种类、采取成本适当的内外部增信措施等解决。

阿里小贷能够对阿里巴巴、淘宝和天猫平台上经营业务的借款人的实际经营状况、真实现金流状况进行实时监控，从源头上遏制信用风险的产生，并且其单笔金额小、服务企业多，降低了非系统性风险。但正如上文对京东白条分析所述，影响现金流预测、应收账款违约及违约后回收的因素较多，定量分析时采用的模型方法和相关数据可能存在一定的模型风险。可能正是由于考虑到这些特殊性，京东白条项目采取了比较特殊的证券分层结构，以防范可能产生的现金流错配、提前偿付等风险。对于此点，有利的一方面是京东白条和阿里小贷的先行实践取得了良好的经验，为将来类似的证券化产品设计提供了好的样本。不利的一方面是，类似京东白条的应收账款类型，由于其属于商务合同，如果京东提供的商品销售服务有瑕疵而导致退货换货等问题，将不可避免地对资产池现金流产生影响。

服务风险也不可小视。我国资产证券化目前处于起步阶段，关于资产证券化的法律、会计、税务规定正在不断完善之中。对于进行资产证券化的公司或平台来说，其进行资产证券化如是为了实现资产池与未入池资产的隔离，要保持同等服务水平，还需要进行相应的服务系统更新与升级。

我们主要围绕以上 3 个方面，对以下内容进行简要分析：

一是金融系和电商系互联网金融平台资产证券化的机遇与挑战。可以预见的是，未来对于金融系与电商系互联网金融平台的资产证券化来说，基础资产的类型必将越来越丰富。一方面，线下金融机构和电商自身随着金融体系的发展和金融服务体系的完备，其所产生的金融资产会越来越丰富，这些在理论上都有可能作为其发行资产证券化产品的资产支持；另一方面，随着互联网金融的发展，由于其自身所具有的无限互联的技术延展性、普惠金融的精神对于金融需求的不断拓宽，互联网金融所产生的金融创新模式会层出不穷。二者结合，将会对金融系与电商系互联网金融平台的资产证券化给予强大的支持与动力。不断丰富的基础资产类型既是发展的重要机遇，也对合规、风控等方面提出了严峻挑战。

二是互联网金融资产证券化 Originator 模式发展的机遇与挑战。互联网金融发展的核心表现为商业模式的不断创新、更新与融合。这种创新、更新与融合主要体现在两个方面：首先是如何处理线上与线下的关系，其次是如何处理不断的创新模式之间的竞争关系。世界范围内的互联网金融发展无不围绕着这两个方面展开。

从某种程度上说，互联网金融基于实体经济对金融的需求在线下无法及时满足而线上恰好提供了这样的服务，而互联网金融的线上发展却始终依托于线下，包括实体经济和金融的发展。线上与线下的竞争与协调始终影响着互联网金融的发展步伐。

自从互联网金融横空出世，作为一个公认的风口，其生命力和创新力有目共睹，各种商业模式可谓千帆竞发、万马奔腾。伴随而来的必然是融资、并购、整合、优化，业务多元化、场景多元化、平台并购整合不断推陈出新，市场的力量无声地回答着人们的一个又一个困惑。

在基础资产相对稳定的条件下，不同的商业模式、平台运营方式对互联网金融资产证券化 Originator 模式带来了诸多的机遇与挑战。因为平台运营者不但要考虑满足实体经济的投融资需求，还要考虑自身的盈利能力和生存状况。

三是跨境电商、资本流动对互联网金融资产证券化 Originator 模式的机遇与挑战。何为跨境电商？从广义上说，电商贸易中存在跨境因素，如跨境交易主体、跨境支付、跨境交付商品即可称为跨境电商，可以说这是一种国际商业活动。从这个意义上讲，我国的电商阿里、京东等都已经开展跨境业务，因为其中包含了不少跨境因素，因此它们基本上都可以称为跨境电商。当然，通常我们提到的跨境电商一般是狭义的，特指为国内投资者提供海外交易的电商。随着国际贸易和投资的不断发展，以我国对外贸易相对国内生产总值的比重看，我国经济的国际化程度已经达到相当高的水平。对外贸易、跨境电商发展迅速，跨境资本流动加剧，这些都不可避免地对我国互联网金融的发展产生了重大影响。

跨境电商对互联网金融的影响主要体现在两个方面：一是跨境电商相对于互联网金融而言属于实体经济，它的发展将丰富互联网金融投融资需求；二是互联网金融因跨境电商而发展出新的商业模式，可以说跨境电商与互联网金融是互为促进的关系。

跨境资本流动对我国互联网金融发展而言可起到杠杆作用。从有利的方面来看，作用发挥恰当能够促进我国互联网金融的发展，提升互联网金融促进投融资的水平；但如果把握不力，跨境资本流动可能会加剧我国互联网金融的风险。

对于互联网金融资产证券化 Originator 模式而言，未来跨境电商进行资产证券化实属正常，而跨境资本也将日益参与我国互联网金融的投融资活动，客观上为我国互联网金融资产证券化提供了机会。但同时由于其商业模式所具有的跨境、国际化因素，需要更高的风险控制能力和监管能力，因此这是我们的重大机遇，也是必须要面对的挑战。

第四章

互联网金融证券化的Sponsor模式

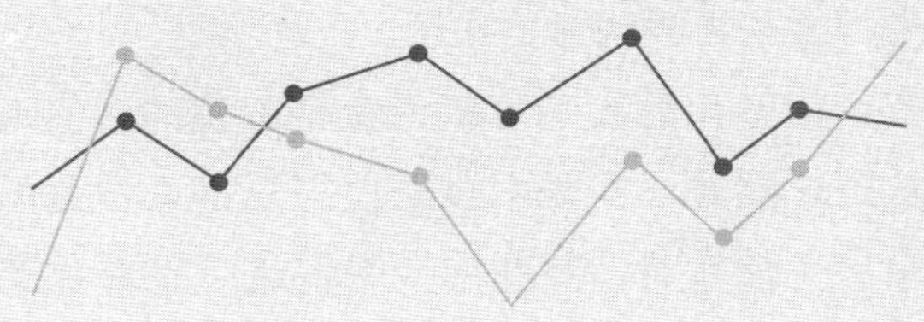

互联网金融对传统金融的影响，在于以其技术创新逐渐实现金融服务方式的转变和服务功能的提升，逐渐实现制度变迁。互联网金融与资产证券化二者是从不同的角度对金融进行创新，其中互联网金融是以高速发展的信息技术、网络技术促进金融创新，而资产证券化则从某种程度上属于金融发展的内生性创新，其最早源自强烈的对资本资源配置的需求。以技术创新为先导的互联网金融通过更有效地识别、评估、监测和管理风险及现金流，对金融资源的有效配置发挥着越来越明显的作用。

互联网金融对资产证券化的影响可以说是全方位的，但大致可从 3 个层面进行分析：一是从资产端看，互联网金融使得资产证券化的基础资产更为丰富和多样化；二是从负债端看，互联网金融促进了证券化产品投资功能的充分发挥；三是从服务流程本身看，互联网金融提升了对金融产品和金融服务的评估、信息服务功能，从而有效地提升了对资产证券化流程的服务水平。

互联网金融除了本书前面介绍的信息中介模式、信用中介模式以外，还有一种不同于这两者的 Sponsor 模式。前两类模式的共同特点是，资产证券化的需求从某种程度上均来自自身风险管理及资本释放；而 Sponsor 模式则不同，其基础资产不是来自发起人，而是收购其他平台的债权，通过债权让与的形式进行证券化，发起人往往通过过桥资金，收购互联网信息中介平台的债权进行证券化。也就是说，证券化发起人的基础资产不是来自自身，而是通过汇集他人的基础资产进行证券化。

本章将对互联网金融资产证券化 Sponsor 模式的含义、特点、操作要点、利弊、发展前景等进行探讨。我们的这种讨论着眼于未来的发展和实践，有些可能并不来自当前的操作实务，因为目前中国的资产证券化实践中，Sponsor 模式还不多见，在互联网金融领域亦是如此。但正因为如此，本章的讨论才更具有启发性。

第一节
互联网金融资产证券化 Sponsor 模式概述

关于互联网金融资产证券化的 Sponsor 模式，我们先简要对其含义、产生原因、基本特征和发展进行分析。

一、Sponsor 模式的含义

什么是互联网金融资产证券化的 Sponsor 模式？在该模式下，资产证券化项目的发起人不是原始权益人即贷款发放人，而是发起人通过收购其他原始权益人（有可能是来自互联网金融平台）的贷款债权进行证券化，发起人往往通过过桥资金收购互联网信息中介平台的债权进行证券化。

一般情况下，资产证券化发起人进行资产证券化的目的是降低融资成本和管理资产风险。从互联网金融资产证券化的前两种模式上看，一般都是由基础资产原始权益人作为发起人。而 Sponsor 模式的发起人并不是将自身为原始权益人的基础资产进行证券化，而是收购其他平台的债权，通过债权让与的形式将其汇集后再进行证券化出售。

二、Sponsor 模式产生的原因

为什么会有 Sponsor 模式呢？Sponsor 模式的发起人进行资产证券化的动因显然不是为了降低自身融资成本、增加融资来源的多样性或进行风险管理，

发起人进行资产证券化的直接动因可以说就是套利，当然 Sponsor 模式对于基础资产的原始权益人也是有益的，因为可直接降低其成本。

一方面，对于原始权益人来说，将进行证券化的基础资产转让给 Sponsor 模式发起人，从某种程度上可以更高效地回笼资金，不再主导或参与资产证券化的其他环节，以相对低的成本和较少的精力实现资金更加有效的利用，特别是对于基础资产规模不大的原始权益人来说更加具有现实意义，因为实施资产证券化也是有一定成本的。

除了资产规模不大的原因，企业主营业务模式各异会导致募资能力不足、募资时间无法满足要求，现金流特点会导致期限错配，有时甚至需要通过借助 SPV 的过桥贷款满足流动性要求，以上情况在企业资产证券化中更为常见，这都导致了 Sponsor 模式有比较深厚的需求基础。

另一方面，对于 Sponsor 模式的发起人来说，通过债权让与汇集来源不同的基础资产组成资产池，可以较好地实现风险和现金流的有效管理，从而在基础资产原始权益人和投资者之间实现资本和风险的再配置和再利用，“从管理中要效益”，实现其套利目的。

三、Sponsor 模式的基本特征

Sponsor 模式作为资产证券化的一种模式，自然符合资产证券化的一般特征，但也有其与众不同的特点，这些特点直接导致不同的操作方法，这里我们主要分析资产池特征和增信结构设计两个方面。

（一）资产池特征

一般而言，资产证券化资产池中的基础资产都是要求高度同质的，比如个人住房抵押贷款证券化、汽车抵押贷款证券化、信用卡抵押贷款证券化等，这些证券化类型的资产池应该说都是属于同质性的。什么叫“同质性”，在不同场合会有不同的含义，但一般情况下是指该资产所依据的基础法律关系相同，且其现金流结构、违约风险、到期日结构、收益水平等具

备一致性。但是在 Sponsor 模式中，由于基础资产是收购不同主体的其他债权而来，如果要求其依据的基础法律关系、现金流结构、违约风险、到期日结构和收益水平都一致，可能比较难达到要求，因此在此种模式下，资产池的基础资产在同质性方面的整体表现不如单一来源的资产，可能只能在某几个单项指标上，如现金流结构、到期日结构做到比较一致，但对违约风险和基础法律关系则只能近似一致了。这种情况并不一定必然导致风险的整体加大，只要对具体的基础资产认真遴选，从另一种角度来说反而体现了风险的分散性。

（二）增信结构设计

一般而言，资产证券化的增信结构有水平和垂直的优先—次级结构。由于 Sponsor 模式下各资产的现金流特别是违约水平不一，在增信结构设计时可能还要考虑对资产池中不同基础资产的优先—次级进行划分，因此，不管是采用水平还是垂直结构，均要考虑不同的基础资产来源的风险不同，以保障优先级证券持有人的收益分配。在采用超额担保进行增信时，可能要对每种基础资产均进行适当比例的留存，以使风险水平保持均衡。

四、互联网金融 Sponsor 模式的发展

互联网金融的业态模式处于持续发展中。预计未来互联网金融与资产证券化的互相影响将继续深入。其中互联网金融对资产证券化 Sponsor 模式的具体影响将大致有以下几个方面：

一是互联网金融的发展将使 Sponsor 模式的基础资产来源更丰富。目前，互联网电商的基础资产更稳定、更多样，其对风险的识别技术、识别能力更科学、更合理；一些互联网金融平台随着自身服务水平的提高，其对线下资产的获取能力越来越强，互联网金融资产服务平台已经成为一种趋势；传统企业越来越重视互联网金融的服务能力与发展前景，对互联网金融的投入与参与越来越深入，这间接加深了传统企业现金流与互联网金融的结合。以上

因素共同作用，为互联网金融资产、负债、服务都提供了越来越丰富的资源，在有力地促进互联网金融发展的同时，也为资产证券化 Sponsor 模式的发展奠定了良好的基础。

二是互联网金融的发展使 Sponsor 模式资产证券化产品的投资功能有效发挥。互联网金融的发展，为实现普惠金融提供了成熟的技术条件，互联网为普通投资者提供了更多的投资工具。而 Sponsor 模式能够让更多的企业或金融资本转化为证券化投资产品，也就为普通投资者的投资选择提供了更多的可能。可以想象的是，随着互联网金融的深入发展，互联网金融投资理念即所谓的“移动投资”将与“移动消费”一起，不可避免地成为趋势，而证券化产品由于其收益的稳定性、产品标准化、可流动性，必将吸引越来越多普通投资者的目光。

三是互联网金融将为资产证券化 Sponsor 模式的发展提供强大的服务保障。资产证券化的 Sponsor 模式实际上是一种证券化操作专业化的表现，是市场自然选择的结果，那么为证券化操作服务的基础资产估值、风险评估、增级、网上销售等辅助配套服务，也将形成一种更细致的专业化分工。而互联网金融条件下的资产证券化特别是 Sponsor 模式，必然产生对上述服务的专业化需求。事实上，目前有些互联网金融平台已经开始打造一体化的资产证券化专业服务平台，如厦门国际金融技术有限公司作为互联网金融服务平台，主要从事资产证券化相关的学术研讨、资产评估、模型研发、信贷分析、产品开发、交易设计、风险定价，以及相关的信息咨询、软件开发、系统集成等服务①。

四是互联网金融资产证券化 Sponsor 模式将能够更好地服务于实体经济。此种模式从优质资产获取角度来说，SPV 之前的阶段会与其他资产来源混合，形成互联网金融服务于实体经济的一种新模式。实体经济与金融的关系是互为因果的，二者的良好关系应该是互相促进的：实体经济是根本，金融为实

① 《曹彤的理想国：打造互联网资产证券化平台》，作者曹彤，2015 年 9 月 22 日发表于《21 世纪经济报道》。

体经济的发展提供强大的助力。Sponsor 模式能够比较及时地满足实体经济的融资需求，并且不增加融资成本。

第三节
互联网金融资产证券化 Sponsor 模式案例

目前互联网金融行业已经出现若干 Sponsor 模式，这是资产证券化发展的一般规律。我们在这一节对资产证券化 Sponsor 模式的相关案例进行分析，并结合互联网金融的特点进行若干思考。我们首先介绍较为典型的美国的 Lending Club 模式和“两房”模式，再介绍目前国内出现的类似模式。

一、单一来源债权转让模式——美国 Lending Club 模式

据公开资料来看，Lending Club 模式在形成现在的模式之前，其发展经过了 3 个阶段，即本票模式阶段（2007 年 6 月 ~ 2007 年 12 月）、银行模式阶段（2008 年 1 月 ~ 2008 年 3 月）、证券模式阶段（2008 年 10 月至今）。可以说，Lending Club 模式的转型既有监管方的因素，也有自身业务发展的需求因素。而随着业务模式的不断转型，Lending Club 也逐渐从简单的社交应用转变成了“类金融机构”。

简单来说，Lending Club 目前的模式属于证券模式，可以说就是一种单一来源债权转让的证券化模式。Lending Club 通过与 WebBank 的合作来开展业务，总的来说，借款人是先向该银行提出借款申请，然后银行将该债权转让给平台，平台再向投资人出售。Lending Club 在之前的本票模式和银行模式之后，于 2008 年 4 月，主动向 SEC 提交注册登记，进入注册等待期。2008 年 10 月，Lending Club 成功完成注册，开始在证券模式下开展业务。证券模式与原有的模式在大部分环节上并无差别，基本流程都是借款人向银行提出借款，审核后由银行出具贷款本票，然后银行将该债权转让给 WebBank 平台，

平台向投资人出售证券化的债券凭证。区别在于在证券模式下，投资人购买的是 Lending Club 发行的“会员偿付支持债券”（证券模式下投资人购买的是平台的会员偿付支付债券，而在本票模式下投资人购买的是平台签发的贷款本票，在随后的银行模式下投资人购买的是银行签发的贷款本票），投资人是 Lending Club 的无担保债权人，与借款人之间并不存在直接的债权、债务关系，但收益完全取决于所投资贷款的表现。在此之前，投资人直接从 Lending Club（本票模式）或者通过 Lending Club 从 WebBank（银行模式）受让由借款人签发的贷款本票，从而成为借款人的债权人（证券模式下，转让的是会员偿付支持债券，而不是贷款本票，实际上已经是类信贷资产证券化的形式，因此平台与银行合作后，平台仍从银行购买贷款债权，然后以会员偿付支持债券的形式转让给投资人）。

Lending Club 为什么要与 WebBank 开展合作？目的之一当然是通过贷款收购租用 WebBank 的银行牌照，从而免去向各州申请贷款牌照这一需求，但是最主要的目的是避开各州的利率上限。为了保护借款人，美国各州对贷款分别设定了最高利率，而且各州的最高利率并不统一。随着美国利率市场化的发展，1980 年《存款机构解除管制与货币控制法案》规定：由美国联邦存款保险公司（FDIC）提供存款保险的银行可以将贷款最高利率选定为贷款发生州的最高利率或该银行所在州的最高利率，即可以向其他州输出利率。由于犹他州并未对借款利率设定上限，WebBank 作为一家在犹他州注册并有 FDIC 承保的州立银行，可以向全国各州进行利率无上限的贷款。因此，借由与 WebBank 的合作，Lending Club 的贷款利率将不再受到限制，实现了贷款业务的“全国化”和“市场化”，极大降低了业务成本（通过与犹他州 WebBank 银行的合作，平台的贷款利率不再受到限制，并且可以实现贷款业务的全国化和市场化）。

我们可以看到，WebBank 模式虽然是一种债权转让模式，但是银行只是起通道作用，该模式并非通常意义上的由互联网金融平台向 WebBank 银行购买其自身的债权。但这种模式给我们带来了启示，互联网金融平台可以与银行特别是小贷公司（因为小贷公司不能吸收存款，为发放贷款有资金周转的需求，因而对证券化产生需求）合作，提供负债端来源，这种对接也是一种思路[①]。

二、多来源债权转让模式——美国房地美、房利美模式

美国是资产证券化的发源地，美国的资产证券化发展历史是世界资产证券化发展历史的典型体现，到目前为止美国的资产证券化发展程度最高，市场容量最大，证券化技术最深入、最全面。而美国的资产证券化就是从房地美、房利美模式开始的。

20世纪60年代末，由于住房抵押贷款以及其发放机构的流动性问题和住房抵押贷款资金来源紧缺，美国政府开始改组旧联邦国民抵押贷款协会并成立了三大专业机构，为住房抵押贷款证券化（MBS）做先期准备。1968年，美国依据《住宅和城市发展法》（Housing and Urban Development Act），将联邦国民抵押贷款协会分立为两个机构，一个是继续沿用联邦国民抵押贷款协会名称的民营公司，即现今的联邦国民抵押贷款协会（Federal National Mortgage Association，简称FNMA，也称Fannie Mae，房利美）；另一个是政府国民抵押贷款协会（Government National Mortgage Association，简称GNMA，也称Ginnie Mae，吉利美），作为住宅和城市发展部附属部门的政府机构。政府国民抵押贷款协会的目的是为联邦住宅管理局、退伍军人管理局及都市住宅服务处（Residential Housing Service）提供贷款保险机制，为中低收入居民提供购房服务，并借以提升抵押贷款二级市场的流动性。在政府国民抵押贷款协会1970年首次发行住房抵押贷款证券的同年，为促进一般性抵押贷款二级市场的发展，美国国会除了授权联邦国民抵押贷款协会购买未经政府保证的一般性住房抵押贷款外，还根据紧急住宅融通法（Emergency Home Finance Act）成立了联邦房贷抵押贷款公司（Federal Home Loan Mort-

① Lending club模式介绍内容参见廖理、贺裴菲的《Lending club业务模式发展三个阶段》，载于未央网。

gage Corporation，简称 FHLMC，又称 Freddie Mac，房地美）。政府国民抵押贷款协会通过为私人实体发行的证券提供担保来完成它的目标（实际上通过为这些退伍军人办理的抵押贷款提供担保来帮助他们获得抵押贷款）。这些私人实体将抵押贷款组合在一起，然后将这些抵押贷款用作所出售证券的担保。联邦国民抵押贷款协会和联邦房贷抵押贷款公司则购买抵押贷款，将其组合起来，然后运用这些抵押贷款的组合做担保发行证券。至此，美国成立了联邦国民抵押贷款协会、政府国民抵押贷款协会和联邦房贷抵押贷款公司三大专业机构（即我们通常所称的房利美、吉利美、房地美），资产证券化的实践全面铺开。

MBS 产生的标志为 1970 年政府国民抵押贷款协会首次发行住房抵押贷款转付证券（mortgage pass-through securities），随后 1971 年联邦房贷抵押贷款公司也首次发行了住房抵押贷款参与凭证（participation certificate）。联邦房贷抵押贷款公司的住房抵押贷款参与凭证的特别之处在于其标的房贷为“传统”住房抵押贷款，也就是说，这种传统住房抵押贷款并未受到美国联邦政府的承保或保证。实际上，以传统房贷为担保，且未受到美国政府保证的转手证券是在 1977 年首次发行的。由于这些民间担保的转手证券并无其他保证，因此该证券的信用需由民间的评级机构来评估。资产证券化发展至此，已渐由政府主导的发展，改为全面由民间主导的商业化发展。

可以说，房地美、房利美、吉利美收购债权的 MBS 模式是美国乃至世界资产证券化的起源，通过制定相对严格的贷款标准，以政府信用作为担保，这种类型的资产证券化产品基本不需要进行信用增进，有力地促进了美国住房抵押贷款市场的发展，满足了美国众多购房者的需求。MBS 模式产生的资产证券化创新技术，为其他形式的证券化模式产生与发展打下了坚实的基础①。

---

① 有关房地美、房利美模式的内容介绍参见巴曙松、牛播坤、杨现领的《资产证券化的美国经验及其借鉴》，载于《中国房地产业》2014 年第 11 期。

三、我国的互联网金融资产证券化 Sponsor 模式

从资产证券化产生与发展的规律来看，资产证券化的出现是因为融资需求在传统或现有的金融模式中得不到满足，而资产证券化具体模式的发展最初动因也应该类似。我国出现的互联网金融资产证券化 Sponsor 模式基本上反映了这一规律。

（一）绿地地产宝

绿地集团是我国第一家也是目前（截至 2013 年）唯一一家跻身《财富》世界 500 强的以房地产为主业的企业集团。2015 年位居《财富》世界 500 强第 258 位[①]。因其产业地产的爆发式增长，绿地集团在 2015 年实现了对万科的逆袭，成为地产行业新的龙头老大。而支持绿地产业地产的，正是绿地的金融计划。绿地集团针对中小开发商融资困难、信托成本高，中小融资机构因风险高而不愿为中小开发商融资，以及一些投资额较小的投资者缺乏投资渠道去享受房地产市场带来的收益的情况，推出了绿地地产宝，目的是把中小房地产企业的资产通过绿地地产宝变成现金。

绿地地产宝 1 期 381 号（产品代码：15050381）交易结构见图 4. 1。

上述交易结构中，吉客网是绿地集团的互联网金融平台。根据绿地地产宝的产品介绍[②]，绿地地产宝 1 期 381 号的约定年化收益率为 6. 4%，产品期限为 345 天，认购资金 1 万元起，单位递增金额为 1 万元，认购门槛低，投资回报高；可在绿地吉客网上进行产品变现，较灵活；产品发行人是由深圳中福资本有限公司出资设立的上海绿彤投资管理有限公司（简称上海绿彤）；产品最终投向是上海廪溢投资合伙企业（有限合伙）对绿地南昌旧改项目的委

① 数据来自财富中国网站 http：//www. fortunechina. com/global500/600/2015，访问于 2016 年 3 月 11 日。

② 有关绿地地产宝产品交易结构等相关信息，均源自绿地集团互联网金融平台吉客网（https：//www. gkewang. com/），访问于 2016 年 3 月 12 日。

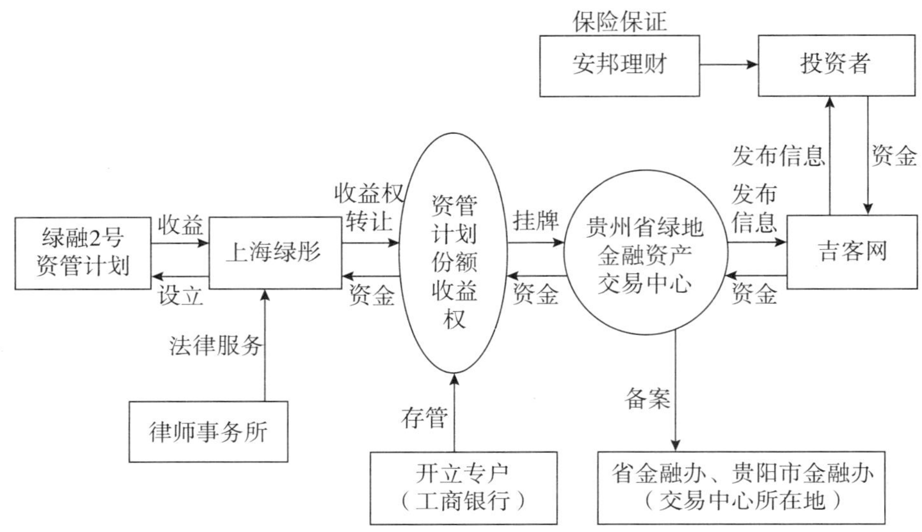

图 4.1　绿地地产宝 1 期 381 号交易结构

托贷款收益权。

从绿地地产宝交易结构可以看出其具有以下特点：

一是符合互联网金融平台 P2B（个人对企业）模式的基本特征。资金端是个人投资者，资产端则是中小企业（非金融机构）。运作流程是中小企业在平台上发布借款信息，有投资意愿的投资者向借款企业投资，借款企业到期还款付息，期间 P2B 平台保障本息安全。

二是标的基础资产是具有现金流的商业地产，或中小开发商的开发贷款。持有商业地产的中小开发商资金不足的难题，通过绿地地产宝能够将商业地产金融化，将其直接变成现金。

三是具有类资产证券化特征。先由上海绿彤将该项目的融资设立融通资本绿融 2 期资管计划，随后将该收益权到贵州绿地金融资产交易所挂牌，随后由吉客网摘牌放到网络平台上出售，投资者根据吉客网发布的信息进行投资认购。虽然其中并没有 SPV 的设置，但是通过金融资产交易中心的挂牌摘牌实现了收益权的特定化，该资产的风险已经实际由平台承担，当然平台另外联合安邦保险进行了担保。

四是具有互联网金融资产证券化 Sponsor 模式的特征。虽然绿地地产宝发布的绿地地产宝 1 期 381 号其基础资产只来自一个主体，但是这种交易结构本身已经具有容纳多主体融资债权让与证券化的可能，具体来说吉客网通过在金融资产交易中心摘牌的收益权现金流，可以将个收益权现金流共同组成资产池由投资者认购，这已经具有了 Sponsor 模式的特征。

（二）万达房地产众筹项目——稳赚 1 号

2015 年 6 月 8 日，由万达集团、快钱公司联手打造的万达互联网金融业务正式宣告落地，双方共同推出中国首个商业地产众筹项目——稳赚 1 号。该项目突破了传统商业地产的融资模式，运用创新的互联网金融方式，使资金直接注入万达广场的建设之中，支持集团实现在商业地产领域的持续快速扩张，加速集团向轻资产的服务型企业转型。

作为万达互联网金融的首发产品，稳赚 1 号以万达广场为基础，募集的资金将直接投向各地万达广场的建设，投资人则获得这些广场的收益权，享受商铺租金和物业增值双重回报，预期合计年化收益率可达 12% 以上。同时，依托快钱公司领先的互联网金融业务平台，该项目还具备极强的互联网属性，起始投资金额仅为 1 000 元，革命性地拉低了传统商业地产的投资门槛，使广大普通投资者也能轻松拥有优质物业，与商业地产龙头企业共同分享丰厚的投资回报①。

稳赚 1 号产品结构见图 4. 2。

稳赚 1 号具有以下几个特点：

一是投资者身份类似理财产品投资人。从图 4. 2 的项目交易结构可以看出，稳赚 1 号众筹投资者所投资标的为“发起人作为合伙人在万达稳升中的各项收益权利”，而并不是直接持有私募基金“万达稳升”的合伙份额，投资

---

① 参见万达集团新闻，http：//www. wanda. cn/2015/2015_ 0608/31458. html，访问于 2016 年 3 月 12 日。

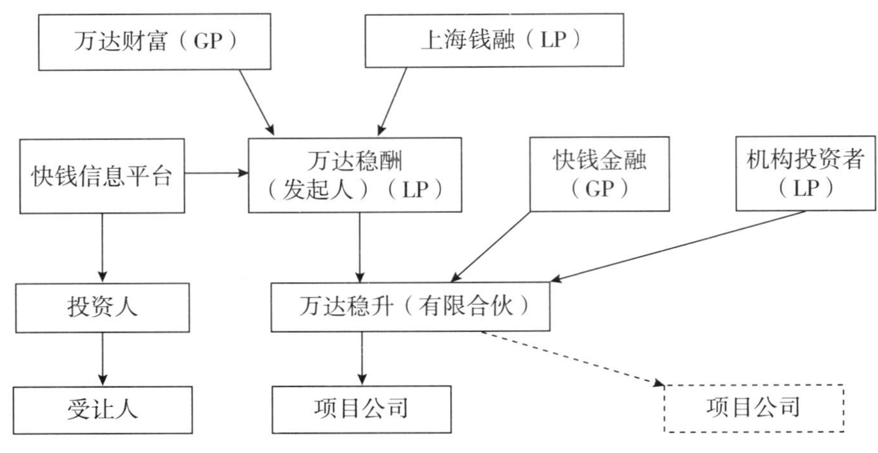

图 4.2　稳赚 1 号产品结构

注：万达财富：万达财富（上海）投资管理有限公司。
上海钱融：上海钱融信息科技有限公司。
万达稳酬：上海万达稳酬投资管理合伙企业（有限合伙）。
快钱金融：快钱（天津）金融服务有限公司。
万达稳升：万达稳升（上海）投资合伙企业（有限合伙）。
项目公司：自有租赁物业的开发建设和运营主体。
虚线处表示未来可能的项目公司。

者只是将出资用于集中购买“万达稳酬”的合伙份额收益权（根据私募股权投资者的规定，普通投资者以 1 000 元起认购的话无法直接成为万达稳升的合伙人），其身份类似于理财产品投资人。

二是现金流收益具有 REITs 的特点。稳赚 1 号的期限不超过 7 年，它的收益由两部分构成，首先是拟开建的万达广场项目的租金收益，每年派发，大约年均能达到 6%；其次是投资物业的增值收益，在退出项目时一次性发放。万达的方案显示，资产包在 3 年之后可选择以 REITs 或其他形式上市，这样的话物业增值部分的收益能达到年化 14% 的水平；如果不选择上市，满 7 年后万达将回购物业或者由第三方收购，这样的话物业增值收益能达到 6%。两部分收益相加，预期年化收益在 12% ~20%。如果 7 年投资期限太长，投资者想变现，快钱也开放了转让功能，项目成立 3 个月起投资者即可选择流通变现。

根据上述产品设计，虽然投资者特别是个人投资者所认购的是合伙份额的收益权，但这种收益权是不动产租金及增值收益，且还具有一定的流动性及回购保证。同时万达集团也指出，不能将快钱众筹理解为万达商业募资，因为根据预期，该理财产品资产增值收益绝大部分归投资者，租金收益的绝大部分也归投资者。万达商业只负责选址、设计、建造、招商及管理，并分得30%的租金收益，是万达商业典型的轻资产模式，其运作已经具有 REITs 的核心特点。

三是交易结构具有互联网金融资产证券化的特点。从其交易结构即认购、投资流程来看，稳赚 1 号通过互联网认购，且门槛较低，具有互联网金融模式交易方便快捷、普惠大众的特点。同时，项目所筹资金直接投资于万达广场建设，直接为实体经济服务，其交易结构具有互联网金融的特点。

资产证券化是以特定资产组合或特定现金流为支持，发行可交易证券的一种融资形式。稳赚 1 号产品是以所拟建设的万达广场资金流为支持，发行可交易的证券进行融资，投资者通过认购受益凭证而获得相应现金流，因此具有资产证券化的特点。

四是资产证券化具体模式具有 Sponsor 模式的特点。从图 4. 2 的交易结构中我们可以看出（特别是虚线部分）：如果有新的项目，如新建万达广场项目亦可以装入该私募基金的资产池中，同时将其产生的现金流通过新发行受益凭证的形式加以交易，使得该基金以及快钱平台成为一个募集、发行和交易平台，因此其具体模式具有 Sponsor 模式的特点。

第三节
互联网金融资产证券化 Sponsor 模式操作要点

虽然互联网金融资产证券化 Sponsor 模式的操作流程与通常的资产证券化并没有特别的不同，但还是具有一定的特殊性。这种特殊性具体体现在交易结构、现金流管理及风险控制等方面。

一、交易结构

随着互联网金融的发展，互联网技术与信息通信技术及金融的结合日渐严密，新技术更多地在金融现金流分析、风险控制中得到更完美的应用，信息安全问题也得到了越来越好的解决，而市场与互联网金融的相互适应能力也越来越强。互联网金融平台以市场为导向，出现了多种发展趋势，已经出现互联网金融资产交易平台、互联网金融信息服务平台等，那么我们这里讨论的互联网金融资产证券化 Sponsor 模式平台也将会出现。这种平台专门或集中从事证券化业务，以套利为营利模式，以收购债权通过债权让与的形式成为资产证券化的发起人。

一般而言，资产证券化的基本运作程序是：发起人将需要证券化的资产出售给一家 SPV，或者由 SPV 的管理人主动购买可证券化的资产，然后将这些资产打包汇集成资产池，再以该资产池产生的现金流为支撑在金融市场上发行有价证券融资，最后用资产池产生的现金流来清偿所发行的有价证券。这一过程中，SPV 以证券销售收入向资产权益人偿付资产出售价款，以资产产生的现金流向投资者偿付所持证券的权益。具体讲，这一操作程序包括以下八大步骤：

（一）资产的选择和汇集

对于确定证券化资产来说，Sponsor 模式要考虑资产之间是否具有相互关联性。从上面所分析的国内外案例来看，不管是美国的“两房”模式，还是绿地地产宝、万达稳赚 1 号模式，其资产均具有一定的关联性，资产的形成条件和现金流特点较为相似。

（二）资产的证券化通道

主要是设立 SPV。SPV 是资产证券化的关键性主体，它是一个专为隔离风险而设立的特殊实体，设立的目的在于实现发起人需要证券化的资产与其他资产之间的风险隔离。在 SPV 成立后，发起人将资产池中的资产出售给 SPV，将风险锁定在 SPV 名下的证券化资产范围内。

根据我国的实际情况，互联网金融资产证券化 Sponsor 模式可以收购来自互联网的资产，汇集后选择场内资产证券化，或以私募形式通过陆金所的金融资产交易平台进行出售。目前我国互联网金融平台的类资产证券化模式，即通过地方性金融资产交易所收购挂牌的债权及其他有关金融资产放到平台上进行证券化这一模式，是以债权分拆的形式出现，尚未有明确的监管意见。对于万达稳赚 1 号产品的 SPV 模式，因为投资者所认购的是万达稳酬所持的合伙份额的受益权，投资者本身对现金流的风险并无控制力，但万达稳酬起到了类似担保或背书的作用，因此其实际上起到了某种 SPV 对于原始基础资产的风险隔离作用。

（三）资产的真实出售

即证券化资产完成从发起人到 SPV 的转移。资产证券化中法律上的资产转移应当是一种真实的权属让渡（当然前提是出让者拥有对该资产完全的权属），在会计处理上则称为真实出售。其目的是保证证券化资产的独立性——发起人的债权人不得追索该资产，SPV 的债权人也不得追索发起人的其他资产。真实出售并不排斥管理方持有其中的次级权益。不过应该注意的是，资产的真实出售并不是资产证券化的本质特征，尤其是以未来现金流为支持进行证券化的条件下，要想让证券化收益与原始权益人完全隔离实际上是不可能的，这在上述介绍的国内案例如绿地地产宝、万达稳赚 1 号产品中表现得特别明显，在这类产品中，我们应该着重考虑的是资产的特定化和现金流的稳定性。

（四）资产的信用增级

之所以需要信用增级，是因为资产原始权益人自身的信用评级往往不高，但出售的相对独立的资产包由于其所拥有的相对独立的现金流可能会比原始权益人的整体信用评级要高，因此 SPV 取得证券化资产后为吸引投资者并降低融资成本，一般都会提高拟发行资产支持证券的信用等级，使投资者的利益能得到有效保护和实现。特别是对于所购买的贷款或其他债权来自信用评级等级不高的原始权益人的情况，信用提高技术成为资产证券化成功与否的关键之一。美国“两房”发行证券化产品从某种程度上是以政府信用作为担保，而对本节所举绿地集团和万达的产品来说，无论是产品发行本身，还是监管方抑或投资者，在实质上均以绿地集团和万达强大的品牌号召力和优质的信用资源为信用背书。

（五）资产的信用评级

对资产包进行增信与信用评级是相互对应的。增信程度即以资产包所发行的优先级证券希望达到的评级为标准，而反过来信用评级也依资产包自身及进行增信后的现金流情况进行。资产支持证券的评级为投资者提供证券选择的依据，是资产证券化的又一重要环节。

（六）资产的证券化发售

信用评级后，SPV 作为发行人，通过各种承销商包括互联网金融资产交易平台等，向投资者销售资产支持证券（ABS）。SPV 管理人向原始权益人支付资产购买价款，即 SPV 将证券发行收入按照事先约定的价格向发起人支付购买证券化资产的价款。而美国的 Lending Club 与国内的绿地集团、万达集团的产品则更多地通过网络平台发售，体现了鲜明的互联网金融的特征。

（七）资产的现金流管理

资产支持证券发行完毕到金融市场上申请挂牌或上市以后，SPV 还需要对资产池进行管理和处置，对资产所产生的现金流进行回收。资产池现金流的管理人一般是资产的原始权益人，也可以是专门聘请的有经验的资产管理机构。Lending Club 与银行合作，而绿地集团、万达集团则通过关联的互联网金融平台公司或第三方支付平台进行现金流管理。

在互联网金融资产证券化 Sponsor 模式运作中，管理人主要负责收取债务人按期偿还的本息并对其债务履行情况进行监督，在房地产证券化运作中，管理人主要通过出租或出售房地产等方式获取收益。

（八）资产的清算

按照证券发行时的约定，待资产支持证券到期后，由资产池产生的收入在还本付息、支付各项服务费之后，若有剩余，按协议规定在发起人和SPV之间进行分配，整个资产证券化过程即告结束。对资产证券化的基本运作程序了解之后，我们可以看到，整个资产证券化的运作都是围绕SPV这个核心展开的，SPV是整个资产证券化发行与交易结构的中心。

二、现金流管理

无论是哪一类型的资产证券化，其主要特点和程序都是在于资产汇集、风险隔离和证券分层，即证券化项目发起人将需要证券化的资产先出售给一家SPV，也可以如本节所讨论的模式那样由管理人所设立的SPV主动购买可证券化资产，然后将这些资产汇集成资产池，再以该资产池产生的现金流为支撑在金融市场上发行有价证券融资，最后用资产池产生的现金流来清偿所发行的有价证券。我们可以看到，SPV用于向资产权益人偿付的价款来自其投资者购买其发行证券的销售收入，而投资者所得到的偿付是以该等资产产生的现金流。发行的证券又根据不同的风险、收益、期限特征被分为不同等级，如优先级资产支持证券、次优级资产支持证券和次级资产支持证券等（每一级可能还有不同的分期），有价证券的等级越低，则收益越高，但风险也越高。

从上述运作流程中可以看出，无论是进行有价证券的设计还是向投资者进行偿付，现金流和风险的运行和管理都是最重要的，其中由资产池产生的现金流分析是资产证券化业务运行的核心。互联网金融资产证券化Sponsor模式中，由于基础资产是购买所得的资产组合，其每类资产产生的现金流很可能具有不同特点而且容易产生波动，在基础资产庞大、来源复杂、变动频繁的情况下，如果对现金流的预估和管理不到位，将会给投资人造成不必要的损失。

正因为现金流管理在资产证券化业务中的重要性，SPV对现金流管理能力的强弱，甚至被视为评估资产证券化业务能力的最重要因素之一。加强SPV的现金流管理，从本质上来说是保证现金流计算的准确性，这对于互联网金融资产证券化Sponsor模式尤其重要。现金流管理的基本手段则是实现相关现金流管理的精细化。

（一）资产端现金流管理

资产证券化的基本要素主要包括资产端、负债端和SPV。资产端即资产池端，互联网金融资产证券化Sponsor模式购买所得汇聚而成的资产池会在每个还款周期产生现金流入，SPV持续的现金流来自该资产的原始权益人根据转让协议约定日期的转付。在考虑资产端现金流入的情况下，还要考虑原始资产的金额、期限、利率、还款方式等。

管理好资产端现金流的前提，是掌握原始贷款信息和对入池后每笔资产产生的现金流进行准确计算。对于入池的贷款资产（或其他债权资产），应当按各自的特点进行品种归类，主要可分为对公贷款、个人贷款和消费贷款、未来收益等。相对而言，对公贷款的信息比较少，但是信用风险相对较大；个人贷款一般需要庞大的工作量，那是因为其通常数量庞大、还款期长；消费贷款除与个人贷款类似，还应充分考虑还款期限、还款金额不固定等因素。另外，为了使现金流计算更加准确，还需要对本金还款计划、利息对付计划进行全面了解，主要目的就是掌握现金流数量、期限、利率、还款方式。在实际操作过程中，资产端现金流还可能会出现早偿、逾期等变动情况，这些都要进行相应的概率统计①，作为资产支持证券发起人的SPV还需要从资产管理人处获得详细的变动明细表，并将其纳入现金流管理的考虑范畴。

一般来说，资产服务管理人（一般就是原始权益人）在转付当期流入

① 一般以历史数据，再结合具体的基础资产质量加以参照。

的现金后，将会提交一份转付明细表，SPV 管理人应当将其与自身计算出的应收现金流入进行核对。在核对过程中，如发现出入，应立即与资产管理人确认，查明出入产生的原因并进行处理，确保现金流入的准确性。

（二）负债端现金流管理

负债端当然是指 SPV 基于其拥有的资产组合而向投资者发行的资产支持证券。这种证券的现金流是根据产品设置和销售协议而给付，该等现金的金额、期限、利率、还款方式与资产端的现金金额、期限、利率、还款方式密切关联。与资产端现金流管理类似，SPV 管理人需要根据上述信息准确计算资产端每期的现金流出情况。进行证券化产品设计时不能导致 SPV 现金流的流入与流出产生错配。

（三）费用现金流管理

除了资产端和负债端，另外的费用产生于 SPV 本身，其具体表现为相关机构在为 SPV 服务时所产生的费用，如 SPV 管理人的费用、银行账户托管费、贷款服务机构贷款服务费、评级机构报酬、审计费、后备贷款服务机构报酬、律师服务费等。这些各种各样费用的产生将可能导致可分配现金的变化并进一步影响发行机构的收益，因此在产品设计阶段就需要予以重视，充分考虑费用的种类、费率、支付计划、费率变动等信息，并进行计算和模拟验证。

第四节
互联网金融资产证券化 Sponsor 模式的机会与挑战

资产证券化 Sponsor 模式的发起人不是资产池基础资产的原始权益人，而是来自所收购的其他平台（包括原始权益人）的债权，这是该模式发展的关键。理论上说，这种模式的发起人可选择的余地更大了，但同时对其管理风险和现金流的能力也提出了更高的要求。

一、互联网金融资产证券化 Sponsor 模式的机会

由于 Sponsor 模式的主要特点是以收购债权来汇集基础资产，并组成资产池进行证券化，从而实现套利，这种方式相比其他的资产证券化模式有不同的发展机会，主要表现为：提高了整合资本的能力、提高了风险管理水平、促进了证券化产品的流动性。

（一）Sponsor 模式的发展形成了互联网金融服务于实体经济的一种新模式

不管是互联网金融还是传统金融，其本质都是金融，基本价值都是为实体经济实现资金资源的最优配置。2011 年年底，中央经济工作会议明确了“金融服务实体经济”的原则，在国内外引起了重大反响。这一原则的提出既是中国对美国次贷危机及其所引起的国际金融危机的反思，也是对中国金融体系改革创新提出的有针对性的要求。

金融服务实体经济的原则应该从以下两个方面来理解：一方面金融创新与服务不能过度，不能脱离实体经济；另一方面实体经济的金融需求只有通过金融创新才能够得到真正的满足。互联网金融，从根本上来说正是因实体经济的需求在传统金融中得不到满足而蓬勃发展的，其生命力正是来源于此。

互联网金融资产证券化的 Sponsor 模式正是互联网金融服务于实体经济的一种新模式，主要原因如下：

一是 Sponsor 模式直接产生于实体经济的投融资需求。对任何希望融资的企业或个人来说，他希望一个正好适合于他的融资方式；对投资方来说，他也希望一个正好适合于他的投资方式。而互联网金融资产证券化的 Sponsor 模式提供了满足双方需求的机会。具体的投融资需求在这里就不展开了。

二是 Sponsor 模式是互联网金融服务于实体经济的一种创新模式。Sponsor 模式的具体特点前文已经有了描述，需要强调的是，相对于本书前两章介绍的信息中介模式、信用中介模式，Sponsor 模式的主要特征就是通过发起方的

债权转让汇集资产，形成资产池后进行证券化，这类平台本身既不是纯粹的信息中介，基础资产也不产生于平台本身，而是通过债权让与得来。

三是Sponsor模式的监管需要把握风险与效率的均衡。虽然在互联网金融产生之前，美国的“两房”模式也是属于债权让与的形式形成资产池，但是其本身的基础资产与资产池具有相对特殊性，恐怕没有太多的借鉴可以用于我国目前阶段的Sponsor模式。既是创新模式，因此对其风险的认识会有一个逐步发展的过程，对于如何处理风险与效率的关系、把握其均衡也是一个必须面对的课题。

（二）Sponsor模式提高了整合资本和风险管理的能力

客观地说，资产证券化是一种以资产信用为基础进行债券融资的方式，但其本身也是有成本的。很多企业不管是金融还是非金融企业基于提高自身资本利用效率和风险管理的需要，确实有进行资产证券化的强烈愿望，但由于资产证券化本身是一种创新特点很强的金融工具，其中的技术和操作风险及相应成本让一些企业望而却步。Sponsor模式提供了让这类企业进行资产证券化的可能。他们可以简单地将具有稳定现金流的资产出售给Sponsor模式的发起人，即可回笼资金，将余下的事情交给发起人去操作，这从本质上降低了该类企业的融资成本，提高了整个社会的资金利用率，可以说Sponsor模式是金融资源配置的有效手段。

互联网金融，依托无限互联技术无所不在、无时不在的特点，对传统金融造成了强烈的冲击。这种冲击主要体现为以场景化的方式，为资金的提供方和需求方提供更多的交易机会。无限互联产生更多交易机会，其含义包括几个方面：一是将几乎所有的社会成员连接起来了，这种连接使得小资本有可能通过时间、空间的无限互联形成大资本，从而增加交易能力，进而创造更多的交易机会；二是将几乎所有社会成员的各种行为进行了全方位的连接，这种连接使得对各类主体的交易特点有可能进行全方位的塑造，由原来传统的、相对单维度的对交易能力、交易信用的度量，交易行为的监督，交易结果的确认等转变为多维度，从根本上提高了对交易行为的风险识别、度量、监测、评估、控制能力，从而对风险有更为精确的把握，以争取更多的交易机会。对于互联网金融资产证券化的Sponsor模式来说，随着互联网金融的发展，将会产生越来越多的识别现金流和风险的模式，这给Sponsor模式提供了越来越广阔的发展空间。

（三）Sponsor模式促进了证券化产品的流动性

目前我国资产证券化尚处于初级阶段，其中一个主要的表现就是证券化产品流动性不足。这种流动性不足减弱了金融机构和企业开展资产证券化，即在盘活资金基础上实现风险转移的功能的制度性意义。互联网金融Sponsor模式由于汇集不同基础资产的特点，进行体内循环的可能性较低，其在发挥互联网金融特点的同时延伸了投资端，增加了证券化产品的二级市场交易，从而促进了证券化产品的流动性。

Sponsor模式增加流动性主要表现在以下几个方面：

一是充分发挥互联网金融平台的作用。互联网金融资产证券化Sponsor模式一般都结合互联网平台，由平台来整合基础资产，证券化产品也通过平台进行销售和转让。随着互联网金融平台自身实践与政府监管经验的丰富，互联网金融平台由野蛮生长逐渐向规范化发展，很多互联网金融平台无论在信息公开、风险评估、增信担保、交易监控等方面都越来越规范，有些已经向资产证券化综合平台发展。这为Sponsor模式的发展提供了良好的“基础设施”条件。

二是促进线下金融产品的流动性。正如前文提到的，随着互联网金融的发展，不但线上产品趋于精细化，线下产品也逐渐与线上平台相结合，包括基金、信托、保险等产品的线上销售与交易模式已经慢慢走向成熟。资产证券化Sponsor模式也不断将线下产品纳入证券化的基础资产，汇集入资产池。更重要的是，Sponsor模式甚至能将证券化产品本身纳入基础资产，再进行证券化（虽然很多观点认为这会增加交易的风险杠杆，但只要原始基础资产风险可控，那么这种模式将成为增加流动性的一种金融工具，不应当被禁止）。

二、互联网金融资产证券化 Sponsor 模式的挑战

任何事物都有两面性，我们应恰当地把握。互联网金融资产证券化的Sponsor模式由于本身的特点，既能带来发展机会，同时也面临着一些挑战，这种挑战主要体现在挑选基础资产组成资产池这一环节，这是该模式区别于其他模式最主要的特点，因而其带来的挑战也是围绕着这一点展开的，具体来说，主要挑战就是由于网络贷款平台的贷款承销标准不统一，网络贷款服务能力不统一给收购贷款证券化带来的挑战。

（一）网络贷款平台的贷款承销标准不统一，网络贷款的服务能力不统一，给收购贷款证券化带来挑战

前文已经讨论过基础资产的同质性。所谓同质性，一般情况是指该资产所依据的基础法律关系相同，且其现金流结构、违约风险、到期日结构、收益水平等具备一致性。在资产证券化中，我们为什么要考虑同质性的概念？这是因为，在证券化中，我们的主要任务就是将基础资产组成资产池，然后将其通过真实出售进行风险隔离（当然也有可能通过其他方式进行风险转移，比如进行信用衍生品交易），并进行证券化分层。在这个过程中，最重要的就是要对基础资产的现金流和风险有比较明确的把握和控制。那么，同质性正是为了帮助我们更好地把握与控制现金流和风险。

贷款承销标准不同、贷款服务能力不一对汇集资产池带来了挑战。当我们对比两种不同的网络贷款的时候，可以用很多的参数去衡量，包括现金流结构、违约风险、到期日结构（其实这也是属于现金流结构的内容）、收益水平等。那么从不同的平台所购得的网络贷款，即使现金流结构和收益水平是相似的，但违约风险可能有较大的差别。而这种差别往往是由于其贷款发放标准不一导致的。比如，甲银行发放 50 万元的贷款，只需要年收入 60 万元；

而乙银行发放50万元的贷款，要求年收入达到100万元。那么我们简单分析就可以知道，甲银行贷款债权的违约风险从概率上来说要明显高于乙银行，尽管这两个贷款债权的现金流和收益水平可能是一样的。如果我们将这两类贷款债权作为基础资产组成资产池，他们对资产池的影响必然是不一样的。另外，即使贷款标准差距不大，各银行的贷款服务水平不一也会导致基础资产产生不同的信用风险。贷款银行是否建立了良好的贷款服务体系，对于资产的实际现金流也会产生显著的影响。

（二）有实力的金融机构可以设立互联网金融贷款承销标准，通过信息中介平台放贷，集中收购进行证券化

在美国的房地美、房利美MBS模式中，“两房”制定的住房抵押贷款都是有明确标准的。而引发全球金融危机的次贷危机，正是因为放贷机构放松了对贷款标准的执行，使得许多原本不应该得到贷款的住房贷款借款人取得了贷款，这些贷款导致了大面积违约，因证券化产品而形成的连锁反应扩大了风险波及面。

为了控制证券化风险，Sponsor模式的发起人比如金融机构可以设立互联网金融贷款承销标准，通过信息中介平台放贷，然后集中收购后组成资产池进行证券化。对于Sponsor模式来说，控制基础资产的信用违约风险永远是最重要的，而最好的控制风险的方法就是按照自己设定的标准来发放贷款。

第五章
“互联网+”资产证券化的投资与销售

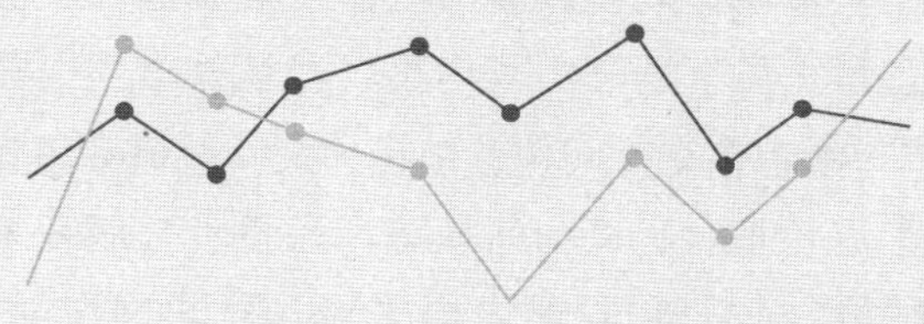

第一节
资产证券化产品发行与交易市场

一、概况

自2005年开始，资产证券化产品在中国公开市场上亮相，至今已经过了10年。在产品种类日趋丰富的同时，产品发行和交易市场也呈现出多层次并存的态势。无论从发行数量、规模，参与主体还是规范程度上讲，都可以将资产证券化产品发行和交易市场分为场内市场和场外市场。资产证券化产品发行和交易①的场内市场包括银行间债券市场和交易所债券市场，场外市场则包括银监会信贷资产流转平台、机构间私募产品报价与服务系统、券商柜台市场、区域性金融资产交易所/股交中心平台、互联网金融平台及私募市场等。

① 根据《信贷资产证券化试点管理办法》，我国信贷资产支持证券在全国银行间债券市场按照有关规定进行登记、托管、交易、结算；根据《证券公司及基金子公司资产证券化业务管理规定》，企业资产支持证券按照规定在证券交易所、全国中小企业股份转让系统、机构间私募产品报价与服务系统、证券公司柜台市场，以及中国证监会认可的其他证券交易场所挂牌、转让；根据《银行间债券市场非金融企业资产支持票据指引》，企业可选择以公开发行或非公开定向发行方式在银行间市场发行资产支持票据；根据保监会《资产支持计划业务管理暂行办法》，证券化受益凭证可按规定在保险资产登记、交易平台发行、登记和转让。

二、各类市场基本情况及发展现状

（一）场内市场

1. 银行间债券市场

该市场成立于1997年，由中国人民银行（以下简称人行）主管，并建立了银行间市场的自律组织——银行间市场交易商协会（以下简称交易商协会）履行部分监管职能。该市场目前是国内规模最大的债券发行和交易市场，市场管理成熟，相关制度规范、完善。

自建元2005年第1期个人住房抵押贷款资产支持证券在该市场发行以来，至今已有170余只，近7 000亿元资产证券化产品在该市场发行。银行间债券市场从产品发行数量和规模上看是目前国内最大的证券化产品市场。证券化产品在该市场一方面经历了小范围主体试点到大范围主体有额度限制试点的阶段，至今额度的限制已日趋淡化；另一方面经历了从银监会、人行双重审批制到银监会备案、人行审批的变化，2015年人行又发布公告明确同质性高的产品可采取注册制发行。

针对资产证券化产品的发行和交易，除该市场原有的各种规章办法外，人行及银监会还发布了《信贷资产证券化试点管理办法》《资产支持证券信息披露规则》《关于就资产支持证券在银行间债券市场的登记、托管、交易和结算等有关事项的公告》《信贷资产证券化基础资产池信息披露有关事项公告》《金融机构信贷资产证券化试点监督管理办法》《信贷资产支持证券发行管理有关事宜》等规范。

在注册制的背景下，交易商协会于2015年先后公布了《个人汽车贷款资产支持证券信息披露指引（试行）》《个人住房抵押贷款资产支持证券信息披露指引（试行）》《棚户区改造项目贷款资产支持证券信息披露指引（试行）》《个人消费贷款资产支持证券信息披露指引（试行）》。上述信息披露指引的发布增加了注册制下产品发行的可操作性和信息披露的透明度，对未来银行间市场注册制发行相关资产证券化产品大有裨益。

2. 交易所债券市场

1990年11月和12月，上海证券交易所（简称上交所）和深圳证券交易所分别成立，上交所成为当时我国主要的债券交易场所。沪深两个交易所在证监会的监管下履行部分监管职能。交易所债券市场是与银行间债券市场并行的场内市场，具备完善的管理规范和制度。

证监会于2004年4月开始研究论证企业资产证券化，2005年8月推出第一个试点项目——中国联通CDMA（码分多址）网络租赁费收益计划。截至目前，该市场已发行170余只，总规模超过2 000亿元的资产证券化产品。目前交易所市场证券化产品采取备案制。

2014年可谓是交易所债券市场资产证券化产品的爆发元年，当年发行产品的数量和规模超过此前所有年份的总和，为更好地规范资产证券化产品在该市场的发行和流转，证监会于2014年公布了《证券公司及基金管理公司子公司资产证券化业务管理规定》及配套《证券公司及基金管理公司子公司资产证券化业务信息披露指引》《证券公司及基金管理公司子公司资产证券化业务尽职调查工作指引》。在此基础上，沪深两大交易所分别发布了《上海证券交易所资产证券化业务指引》和《深圳证券交易所资产证券化业务指引》。基金业协会出台了《资产证券化业务基础资产负面清单指引》和《资产证券化业务风险控制指引》等配套制度。

（二）场外市场

1. 银监会信贷资产流转平台

为落实国务院关于“盘活货币信贷存量，支持实体经济转型升级”的要求，加强金融基础设施建设，银监会自2013年开始研究信贷资产流转平台，并于2014年成立银行业信贷资产登记流转中心有限公司（以下简称银登中心），旨在为信贷资产及银行业其他金融资产提供统一的登记机制和流转平台，促进信贷资产流转业务统一、规范、高效、有序发展。

为进一步规范信贷资产流转，银监会于2015年7月发布了《中国银监会办公厅关于银行业信贷资产流转集中登记的通知》，与此同时，银登中心发布了《银行业信贷资产流转集中登记规则》。

银登中心的主管机构为银监会，该平台成立时间较短，尚处于发展初期。虽然资产流转量和会员数量在稳步增加，但总体规模仍很小，累计流转不足500亿元，流转的资产以存量信托受益权为主。未来，银登中心有望成为资产证券化产品的流转平台。

2. 机构间私募产品报价与服务系统

机构间私募产品报价与服务系统（以下简称报价系统）是经中国证监会批准设立的为机构投资者提供私募产品报价、发行、转让及相关服务的专业化电子平台。该平台受证券业协会监管，并制定了《机构间私募产品报价与服务系统管理办法（试行）》。针对资产证券化产品，证券业协会还制定了《机构间私募产品报价与服务系统资产证券化业务指引（试行）》。

截至目前，该平台上有5单资产证券化产品成功发行，尚无资产证券化产品转让。该系统还开放了端口，供券商柜台或区域性股权交易中心与之对接系统，实现信息和交易的联通，目前已有广州股权交易中心等10余个区域交易中心与之成为联盟市场。

3. 券商柜台市场

为推动证券行业创新发展，2012年12月10日，中国证监会同意中国证券业协会在遵循"限定私募、先行起步"基本原则的基础上，开展柜台市场试点工作。2012年12月21日，证券业协会发布了《证券公司柜台交易业务规范》，正式启动试点工作。截至2014年12月31日，共有42家试点证券公司获得柜台市场试点资格。目前该市场尚处于发展初期，从成熟市场发展历史来看，券商柜台市场是整个资本市场体系的重要组成部分，是交易债券和衍生品的最大市场，未来有很大的发展空间。

目前资产证券化产品市场还没有成熟的做市商机制，未来券商柜台市场有望成为资产证券化产品做市的市场。

4. 其他场外市场

除上述场外市场外，资产证券化产品还可以通过区域性金融资产交易所/股交中心、互联网金融平台或直接由发行人定向发行给投资者。

区域性金融资产交易所/股交中心受各区域政府监管，各区域政府会对其管理运营制定相关管理办法。国务院曾在2011年和2012年发布《国务院关于清理整顿各类交易场所切实防范金融风险的决定》和《国务院办公厅关于清理整顿各类交易场所的实施意见》，都对各级政府的监督职能提出了更高的要求。此外，区域性股权交易中心的主要参与机构为证券公司，证监会对于证券公司参与此类市场制定了指导意见，规范证券公司在该市场的行为。

互联网金融平台目前没有明确的监管主体，各机构自行制定业务规则。该平台的优势在于对个人投资者开放，受众广泛。但受限于信息披露的范围，无法计算这类市场的产品发行或交易规模。

从总体来看，目前我国资产证券化产品市场中，场内市场已相对成熟，场外市场尚在发展初期，参与主体有待增加，相关规范制度也有待完善。同时，资产证券化市场一级市场日臻完善，但二级市场尚处于萌芽期，这也是制约资产证券化市场发展的重要瓶颈。

第二节
资产证券化产品及投资人

一、我国资产证券化产品的主要类别

依据当前我国资产证券化市场的发展情况，资产证券化产品可分为如下五类：

（1）由中国人民银行、银监会主导的信贷资产证券化产品。

（2）由证监会主导的企业资产证券化产品。

（3）由银行间市场交易商协会主管的资产支持票据。

（4）由保监会主管的保险资产项目资产支持计划。

（5）类资产证券化产品（使用证券化方法设计产品，私募发行）。

在我国目前法律与监管框架下，各类资产证券化产品发行与流通场所的安排主要依据主要参与机构的主管部门，即各参与机构发行的产品一般均在各自主管部门下辖的交易场所发行与交易。对于跨市场发行[①]，只有2014年6月在上海证券交易所发行的平安银行1号小额消费贷款证券化信托，而后的其他产品一直未有明显突破。

以上5类资产证券化产品中第三类由银行间市场交易商协会主管的资产支持票据和第四类由保监会主管的保险资产项目资产支持计划，由于种种原因还处于市场规模相对较小的阶段，以下仅就另外3类发展较快的产品进行分析。这三大类资产证券化产品的主要类别和市场参与者如下：

（1）信贷资产证券化产品。

主要的参与机构为央行与银监会主管的金融机构，包括在我国境内设立的商业银行、城市信用合作社、农村信用合作社等吸收公众存款的金融机构、政策性银行、金融资产管理公司、信托公司、财务公司、金融租赁公司。

主要的交易场所为由央行主导的全国银行间债券市场。

依据央行、银监会管辖的各类金融机构业务范围，适合在银行间债券市场发行交易的证券化产品类型主要包括：对公贷款资产支持证券、小微企业贷款资产支持证券、个人消费贷款资产支持证券、融资租赁资产支持证券、个人住房抵押贷款资产支持证券、商业物业抵押贷款资产支持证券、汽车分期资产支持证券、信用卡分期资产支持证券、不良信贷资产支持证券。

由于交易场所的限定，此类产品的投资者主要为银行间市场投资者，包括银行、保险公司、证券投资基金、企业年金、全国社保基金等。

（2）企业资产证券化产品。

主要的参与机构为由证监会主管的金融机构，包括证券期货经营机构、

---

① 2015年4月3日，中国人民银行发布了《中国人民银行公告〔2015年〕第7号》，其中明确"按照投资人适当性原则，由市场和发行人双向选择资产支持证券交易场所。"

证券投资基金管理公司及其子公司等。

主要的交易场所为由证监会主管的交易场所，主要包括：上海证券交易所、深圳证券交易所、机构间私募报价与服务系统、各证券公司柜台市场。

依据证监会管辖的各类金融机构业务范围，适合在交易所、机构间私募报价与服务系统、各证券公司柜台市场发行交易的证券化产品基础资产类型主要包括：融资租赁债权、小额贷款债权、企业应收账款、信托受益权、信贷资产收益权、基础设施收费权、商业物业租金等符合法律法规规定的、权属明确、能够产生现金流且可以特定化的财产、财产性权利或财产与财产性权利的组合，在负面清单上的资产除外。

由于交易场所的限定，此类产品的投资者主要面向合计不超过 200 人的合格投资者。

（3）类资产证券化产品。

此类产品利用资产证券化的技术手段对基础资产进行打包、分割设计，基础资产可以是各类符合法律法规规定的、权属明确、能够产生现金流且可以特定化的财产、财产性权利或财产与财产性权利的组合，不受负面清单影响，一般由原始权益人、中介机构与投资人共同协商确定。发行采取私募定向募集的方式，产品载体不拘泥于某一种特定的法律形式，可以由资产方与特定投资者单独商定产品的交易结构。

常见的产品形态有：信托计划、资产管理计划、私募基金（有限合伙）。上述 3 种类资产证券化产品主要的交易模式为定向私募发行与交易，不需要特定的交易场所。

作为银行间债券市场、证券交易所、机构间私募报价与服务系统、各证券公司柜台市场等全国性交易场所的有效补充，未来有潜力作为类资产证券化产品的发行与流通场所的平台还有：

①区域金融资产交易所。

比较有代表性的区域金融资产交易所包括：北京金融资产交易所、前海金融资产交易所、重庆金融资产交易所、浙江金融资产交易中心等。

区域金融资产交易所相较定向私募发行，能够提供更透明的信息披露平台，增加类资产证券化产品的流转效率。在以后的发展中，各交易所可以依据地域、业务领域情况搭建具有各自特色的类证券化产品撮合与交易平台，增加类证券化产品的透明度与流动性，助力多层次金融市场的建设。

②互联网金融平台。

比较有代表性的互联网金融平台包括陆金所、京东金融、积木盒子等。

互联网金融平台作为新兴的金融业态，已经得到越来越多个人投资者的认可。互联网金融平台可以大致分为两类：以互联网为基础，向外拓展金融业务类的平台（如京东金融）；以金融业为基础，利用互联网生态拓展业务的平台（如陆金所）。

第一种类型的平台，以自身庞大的个人用户群为基础，通过原互联网业务的积累与大数据方法，可以逐渐与客户建立起更进一步的金融往来关系，如对客户的互联网相关服务提供分期收费等，以此作为拓展金融业务的根基。此类互联网平台天生依赖大数据与互联网思维，与零售类资产证券化产品的逻辑不谋而合，在未来很有可能建立与自己平台用户相关联的类证券化产品发行与流通平台。

第二种类型的平台，以传统金融业的业务经验为根基，通过互联网的手段快速传播与覆盖原来无法被充分覆盖的投融资需求。未来的发展更有可能作为新一类机构投资者，参与到证券化业务的生态链中。当然，其相关的零售金融业务同样可以通过关联的互联网平台发行、交易自己的类证券化产品。

二、资产证券化产品投资人

资产支持证券的机构投资者主要有以下几类，分别对应不同的风险偏好与收益要求：银行、券商、保险公司、公募基金、社保基金、私募基金、境外投资人等。根据对2014年发行的银行间市场信贷资产支持证券投资人的不完全统计，国有商业银行约占40%，股份制银行约占30%，城商行和农商行约占15%，券商约占6%，信托约占2%，财务公司约占1%，资产管理公司

约占1%，基金约占1%，其他约占2%。交易所的资产证券化产品发行规模有限，根据不完全统计，国有商业银行和股份制银行的自有及理财资金均占80%的比例，基金公司、保险公司和财务公司为其他投资人。

当前资产支持证券市场的投资者以银行和券商为主。

（一）银行

目前银行资金仍是投资资产证券化产品的主力，其认购量占全部认购量的80%以上，公募和私募产品均有认购。其中以城市商业银行、农村商业银行为主力，邮政储蓄银行、股份制银行和五大行认购量也很大。其资金来源在银行内部可分为自营资金和理财资金，规模都在10万亿元级别。

银行自营投资有两种模式：一是金融市场部直接认购银行间市场的资产支持证券产品，其中主要是贷款抵押证券（CLO）的互持需求，通过相互持有对方的贷款抵押证券，实现资产出表和节约资本占用的目标。此外，资产支持证券优先级风险低，20%的资本占用加资金转移定价（FTP）后资金运用部门的实际成本不高，也会产生一些主动的投资需求。二是以同业投资方式认购信托券商资管或基金子公司发起的定向资管计划，后者再投资交易所发行的企业资产支持证券，扣除通道费、托管费就是净收益。

银行理财对贷款抵押证券夹层和企业资产支持证券有较为旺盛的需求。利率市场化对理财资金成本的底部抬升作用明显，即使在当前的降息周期，理财成本的降幅并不显著。而资金宽松导致债券收益率持续下降，风险可控的高收益债券越来越少，这就滋生了银行理财对收益较高的企业资产支持证券资产的配置需求。银行理财一般通过投资顾问通道参与企业资产支持证券产品的投资。

（二）券商

券商资管和自营资金目前约占全部认购资金的10%～15%，由于资金成本偏高，券商资管和自营资金较偏好企业资产证券化产品的长端、夹层和次级部分。其资金规模接近10万亿元。

（三）保险公司

目前，保险公司也参与资产证券化产品认购，参与主体主要有保险资管公司和保险公司的投资部门，但整体参与的金额较小，对产品收益率要求也较高，一般认购私募信贷资产证券化产品和企业资产证券化产品。保险资金的偏好主要有两类：一类是短期、大数据类型产品，如 1 年期到 2 年期的汽车贷款、信用卡贷款和消费贷等；一类是长期、发行主体特别优质的产品，如 5～10 年的央企资产证券化产品等。

保险公司资金规模大，对资产的流动性要求稍低，对资产支持证券产品有很大的潜在需求。目前保险资管资金规模在 10 万亿元左右，未来随着资产支持证券市场规模的扩大，更多高收益基础资产的加入，保险公司将成为重要投资力量。

（四）待开发投资人

虽然银行、券商与保险资金在现阶段占了认购资金的 95% 以上，但随着市场对资产证券化产品的认识不断加深，资金价格与各类投资机构的风险偏好的松动，参考欧美成熟市场经验，未来以下类型机构也将会成为资产证券化产品的重要投资者。

1. 公募基金

资产证券化产品是偏债类、混合类公募基金的潜在配置标的。但由于产品供给量较小，且投资者认可程度不深，同时近期股市火爆分流了大量资金，目前公募基金对资产证券化产品的配置量较小。未来随着产品供给量的增加和市场的成熟，公募基金将成为个人投资者投资资产证券化产品的重要渠道。

2013 年下半年以来，以余额宝为代表的货币基金迅速壮大，而其资产端 90% 以上配置在银行协议存款。然而银监会最近发布新规，非银行金融机构的存款也要缴纳存款准备金，货币基金的协议存款对银行的吸引力在下降，利率也有下行风险。利率市场化正处下半场，未来货币市场基金规模仍将继续扩张，而可投资产范围狭窄，有很大的资产配置压力。资产证券化产品若能进行合理分层，并解决流动性不足问题，将有望替代协议存款，成为货币基金的主要配置方向。

企业年金投资股票或股票类资管产品的比例不能超过30%，其主要投资范围为货币、债券等固定收益类产品。企业年金一般委托公募基金进行投资，通过基金专户的形式进入资本市场。2014 年三季度末，全国企业年金余额约 7 000 亿元。随着机关事业单位养老制度的改革，企业年金规模将大幅扩张，并成为资产证券化产品的一大潜在投资人。

目前公募基金总规模已超 5 万亿元，其中货币基金 2.2 万亿元，债券基金 0.4 万亿元，混合型基金 0.8 万亿元。这意味着公募基金投资资产支持证券产品有 3 万亿元的潜在规模，发展空间巨大。

2. 社保基金

社保基金是资产支持证券产品的一大潜在投资主体。一方面，社保基金资金规模大，愿意持有较长久期的金融产品，是资产支持证券产品的优质投资主体；另一方面，社保基金要求收益安全、稳定，也有很大的固定收益类产品的配置需求，相对于一般债券而言，资产支持证券独特的结构设计更能契合社保基金的投资需求。社保基金理事会也多次表达对资产支持证券产品的投资愿望。随着投资范围的放开，社保基金有望成为资产支持证券产品市场的重要参与者。

国务院常务会议于 2015 年 4 月批准并通过了《关于适当扩大全国社会保障基金投资范围的意见》（以下简称《意见》）。《意见》扩大了社保基金的投资范围，如将债券投资范围扩展到地方政府债券，并将企业债和地方政府债投资比例从 10% 提高到 20%。从文件来看，目前社保基金的投资范围尚未拓展到资产支持证券。未来若能够放开这一块，按 2014 年年末社保基金 1.53 万亿元规模估计，空间将达 3 000 亿元。

3. 私募基金

私募基金对收益率的要求高，只要有足够的溢价，其愿意承担较高的信用风险和流动性风险，这使得其成为企业资产支持证券，特别是次级产品的天然投资者。未来随着企业资产支持证券市场规模的壮大，预计这块资产将日渐受到私募投资者的关注。参考欧美成熟市场情况，对冲基金是资产证券化产品次级部分的最重要投资者，对冲基金在我国尚属起步阶段，未来潜力不可小觑。

截至2015年4月中旬，在基金业协会注册的私募基金管理规模为2.88万亿元。私募基金潜在的资产支持证券投资空间在3 000亿元以上。若将来刚兑潜规则被打破，风险资产得到合理的市场化定价，该空间还将进一步扩展。

根据基金业协会数据，截至2015年一季度末，基金公司及其子公司、券商、期货公司、私募基金管理机构资产管理业务总规模约为23.82万亿元，同比增长16%。即使在当前股市牛市的情况下，其投资固定收益类产品的比例依旧在10%以上。从总体来看，非银行金融机构投资资产支持证券等固定收益类产品有3万亿元至4万亿元的规模，留待资产支持证券开拓的市场空间巨大。

4. 境外投资人

我国资本市场逐步开放，人民币也在走向国际化，国际机构也有人民币资产的配置需求。资产证券化在发达国家运行40年，境外投资人对产品的接受程度很高，也将成为我国资产支持证券市场的重要参与者。境外投资人对以汽车金融、租赁为基础资产的证券化产品比较关注，但很多投资者要求证券化产品有国际评级机构的评级。目前境外投资人认购资产证券化产品主要有以下几个渠道：合格境外机构投资者（QFII）、人民币合格境外投资者（RQFII）、外资银行法人在境内的投资机构（但一般需要经总部审批），以及自贸区平台（现阶段主要是通过自由贸易账户项下资金入境）。其中，外资银行对大数据类产品有较明显偏好。

国家外汇管理局2月份发布的《2014年中国跨境资金流动监测报告》显示，2014年QFII额度为669亿美元，实际投资为576亿美元，其中10%投资债券型产品。RQFII规模与QFII相当。以此估计，目前海外投资者投资国内资产支持证券的空间在800亿～1 000亿元。目前监管层简化了QFII和RQFII的审批程序，预计未来潜在空间不小。

第三节
“互联网 +”资产证券化产品的销售

互联网金融平台可以作为“微笑曲线”的两端，打通资产证券化链条，以资产发起方、资产服务商以及财务顾问的角色，依托 SPV 将资产打包、分割、评级后，将证券化产品在交易所或证券公司柜台销售，也可以通过资产管理计划的方式在互联网金融平台或互联网金融交易所平台发售。

互联网金融平台创造资产并将其证券化后进行销售有三种主要的方式：一是线上产生资产，证券化后在线上销售（类证券化平台）；二是线上产生资产，证券化后在线下销售；三是线下产生资产，证券化后在线上销售。

一、线上产生资产，证券化后在线上销售

互联网金融与产业深度融合，契合企业产融结合驱动发展升级的思路，部分核心企业利用供应链中的核心优势构建电商平台，整合多维度信息，将优质债权资产对接到自身建设的互联网金融平台实现资金融通。

我们以海尔供应链金融为例，2013 年开始，海尔启动建设其日日顺 B2B 电商平台，目标是将下游的两万多家经销商与海尔的交易放在网络平台上完成。

起初，海尔与平安银行、中信银行达成相关的战略合作协议，整合银行的资金、业务、技术优势以及海尔集团的分销渠道网络、交易数据和物流业务，通过日日顺的线下交易记录，将产业与金融通过互联网的方式集合在一起，开拓海尔经销商供应链金融这一崭新的业务领域。

海尔经销商供应链金融改变的不仅仅是传统产业的销售体系，还包括整个生产体系、流通体系、融资体系和交付体系。它不仅深入到整个流通、销售和融资系统，更借助海尔日日顺 B2B 平台帮助核心企业优化整个需求

链生态圈，使经销商能够借助商业信用和交易信息，降低信贷门槛和借贷成本。

为了将外部资金更高效地对接供应链融资中产生的优秀债权，海尔2014年12月上线了海融易，海融易推出了融易发、小金票、小金链等金融产品，以公开互联网平台募集普通投资者资金，投向优质的供应链金融资产，由于海尔平台完备的风控体系，在吸引投资人投资的同时也降低了融资成本，现有成本一般在6%～8%。

二、线上产生资产，证券化后在线下销售

作为创造线上资产的角色，传统金融机构与互联网公司各自有不同的资源禀赋及商业模式。

传统银行业机构近来也在积极布局线上供应链业务，供应链金融是对核心企业的上下游企业进行授信，需要掌握交易流信息、资金流信息以及物流信息（“三流”信息），确保授信额度的适当以及贷后审查的及时，现有线下手动处理方式逐渐变为网络化信息化处理手段，银行通过信息系统集成“三流”信息，在线上完成整个贷款服务，改进了效率，提升了风控能力。

平安银行为中小企业推出的橙e网平台，为小企业提供在线企业资源计划（ERP），实时记录企业与上下游的交易数据及资金流水，并在该平台建立小企业家生活、经营的综合服务平台，不仅提供各行业的研究分析，也为企业记账、结算等需求提供服务，打造小企业生态圈。

银行可以将此类线上产生的供应链金融债权作为基础资产，由于负债期限往往长于资产期限，所以会定期开包循环购买债权。这类基础资产与传统金融机构债权资产的不同之处在于，利用线上数据动态实时更新，便于贷前审查与贷后风控，同时供应链全环节的交易数据都被纳入监控，使基础资产的信用风险大为可控，以此类基础资产形成的资产证券化产品满足线上投资人的风险偏好与认知，也符合部分机构投资者对产品风险溢价的要求。

作为同样生产资产的电商金融平台，更是能够将足够多的交易信息、资

金信息甚至是物流信息沉淀在系统中，辅以适用的定价模型与风控模型，从而转换为证券化产品，典型的案例包括针对商户端的阿里小贷债权资产证券化以及针对消费端的京东白条应收账款资产证券化产品。

在2012年，阿里小贷为解决资金困境，开始与银行、信托、基金及保险公司等开展合作，通过资产转让（包括收益权转让、债权转让）的方式获得外部融资。

典型的像2014年12月，由民生保险旗下民生通惠资产管理有限公司和蚂蚁金服旗下蚂蚁微贷合作推出的民生通惠—阿里金融1号支持计划获得了保监会批复，募集资金总规模达30亿元。这也是保监会下发《项目资产支持计划试点业务监管口径》之后首批获准的项目资产支持计划。

民生保险旗下的资管公司——民生通惠将作为管理人，以产品形式募集资金，购买蚂蚁金服旗下小额贷款公司的小额贷款资产，以该基础资产的回收款偿付投资收益，到期向投资者返还投资本息，在实现为蚂蚁金服提供融资服务，进而为小微企业提供融资服务的同时，也为投资者提供低风险的固定投资收益回报。

资产证券化也一直是阿里小贷重要的资金来源，即使现在该业务板块被合并至阿里网商银行作为一个独立的部门，但依然受制于资本金不足以及监管指标的约束，需要资产证券化盘活资产。

第一单阿里小贷资产证券化产品是2013年7月阿里小贷与东证资管合作推出的小额贷款资产证券化产品——东证资管—阿里巴巴专项资产管理计划，该资产证券化产品在深圳证券交易所综合协议交易平台上市交易。

东证资管通过设立专项计划并以计划管理人的身份，发行资产支持证券。该计划分10期，每期结构一致，且发行规模控制在2亿~5亿元，期限为1~2年，总额不超过50亿元，存续期不超过3年。各期募集资金用于向原始权益人（每期在重庆阿里小贷与浙江阿里小贷中选择一家作为原始权益人）购买基础资产，即阿里小贷因通过阿里巴巴、淘宝网和天猫网平台向借款人发放小额贷款而合法享有的债权资产。

根据不同的风险、收益特征，专项计划分为优先级、次优先级、次级资产支持证券，认购份额比例为7.5∶1.5∶1，优先级资产支持证券优先获得收益，其次是次优级资产支持证券，次级资产支持证券优先偿还损失。其中优先级与次优先级资产支持证券向境内合格机构投资者发行，次级资产支持证券向阿里小贷（该计划原始权益人）定向发行。另外，优先级资产支持证券被上海新世纪资信评估投资服务有限公司评为AAA级。

不仅是针对商户的借贷债权被借以资产证券化形式回笼资金，针对消费者的信贷——“花呗”也依靠不断的资产证券化的支持。通过资产证券化运作，蚂蚁小贷的资产证券化业务余额已超400亿元，帮助了100多万家小微企业实现融资，也支撑了蚂蚁花呗用户的消费信贷需求。

三、线下产生资产，证券化后在线上销售

不同于传统金融机构严格的资本金管理以及其他业务指标的约束，互联网金融平台定位于非金融机构的灵活性，可以更深入地参与资产证券化市场。

比如线下的小贷资产也可以被互联网金融平台加以运用，设计为资产证券化产品发售。典型的线下经营的小贷公司资产证券化就是中和农信小贷资产证券化。

中和农信的前身是中国扶贫基金会于1996年启动的扶贫小额信贷试点项目，从事农村小额信贷18年。在其累计发放的数十万笔贷款中，还款率在99%以上，回收率接近100%。该次证券化产品入池资产为122 438笔，加权平均贷款期限为11.75个月，加权平均实际年利率为20.58%，单笔贷款规模以1万元以下（占74.0%）及1万~2万元（占25.6%）为主。优先级资产支持证券占比86%，评级为AAA，次级资产支持证券占比为14%，未评级。

在交易结构设计上也采取了循环购买的方式，资产服务机构每月将应付费用储备及收益储备资金全额划入专项计划账户，专项计划收款科目内的剩余资金用于滚动购买符合标准的小额信贷资产，存量小额信贷资产的未偿本金余额超过优先级资产支持证券本金的110%，则停止循环购买。

第四节
互联网金融产品营销

一、互联网平台产品运营、用户运营模式

互联网公司基于平台优势，能够更高效地满足人们的交易、信息及社交需求，代表性企业依次为阿里巴巴、百度与腾讯这三大巨头公司，同时围绕这三类需求也分布着许多细分市场的平台，如交易中的垂直电商、B2B电商，信息中的垂直行业信息提供方、资讯聚合平台，社交中的陌生人社交及职场社交等。目前各大互联网公司都在布局的一个领域即为连接人与服务，这里的服务包括各类日常生活需求，互联网公司要么以平台的身份整合，要么以重度垂直切入，携资本之力，快速获取用户。

不同类型的平台，在产品运营及客户运营中所确立的目标或采取的模式都不一样，这里为了便于叙述，仅从一般性的角度总结经验，指出可供改进的空间。

首先从产品端着眼，产品可分为实物产品与软件产品。互联网公司推出的实物产品不同于传统工商业提供的实物产品，对于互联网公司来说，其获客的边际成本更低，更易于形成规模效应。互联网公司可以基于网络与消费者进行充分互动，得以初步体察用户需求，结合技术优势，以极快的速度跟进推出第一代产品，并在后续与用户持续性的反馈沟通中发现不足，并不断迭代产品系列，推出第二代、第三代产品，持续保持用户黏性。带有互联网属性的产品具有如下几个显著的特点：带有极强的个性化气质，以“爆品”的形象迅速抢占消费者生活视野，短时间内产品上量；产品往往以销定产，平台仅作为生产组织方将生产在供应链的各个环节进行分配，节约了库存成本及生产损耗，同时基于互联网平台的销售节约了运营成本，综合下来为产品定价的竞争力提供了可靠的保障；互联网公司往往以建立以自己的产品体

系为核心的生态圈为战略导向，实物产品用成本定价或略低于成本定价，力求快速抢占终端覆盖率，并以优质内容、游戏等增值服务向用户收费。

这类互联网企业典型的包括小米、乐视以及联想等。这里以乐视为例，在乐视创办之初，并不像其他互联网公司那样烧钱做流量，其定位更像是一个版权经营者。在其中，乐视扮演着收集版权，将内容电子化，放到视频网站，赚取广告费这样一个角色。在这一时期，乐视囤积了大量的内容版权。

乐视“内容+终端+平台+应用”的垂直整合将其产业链全部打通，同时在其垂直生态基础之上，进一步开放生态平台，通过乐视网所打造的核心竞争力，切入其他垂直领域，并在行业领域内深耕，围绕用户需求、兴趣，推荐跨产业链的内容、产品以及服务。

在软件产品方面，互联网公司需要提供满足用户特定需求的、高可靠性的、可不断迭代的产品，以提高用户的使用体验，对于互联网公司而言，软件类产品作为基础设施的角色，是为其他服务的提供搭建与用户沟通的平台，缺少这一环节，后续增值服务将无法实现。

其次从用户端着眼，互联网平台需要将产品精准、高效地推送到用户，运营手法多样，例如线下地推、提高线上曝光率以及运营粉丝等。移动互联网带来了人们时间的碎片化、沟通的实时化以及服务的本地化，互联网公司的用户运营模式也需要随之优化。如今，对比线上流量推广的高成本，大多数互联网公司开发的APP产品都采用了线下大面积推广的方式，以扫码送礼品或返现等方式获取自己产品在用户手机中的一席之地，这种方式往往在短期内可以将注册用户量急剧提升，但后续活跃度等开发需要持续的内容运营与互动。基于本地生活服务的互联网产品由于提供了人们消费所需的入口，用户经营需要在商家覆盖的多样性、优惠力度以及物流等其他服务的顺畅性上更胜一筹，以争取用户的留存，这种运营方式往往伴随着持续、大量的资金和人力投入，如果在短时间内建立不起用户使用习惯或平台同质性过强转换成本极低，则互联网公司将面临极高的财务与经营风险。

就用户决策成本而言，不同产品的运营重点也有所不同，饮食、洗衣等日常生活服务的提供方，需要关注的是产品如何能够更高效地满足用户的及时性需求；教育、医疗等决策成本高的服务提供方，需要关注的是产品背后所提供服务的质量与品牌，这类高价低频的产品往往需要依靠口碑取胜，不可图一时之利。

二、互联网金融平台产品推广模式

互联网金融的本质属性是金融，但又带有互联网的味道，因此产品的推广方式与上文所述的思维既有一致之处，也有差别极大的方面。

互联网金融产品的销售需要遵循以下几个原则：投资人适当性管理，即平台需要将相应风险收益等级的金融资产匹配该等级风险偏好的投资人，同时在期限、金额等方面做出安排；销售金融资产应充分披露产品信息，供投资人决策；产品应守住不搞资金池、不进行非法集资的底线；对于P2P平台而言，还不可以由平台对产品收益进行担保。基于以上的金融特质，在平台的产品推广上需要慎之又慎。

目前互联网金融平台推广其APP产品采取公共场合广告、举办沙龙以及地推扫码等方式，营销策略较灵活，如首次下载APP赠予一定金额、首次注册APP提供高收益率产品优先购买权、推荐好友注册APP获得现金奖励等。这些灵活、吸引人的营销策略无可厚非，是引导投资人购买平台金融资产的第一步。

对于大的互联网平台而言，由于前期积累的流量优势，推广自身体系的互联网金融产品并不是难事，也具备相比创业公司更快的覆盖率，这些大的平台往往采取生态战略，打造全产业链的金融服务，吸引用户留存在自身生态内，用户迁移至其他平台的认知成本与转换成本相对较高。

吸引投资人购买平台上标的的决定性因素包括平台实力、金融资产的优劣，如收益率水平以及信用增信措施、流动性变现水平等，这些因素取决于平台开展业务的能力，只有建立在这些能力基础上的营销推广才可持续，才能够为平台带来投资用户数量的增长、投资金额的提升。

最后，现有的互联网金融平台也有两个明显的发展趋势，即由单一品类扩充至全品类以及向社交化演进。由单一品类扩充至全品类的公司先期往往有“杀手级”的应用，在积累一定的用户数以及用户行为、信用数据后向其他金融服务延伸，以获取更大的经济利益。向社交化演进即这些公司希望将理财用户聚集在社区内，进行持续的话题讨论与理财教育，增强用户对平台的黏性。这两种趋势都是互联网平台在升级发展、构建生态，以资金端加强资产端与以资产端加强资金端并重，推升平台交易活跃度。

三、互联网金融产品推广误区

目前业内对互联网金融产品的推广存在不少违背行业基本常识，甚至触碰法律红线的做法，这里仅就突出的做法进行指明并纠正。

新《广告法》第九条规定，广告不得有下列情形：使用“国家级”、“最高级”、“最佳”等用语。但是现实中，大多数互联网金融平台仍有类似的宣传标语，属于违反法律规定的行为。

同时部分互联网金融平台在推广平台产品时仍使用如“最高收益率达……”这样的宣传语，而根据金融产品销售的规定，需要在前面补充“预期”二字，以避免误导投资人。

对于P2P平台而言，对平台上的标的进行担保或承诺兜底也屡见不鲜，按照监管要求，应取消类似承诺，回归信息中介平台本质。

最后，目前监管规范还未对互联网金融资产的信息披露要求做出规定，互联网金融平台不仅需要披露具体产品信息，还要实时公布平台运营信息，这就要求互联网金融平台在后续经营中关注监管动向，及早进行准备。

四、小结

互联网金融平台在资产证券化业务中的角色主要是提供销售平台以及创造线上资产，凭借互联网优势，它可以低成本、精准触达具有不同风险偏好的投资者，给他们提供不同风险收益比的可投资资产。随着经济活动向线上迁徙，个人消费者在线上留存大量行为、信用数据，企业采购、销售等交易数据也沉淀在线上，这些数据基础的搭建支撑了金融机构、互联网金融公司通过线上为这些群体提供借贷服务，进而产生相应资产。小额信贷资产规模大、高度分散、每笔金额小、期限短、不良贷款率低，整体质量好，风险分散。以这些资产作为证券化的基础资产，对其进行现金流切割与风险结构化安排，形成的产品可以提供给不同风险偏好的投资人，在各种类型投资人中分配利率风险承担、信用风险承担以及流动性风险承担，相应确定价格与期限。

第六章

互联网金融资产证券化的信用评级

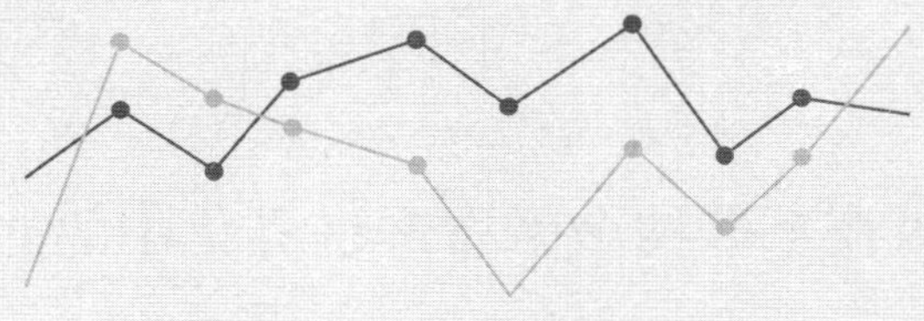

近几年，互联网金融在我国迅速发展，从发展模式上看，互联网金融主要包括了P2P网贷、电商小贷、第三方支付、虚拟货币、众筹、互联网银行、金融服务等。在互联网金融快速发展的同时，互联网金融的经营主体和经营者风险事件频发，互联网金融的产品模式和结构、业务规模的成长已经对我国的金融体系安全带来冲击。因此，互联网金融的风险监管和信用评级愈发重要。

第一节
信用评级在互联网金融资产证券化中的必要性

一、信用评级在互联网金融中的必要性

在互联网金融中，互联网只是一个操作平台和交易平台，互联网金融的特征是借款人和存款人之间直接交易，在这一交易过程中缺乏中介机构对风险的识别、测量、防范和控制，所以互联网金融本身不具有风险管控能力。信用评级机构作为独立的第三方，可以通过其专业人员、知识和经验等帮助互联网金融进行风险管控。

从近年来持续爆发的P2P平台经营者跑路事件中可以看出，由于初期没有设置明确的准入标准，行业参与者水平参差不齐，很多经营主体经营基础

薄弱，缺乏足够的人员、设备和技术投入进行日常维护，随着经营环境的恶化，互联网金融的主体随时有可能出现亏损、倒闭乃至跑路的情况，因此，互联网金融主体存在着持续经营风险。信用评级机构可以利用其已经积累的专业知识和丰富经验，通过市场公开信息和内部信息对相应主体进行信用评级，独立、客观、公正地对经营主体的持续经营能力进行分析和判断，从而帮助投资者甄别。

此外，互联网金融还存在着信息不对称问题，仅凭其自身能力难以独立解决。这是因为互联网无法涵盖所有信息，也无法确认信息的真实性。单纯依靠互联网的信息和技术无法确认借款人及其项目所陈列信息的真实性和准确性，无法合理评估项目贷款的违约风险，也无法实现贷款利率和贷款风险的合理匹配。信用评级是解决金融市场信息不对称问题的重要途径之一，首先，信用评级机构可以通过对借款人提供的材料进行审核调查，确认借款人信息的真实性，其次，信用评级机构可以对借款人及其项目进行现场调查，为投资者提供准确的信息。同时，鉴于互联网金融的特殊性，信用评级机构今后可通过自己建立或者倚重于其他机构的大数据库对借款人信息进行核对，并通过样本抽查等形式进行现场核对，以此来提高工作效率，并与互联网的快捷、安全和高效相适应。互联网金融中导入信用评级既可为金融产品的市场定价提供重要的参考依据，又可为投资者和监管部门根据评级公司的报告做出投资和监管策略提供可靠的决策依据。因此，为了降低互联网金融的信用风险指数，建立科学有效的信用评级制度是非常必要的。通过信用评级制度，客户可以全面了解互联网金融企业的经营状况和服务水平，从而对它的服务质量做出合理的分析和恰当的判断，以促使它不断改善经营管理，提高自己的资信级别。

目前，对互联网金融的监管和相关法律法规还处于逐步完善阶段，互联网金融中存在非法集资、欺诈及洗钱等现象，因此互联网金融还存在道德法律风险。在此背景下，信用评级的专业人员能够对相关事项进行判断，以第三方的角度来评价信用产品，第三方信用评级作为监管手段的一种可以有效规避互联网金融的道德法律风险。

综上所述，在互联网金融的发展过程中，通过导入第三方评级机构的信用评级，可以加强对互联网金融主体、互联网金融产品的风险识别，充分发挥信用评级的信息不对称缓释、信用风险揭示、提高市场交易效率实现资源优化配置的功能，促进我国互联网金融的健康、安全发展。

二、信用评级在互联网金融资产证券化中的重要性

无论是对资产证券化产品的发行人、投资人，还是对资产证券化产品的监管机构，信用评级都发挥着举足轻重的作用。

（一）帮助发行人识别资产证券化的信用风险

资产证券化是一种复杂的金融交易，其典型做法是：将基础资产组合所产生的现金流按证券优先顺序的不同分配给不同信用等级的证券，这些不同信用等级的证券就是资产证券化的各档证券（tranches）。通常，资产证券化产品的发行系列分为优先档（senior tranche）和次级档（equity tranche），按照优先劣后的顺序受偿，当有损失发生时，次级档首先吸收损失，然后依次按照劣后优先的顺序承担损失。这种优先劣后的差异可以满足不同投资者对“风险－损失”组合的不同要求。这种证券设计也被称为信用增级设计，其目的是为了吸引更多的投资者，改善发行条件，提高资产证券化产品的信用等级，使投资者的利益得到有效保护。

对资产支持证券产品的发行人来说，通过合理的证券化交易结构设计，获得良好的信用等级意味着其可以降低融资成本，这也是资产证券化能够迅速发展的重要原因。因此，将资产证券化产品设计成与基础资产的现金流相匹配的各档证券，是资产证券化成功与否的关键。而基础资产的现金流又面临着复杂的信用风险，要确切地判断资产证券化产品的风险价值关系，需要精深的专业知识和丰富的实务经验。资产支持证券产品的发行人往往难以确切地判断基础资产的信用风险，这就需要专业机构的帮助。

信用评级机构根据规范的指标体系和科学的评级方法对基础资产的违约

可能性及损失程度进行评估，帮助发行人识别潜在的信用风险。在信用评级的帮助下，发行人可以清晰地识别基础资产的信用风险、准确地判断资产证券化产品的风险价值关系，从而设计出与基础资产的现金流相匹配的证券化交易结构。因此，信用评级能够帮助发行人识别资产证券化的信用风险，确保资产证券化交易结构的合理性。

（二）向投资人揭示资产证券化的信用风险

投资人投资于资产证券化产品，既可以获得收益，也需要承担风险，其中信用风险是资产证券化产品的主要风险。由于资产证券化交易结构的复杂性，要想确切地判断资产证券化交易的信用风险，往往需要各种精深的专业知识，而大多数投资者都难以具备，这时，投资者就需要借助专业机构的分析。

信用评级机构根据规范的指标体系和科学的评级方法对资产证券化交易的信用风险进行评估，可充分揭示资产证券化产品的信用风险状况。投资者无须花费过多的时间和精力去研究资产证券化交易的结构及其产品，可以直接参考评级机构对资产证券化交易的评级分析报告及评级结果，并根据自己的风险偏好做出投资决策。

目前，中国的资产证券化业务尚处于起步阶段，广大投资者对资产证券化产品及其风险特点还不熟悉，信用评级可以向投资者充分揭示资产证券化产品的风险，吸引更多投资者对资产证券化产品的关注，从而促进中国资产证券化市场的健康发展。

（三）将互联网平台和产品的信用风险符号化

在互联网金融中，互联网只是一个操作平台和交易平台，虽然互联网金融的特征是借款人和存款人之间的直接交易，但是在这一交易过程中往往存在着存款人对借款人信息及项目资料缺乏、无法判断其准确性和真实性的问题，这就需要有中介机构对风险进行识别、测量、防范和控制。信用评级机构在互联网金融的交易过程中可以运用自己的专业知识及掌握的信息数据对平台风险、借款人信用风险、债项信用风险进行综合分析，并通过简单的信用评级将风险水平揭示给存款人和市场，这是信用评级机构在互联网金融中重要性和特殊性的重要体现。

（四）协助监管机构监督资产证券化的信用风险

由于资产证券化交易结构的复杂性，其信用风险十分隐蔽。不仅投资者、发行人难以窥其全貌，政府监管机构也不能完全了解。西方发达国家的金融监管机构就没有认清次级房贷证券化产品中的信用风险，最终酿成了席卷全球的金融危机。信用评级机构根据规范的指标体系和科学的评级方法对资产证券化交易的信用风险进行评估，能够充分地揭示资产证券化产品的信用风险状况，这就有利于监管机构实时监控资产证券化的信用风险，及时化解系统性信用风险。

目前，在我国互联网金融资产证券化领域，评级机构关注的重点是P2P网贷、电商小贷等债权类互联网金融资产证券化。债权类资产证券化一般具有涉及的基础资产众多，借款人行业、年龄、地区等信息多样，交易结构复杂，创新产品较多等特点，这就需要评级机构以其专业的知识来对产品的信用风险进行识别和评估，协助监管机构对互联网金融的发展进行管控，以促进其健康、安全发展。

第二节
债权类互联网金融资产证券化信用评级的关注要点

一、互联网金融平台信用风险分析

从近年来持续爆发的P2P平台经营者跑路事件中可以看出，在互联网金融中，对平台的信用风险分析非常重要。黄国平等（2015）指出，互联网金融平台的风险类型主要包括信用风险、市场风险、操作风险、流动性风险和法律合规风险，详见表6.1。

表6.1　互联网金融平台的风险类型

风险类型	风险来源	风险成因
信用风险	借款人	借款人破产、骗贷等
市场风险	宏观政策和市场环境	利率变动等
操作风险	平台	平台操作失误、外部网络攻击、程序漏洞等
流动性风险	平台	资金期限错配、产品可转让性差、准备金不足等
法律合规风险	监管政策	非法集资、涉嫌高利贷、非法泄露参与方信息、洗钱等

对于借款人带来的信用风险分析、宏观政策和市场环境带来的市场风险，以及监管政策带来的法律合规风险将在债权类基础资产信用质量分析部分介绍。

（一）操作风险

虽然近几年互联网金融在国内飞速发展，但是互联网金融平台存在着人才缺失、硬件设施缺乏、平台网络安全防范系统有漏洞等问题。评级机构需要对平台操作人员的工作经验和专业水准、平台公司的人才培养和管理制度、操作流程和操作权限等方面进行调查分析，评估平台发生操作失误的可能性。同时，评级机构还要对平台硬件设施的投入和管理维护、网络安全系统的完备性和安全性等因素进行分析，以此来分析和评估平台的操作风险。

（二）流动性风险

流动性风险是由平台的资金期限错配、产品的可转让性差、准备金不足等因素形成的。针对流动性风险，评级机构需要从平台的股东背景及稳定性、资产负债状况、资本充足率、法人治理及管理水平、业务开展情况及产品结构、流动性预警机制等方面进行综合分析。

二、债权类基础资产信用质量分析

目前，评级机构更为关注的是互联网金融模式下的以债权类资产为支撑的债券（如个人消费债权类债券）及网络融资平台的信用水平。

个人消费贷款证券化通常是指银行或者消费金融公司作为发起机构，将其持有的消费贷款按照一定标准出售给 SPV，SPV 将消费贷款汇集成一个资产池，并以此为抵押，经过信用增级和评级后在金融市场上发行的具有固定收益工具特征的资产支持证券。个人消费贷款是广义个人消费性贷款中的一种，个人消费性贷款除了个人消费贷款，还包括个人住房抵押贷款、汽车抵押贷款、信用卡应收款、学生贷款等，区别于个人经营性贷款。

个人消费贷款这一产品从市场需求角度看是对个人抵质押类贷款、信用卡信贷以及学生贷款的有效补充，相对于房贷、车贷、信用卡及学生贷款等标准化贷款产品，个人消费贷款更加灵活，可以按照消费者的需求授予一次性消费额度或者一定期限内的循环额度（类似于信用卡）。一般而言，国外个人消费贷款的授信额度大于信用卡，其贷款用途可用于医疗、教育、度假、个人债务周转、支付账单、家居装潢以及高价值消费品的购买等。

国外的个人消费贷款具有以下主要特征：第一，贷款用途多样，国外个人消费贷款除了可以用于消费还可以用于个人债务周转，支付个人账单。第二，贷款授信方式丰富，根据贷款账户的性质不同，个人消费贷款可以分为全摊还贷款、循环贷款和部分摊还贷款。在全摊还模式下，借款期限固定，利率固定，借款人按月摊还贷款；循环贷款和信用卡信贷类似，借款人可以在授信额度内按需借款，还款期限灵活；部分摊还模式下贷出机构可以在最初审批的授信额度内根据借款人的账龄以及需求状况决定是否在同一借款人账户下发新的贷款，还款期限内每一笔贷款分期摊还。第三，提前还款率不确定性较大，个人消费贷款的提前还款取决于市场利率的变化和约定的贷款条款，在利率下行而且市场竞争比较激烈的情况下，如果个人消费贷款利率高于市场利率，可能促发提前还款，反之则提前还款率降低；如果贷款合同中规定了限制提前还款的条款，例如设置了早偿罚息约定，那么借款人的提前还款行为也可以得到有效的约束。第四，大部分为不附加抵质押或者担保条款的固定利率信用贷款，这一特点使得贷款的还款保障完全依赖于借款人的信用状况，面对的信用风险和利率风险较大。第五，基础资产组合分散度较高、同质性很强，国外的个人消费贷 ABS 的基础资产是典型的颗粒状资产池，入池资产笔数较多，一般存在上万笔甚至十几万笔入池贷款，资产分散性较好；由于个人消费贷款的贷款用途明确，各贷款的金额以及还款期限比较相似，入池贷款的同质性很强。

值得关注的是，当借款人同时负担房贷、车贷及个人消费贷时，借款人对个人消费贷的还款意愿弱于房贷、车贷等抵押贷款。相对于抵质押类贷款，个人消费贷款的违约代价较低，因此当借款人资金拮据时，通常会首先偿还房贷、车贷等抵质押类贷款，以防止抵押物损失，个人消费贷款偿付的顺序相对靠后，在经济下行的时候个人消费贷款等信用贷款的违约率可能上升相对较快。

作为资产证券化基础资产的必要条件是基础资产可以产生稳定的现金流。以该必要条件为核心，可以进行证券化的“合格”资产应具备以下几点特征：

（1）债务人分散化程度高。

债务人分散化度主要包括地区分散度、行业分散度。地区分散度高可以有效避免单一地区经济波动带来的不利影响。行业分散度高可以有效避免单一行业出现衰退的不利影响。

（2）债务人信用水平较高。

考虑到债权类资产的特点，债务人的还款能力与还款意愿是债务能否按期偿付的重要因素，因此，债务人信用水平的高低直接决定了作为基础资产的债权资产违约率的高低。

（3）资产组合规模较大。

当资产规模达到一定数量后，可产生规模效应，从而起到稀释证券化成本的作用。同时，当有一个资产的债务人违约时，由于规模足够大，不至于影响整个证券的偿付能力，从而保障了投资人的利益。

（4）资产组合产生的现金流稳定性较高。

虽然可以通过分层设计、准备金账户、流动性支持、差额支付承诺、外部担保等内外部增信措施对证券化产品进行增信，从而在资产池质量恶化时起到保护投资者的作用，但是资产组合产生的现金流稳定性高低是影响证券化产品定价和投资安全的重要影响因素。

目前，在我国较为常用的债权类资产主要包括：应收账款、融资租赁应收款、信贷资产、小额贷款等，但从以上特点来看，个人消费贷款债权资产也较为适合作为资产证券化的基础资产。

对债权类基础资产的信用质量分析分两个层次。首先是要分析判断资产池中单笔债权资产或单个债务人的信用风险，分析思路或分析方法是参照传统的企业债券评级，对单笔债权资产或单个债务人进行影子评级，确定其相应的违约概率及违约损失率。在对每笔债权资产进行逐一信用分析的基础上，结合每笔债权资产的影子评级和其他信息，可以统计资产池的各项组合特征，以便对资产池组合的信用质量进行综合分析，为投资者提供进一步的参考。以银行对公贷款资产证券化为例，对资产池组合的分析主要包括以下内容：

（1）资产池债务人的加权平均影子评级。

（2）资产池的加权平均期限，包括债务账龄与剩余期限。

（3）资产池的债务人集中度。

（4）资产池的债务人的影子评级分布。

（5）资产池的行业与地区集中度，包括分布与相关性。

（6）历史上的违约率与回收率等相关数据情况。

通过对每笔债权的风险暴露乘以该笔债权资产或该债务人影子评级对应的违约率可以简单得出资产池的加权平均影子评级，这在一定程度上代表了资产池组合的信用质量，投资者可以形成一个直观的印象，是一个重要的参考指标。但是加权平均影子评级只是资产池组合信用质量的一种直观反映，没有考虑资产池组合的相关性因素，如行业集中度、债务人集中度等。而根据相关性理论与实践，基础资产间的相关性对资产池组合的整体违约风险有重要影响，在加权平均影子评级相同的前提下，分散性好的资产池组合出现大规模违约风险的可能性明显要低。

债权类资产按债务人性质一般可以分为法人与自然人。上述关注与分析的主要是债务人以法人企业为主的债权类资产，通过对债务人进行影子评级可以确定相应的违约概率乃至违约损失率，具体产品类型如企业贷款资产证券化、租赁资产证券化、小贷资产证券化等。而对于债务人以自然人为主的债权类资产，评级机构一般采用信用评分的方式来揭示个体信用风险的大小，通过历史上的违约及回收数据来揭示资产池组合的信用风险，具体产品类型如个人汽车消费贷款证券化、个人住房按揭贷款证券化、个人信用卡消费贷款证券化等信贷类资产证券化项目。

三、交易结构风险分析

交易结构设计是资产证券化过程中的重要环节，评级机构一般从证券化交易结构的有效性、可靠性和完整性等方面进行综合分析与考查。通过破产隔离或风险远离、优先次级分层、信用触发机制、外部增级等交易结构设计，资产支持证券能够以基础资产信用质量为支撑获得明显的信用提升。

（一）破产隔离分析

在对基础资产的证券化过程中，能否真实做到“破产隔离”是一个重要步骤，同时，也是影响评级结果的重要因素之一。如果不能实现有效的“破产隔离”，那么资产池的风险依然是发起人承受，投资回报的预期并不是决定于“资产池”的质量，不利于投资人的利益保护。同时还极有可能造成发起人的财产与拟证券化的资产混同，也不利于投资人的利益保护。

基础资产的差异导致了“破产隔离”法律形式的不同，从而导致了操作成本、风险转移程度也有差别，如果程序过于琐碎、成本高昂势必影响资产证券化的进程，总体上说，“破产隔离”的方式主要有更新、让与、从属参与、信托这4种方式。

1. 更新

更新是指重新协定权利义务关系主体。对基础资产证券化的过程本质是债权转移的过程，是发起人与原始债务人签署合同消灭旧的债权债务关系，同时“新债权人”（SPV）与原始债务人达成合意，建立新的债权债务关系的过程。因此，更新就是拟证券化资产的债务人与SPV、发起人三者签署合同更改债权债务主体的过程，而这个过程中，新合同的权利义务内容是没有变化的。目前大部分国家对债权债务关系变更采取的是依“当事人意思自治”原则进行。英美法系一向推崇“当事人意思自治”，大陆法系国家强调在法律允许的范围内“当事人意思自治”。不过宗旨都是只要当事人不违反社会公德、公共利益，对于民事活动主体依自身意思而为的行为一般都予以保护。我国《合同法》第四条规定：“当事人依法享有自愿订立合同的权利，任何单位和个人不得干预。”第九十三条规定：“当事人协商一致，可以解除合同。”因此，从法律层面来讲，在我国进行资产证券化活动中采用“更新”方式转让资产具有可行性。

但是在实务操作中，“更新”却不常用，主要原因有以下三方面。首先，发起人、SPV要逐个与债务人协商，重新建立合同关系。对于信贷类资产或是租赁类资产，基础资产数量庞大，如果实施这一过程将会消耗大量的人力物力成本，不仅会直接推高发行人成本，同时还会严重影响证券化项目的推进。其次，发起人与债务人权利义务终止，债务人与SPV重新建立合同关系，那么存在于原始债务关系中的担保除非取得担保人的同意，否则该债权债务转让对担保人不具有对抗效力，那么可能面临需要寻求新的担保。最后，从发起人的角度，基于业务往来和拓展的考虑，其往往也不愿意以更新的方式割断与债务人的业务联系。

2. 让与

让与和更新的区别在于，更新是设立新合同代替旧合同，而让与实质是债权的转让。让与包含以下三个要点：第一，审查基础资产合同，以确保没有限制转让的条款。理由在于，限制条款会影响让与人与受让人之间让与合同的有效性及受让人对抗第三人的效力。第二，判断资产性质是否属于法律允许让与的客体。法律是否允许让与将直接影响行为的法律效力。第三，考察让与的形式要件。各国法律对让与均有形式上规定，如应遵循的法律手续、通知要求等，形式要件瑕疵也会影响让与的法律效力。按宽严程度可将各国立法分为三类：自由主义立法，即让与无须债务人同意，如美国、英国、西班牙等；一般通知主义立法，即必须通知债务人才可有效对抗债务人及第三人，如日本、瑞典等；严格通知主义立法，即须遵循严格的法律程序，主要有法国和意大利。

3. 从属参与

从属参与顾名思义不是主要的参与人，而是附着在主要法律关系基础上的，服务于主要法律关系人的一种参与方式。在资产证券化中提到的从属参与，其主要作用简单来说就是保证发起人的债权得以及时实现，具体实现方式有两种：一种是在债务人没有及时偿还发起人时，由从属参与人代替债务人对发起人还款；另一种是从属参与人先对发起人进行偿付，而不论是否债务已到期或债务人是否拖欠还款，待债务人还款后，发起人再将取得的欠款收入转移给从属参与人。

从属参与中所签协议，是由发起人与从属参与人双方协商的结果，其效力由于没有其他如债务人等第三人的参与而只及于合同双方自身，不能对抗债务人，从属参与人也没有资格以自己的名义起诉债务人要求其还款。因此实践中，为了降低从属参与人的风险，常常授予从属参与人对债权资产的抵押权，或者将债权资产设定信托，以从属参与人为受益人。这在一定程度上避免了发起人破产情况下，从属参与人与一般无担保权的债权人无异的保护缺失状态。

从属参与从本质上来说，只是经济上的降低资产风险的方式，并不是法律层面的“风险隔离”。在实践中，除了让与方式因可能存在的繁重的印花税而采用从属参与之外，一般证券化很少运用。

4. 信托

信托是指委托人基于对受托人的信任，将资产转移给受托人，由受托人按照委托人的意愿以自己的名义，为受益人的利益而进行管理和处分。信托制度源于英美法系，起初运用于遗产继承方面，后来逐渐运用于商业方面。如果以信托形式转让拟证券化资产，那么发起人是信托的委托人，SPV 是受托人，证券持有人是受益人。

信托制度最大的特点在于信托财产是独立的，信托财产获得的稳定现金流不受委托人和受托人的财产、风险影响，同时可以充分考虑受益人的利益，这一点非常契合资产证券化的理念，二者的融合也为资产的证券化提供了便利。信托专门将拟证券化资产池作为服务对象，同时资产池借助信托这一载体更容易实现“破产隔离”。这是资产证券化和信托制度二者与生俱来的本质上的一致追求。

5. SPV 的组织形式

SPV 在资产证券化中的作用是购入发起人的资产，通过相关安排对这些资产管理、运作，并以这些资产未来产生的预期收益为担保发行资产支持证券的载体。从资产证券化运作的流程可见，SPV 居于一个核心的位置。总结实践中存在的 SPV 的组织形式，主要有以下三种：

（1）公司形式。

因为一般的融资人对公司管理要件、破产清算程序等比较了解，所以公司形式有利于融资人对 SPV 有足够认知，以合理估算风险。SPV 虽然在证券化中居于核心地位，但是 SPV 常常是一个“空壳公司”，其最大的作用在于保障资产独立，因此在股东人数、办公地点这些方面不能达到公司法的要求。而且存在于 SPV 账面的资产其本质是未来的应收债权，换言之其并不是现时的实收资本，达不到公司的最低资本限额。除此之外，公司是纳税主体，但是 SPV 的资产是发起人转让过来的，并没有资本的运作增值，如果还需要纳税，那么无疑加重了证券化操作的负担。因此公司形式的 SPV 虽然理论上可行，但是实务中运用的较少。

（2）信托形式。

信托形式的SPV是实务中最为常用的资产风险隔离组织结构。如前文所述，信托的特点“先天”地与资产证券化的要求不谋而合。信托财产的独立性特征导致相对其他组织形式而言，信托形式更符合资产证券化中对资产和风险隔离的要求。将证券投资人设定为受益人，信托财产的收益将按照证券化的预设流向投资人。此外，信托形式中的SPV是一个能对外以自己的名义从事活动的独立主体。在设立要求和经营规则方面，比起公司制其更为简便。

（3）合伙形式。

合伙有两种形式：有限合伙和无限合伙。有限合伙组织由有限合伙人和普通合伙人两种合伙人组成，是合伙形式的特例。这种合伙形式中，不同合伙人对外承担的责任范围不同。普通合伙人对外承担无限责任，有限合伙人以其出资额为限承担有限责任。也正因承担的责任有限，有限合伙人一般不参与合伙组织的经营管理。无限合伙是合伙的常见形式，其全部合伙人均要对外承担无限连带责任。

在资产证券化运作中的SPV往往采用的都是有限合伙的组织形式，其中发起人作为有限合伙人，有限合伙型SPV从发起人处购买资产用于证券化，以此为发起人融资。但是这种形式有一个很大的弱点就是发起人是有限合伙的成员，其用于融资的资产转让给它本身参与的组织，这难免有未进行“真实销售”之嫌。因此合伙形式的SPV运用的越来越少。

6. 循环交易结构

部分个人消费贷款ABS具备循环交易结构，存续期限一般长于静态结构的个人消费贷ABS。尽管一般会设置严格的终止循环期的信用触发机制以及资产池契约，但有循环期的交易结构对信用增级措施要求更高。在个人消费贷ABS的循环期内，本金回收款用于购买新的个人消费贷款，补充和替换原有资产池中的资产，从而使得信托中应收账款的总额保持在一个稳定水平上，避免基础资产与资产支持证券发生期限错配。循环结构证券的持有人会面临多项附加风险，由于基础资产在循环期内会进行补充和替换，因此发起机构贷款审核标准的变化将影响资产池质量；较长的存续期限也会使证券面临经济周期中的多个阶段，使基础资产质量的变化范围增大。典型的个人消费贷ABS循环期一般期限不会过长，如果循环期内基础资产质量出现明显恶化，可以通过设置转换分期摊还信用触发机制进行风险缓释。

7. 利率互换

个人消费贷款一般是固定利率贷款，借款人采用分期摊还的方式进行还款，而个人消费贷ABS一般以浮动利率发行，为了减小证券面临的利率风险，个人消费贷ABS和交易对手方签订利率互换合约。根据不同档证券或者不同系列证券在资产池（剔除违约资产，但包括逾期资产）中的占比，发起人会与交易对手方签订不同固定利率的利率互换合约，每一档或者每一系列证券需要单独签订利率互换合约，所交易的固定利率会在循环期资产池更新日进行重置，重置利率由市场资金面状况以及资产池的摊还状况决定。

8. 小结

债权类资产能够通过SPV的方式实现破产隔离。国内债券市场的信贷资产证券化由于引入了特殊目的信托作为SPV，实现了破产风险隔离，因此通过优先/次级分层等结构化设计其内部增级的空间较大，本息偿付次序最靠前的优先级证券通过内部增级一般都能达到AAA的信用评级。

（二）优先/次级分层结构

优先/次级分层结构是指通过调整资产支持证券的内部结构，将其划分为优先级证券和次级证券或更多的级别。在还本付息、损失分配等方面，优先级证券享有优先权。这种偿付结构安排使得次级证券投资者要比优先级证券投资者承担更大的风险，因为投资者收到的现金流是按照优先顺序进行分配的，一般在偿付优先级证券投资者本息之前，次级证券投资者不能获得本息。

优先/次级分层结构作为一种内部增级手段，因其增级成本很低，在资产证券化实践中被广泛使用，评级机构结合前面的风险量化分析确定的必要信用增级量，重点关注交易的分层结构设置，即各劣后受偿的证券在资产总额中的占比、各层级证券本息偿付顺序，以及触发机制设计对优先/次级偿付次序的变化及影响等，以充分考量优级/次级分层结构对资产支持证券所起的增级作用。

（三）信用触发机制

信用触发机制是指当出现不利于资产支持证券偿付的情形（即触发条件）时，通过改变现金流支付顺序、补充现金流、提高现金流流转效率、加强基础资产的独立性，来保证资产支持证券的本息得到偿付，减少投资者可能的损失。

信用触发机制设计一般要根据特定的证券化交易风险性质来定，从大的分类角度主要可分为三类，一类是根据原始权益人自身经营状况设计的触发机制，另一类是根据基础资产的运营数据设计的触发机制，还有一类是根据优先级证券是否偿付设计的触发机制。具体如与原始权益人有关的权利完善事件、个别通知事件、账户划款周期等，与基础资产运营数据有关的违约率触发设计等，与优先级证券的及时过手偿付有关的触发机制等。

为了有效实现破产隔离或风险远离，提高资产证券化的效用，在国内现行的法律框架下，证券化实务操作往往是通过设置各种与原始权益人自身信用状况有关的触发机制来规避破产风险并提升证券化的效率。例如，根据国内现行法律规定，基础资产的所有权需要转让给受托管理人，相关债权债务的转让需要通知债务人。而目前国内资产证券化尚处试点期间，上述事宜对于推动资产证券化的发展有一定阻碍。因此已发行的资产证券化产品都将上述风险与原始权益人的主体长期信用等级挂钩，通过权利完善事件、个别通知事件等触发机制来间接实现破产隔离。也即当原始权益人主体长期信用等级很高的情况下（一般为 AA），暂时不需要办理所有权转让或通知债务人等实现破产隔离的法律手续，而一旦原始权益人主体长期信用等级下降，就将通过上述触发机制来实现破产隔离。

（四）外部增级

在资产证券化交易采用了外部增级的情况下，评级机构将关注外部增级机构的资信状况，因为一旦其信用评级出现不利变化将影响其对证券化交易提供的增级作用，从而影响资产支持证券的最终评级。资产支持证券的评级对外部增级的依赖越大，则外部增级机构的信用评级变化对证券信用评级的影响也越大；基础资产与外部增级机构之间的关联度越大，则基础资产受外部增级机构信用评级变化的影响也越大。因此，评级机构会详尽分析外部增级机构的资信状况。除此之外，评级机构还会重点关注外部增级措施是否附条件以及该等条件的性质如何；是否可为外部增级机构单方面撤销或更改；若可有条件地撤销或更改则该等条件实现的可能性如何等。

目前，国内的资产证券化实务操作中，外部增级机构往往由主体长期信用等级很高的原始权益人或与原始权益人关联度很强的控股股东及实际控制人来提供不可撤销的连带责任的差额支付承诺。由于差额支付承诺的内容及形式等与担保非常类似，加上承诺人的资信水平很高，承诺的内容也没有超出其承诺能力，因此，资产支持证券的最终评级也体现了基础资产信用支撑与外部增级机构信用支持的双重影响。

四、现金流分析与压力测试

（一）债权类资产池组合风险量化分析

在基础资产信用质量分析的基础上，评级机构要对资产池的组合信用风险进行深入量化分析。对债权类资产而言，要依据资产池组合的债务人性质及债务人数量来确定量化风险的具体方法。

对于债务人及其债务可以通过影子评级来确定其违约概率及违约损失率的，如企业贷款资产证券化、租赁资产证券化、小贷资产证券化等，评级机构一般采用蒙特卡罗（Monte Carlo）模拟法来建模进行风险量化分析。蒙特卡罗技术通过模拟系统中每一部分的变化来模拟系统的行为，即通过模拟资产池中每笔资产的违约行为来模拟整个资产池的违约行为，从而模拟出资产池的违约及回收概率分布图，评级机构据此确定资产支持证券所需的信用增级水平。

对于债务人主要是自然人且债务人数量众多（一般300人以上）的，如个人汽车消费贷款证券化、个人住房抵押贷款证券化、个人信用卡消费贷款证券化等，评级机构一般采用统计精算方法进行风险量化分析。统计精算方法对违约率、回收率等历史数据的要求非常高，包括数据样本的期限、数量、精度等，违约率、回收率等相关数据最好能经历一个完整的经济周期。

资产池组合量化风险分析的目的是确定以基础资产为支撑，拟发行的资产支持证券为达到既定级别（即AAA、AA、A等）所需的必要信用增级量，也就是资产池所能承受的违约损失水平。资产池量化风险分析是资产支持证券能够获得比基础资产自身更高的评级结果的关键环节，因此，资产池量化风险分析是资产证券化评级中最重要的环节。

（二）现金流压力测试

1. 压力测试概述

IOSCO（1995）最早提出压力测试的定义：是当市场中存在着低概率情况假设（如房价急降或利率骤升）时，判断资产组合被这种假设影响的结果；1999年该机构又提出，压力测试是量化资产投资组合所遭受的小概率风险。巴塞尔银行全球金融系统管理委员会（BCGFS）在2000年也做出过具体的定义，认为其是用来测量金融机构遭遇概率极小的但有可能发生损失的模型。银监会在《商业银行压力测试指引》中提到，压力测试利用定量的风险分析方法建立模型，并在此基础上测量银行面对小概率极端事件时可能受到的影响，同时得出银行盈利能力和资产质量受到不利影响的概率，随后将此方法用来衡量和判断银行或其整个体系的脆弱性。

资产证券化产品现金流的压力测试也是基于上述原理：测试极端情况出现时，资产池所产生的现金流是否依旧可以足额支付投资者的本息。虽然不同资产证券化产品的基础资产不同，对极端情况的分析也存在一定的区别，但是在进行压力测试时基本思路存在一致性。这种一致性一方面体现在压力测试的对象，即待检测的风险类型，一方面体现在压力测试方法的选择与流程的设计。差异性则主要体现在对极端情况的识别与认定。

2. 压力测试风险类型

压力测试是一种风险度量工具，它主要被应用于评估金融系统或各种投资组合在面临小概率极端事件时可能产生的损失。表6.2描述了压力测试过程中常见的风险类型及其应用领域。

表6.2　压力测试过程中的风险类型及其应用领域

可能发生的冲击事件	风险类型	应用领域
利率波动以及引致的收益率曲线的移动	利率风险	银行信贷类产品
汇率变动（涨跌幅度超过20%）	汇率风险	存在外币投资的产品
股票市场波动	股票市场风险	股权质押回购类产品
原油、房价等大宗商品价格波动	价格风险	RMBS、CMBS类产品
违约率或不良率波动	信用风险	租赁、信贷等各类产品
流动性支持波动	流动性风险	尤其是挂牌交易的产品
资金闲置期进行投资	再投资风险	各类产品

以个人消费贷款证券化产品为例，对其进行压力测试时需要考虑的风险类型主要有以下几种：

（1）混同风险。

若服务机构发生信用危机，丧失清偿能力甚至破产，标的资产的回收款可能和资产服务机构的其他资金混同，从而导致信托计划收益不确定甚至造成损失。

（2）流动性风险。

若当期收入回收款不足以支付各级别单位预期收益及相关各项税费时，

可能引发流动性风险。

（3）抵消风险。

抵消风险是指标的资产的债务人行使可抵消债务权利，从而使应收款本息回收出现风险。

（4）提前偿还和拖欠风险。

如债务人提前、延迟支付租金或缩短、延长支付期限，将会直接影响资产池的现金流入。虽然标的资产的提前偿还有助于各级别产品本金的分配，但在一定程度上有可能影响利息收入的大小，同时标的资产对应之债务人的拖欠行为有可能引发流动性风险。

（5）再投资风险。

在产品存续期内，专项计划账户所收到的资金在闲置期内可用于再投资，这将使专项计划资产面临一定的再投资风险。

（6）利率风险。

由于我国目前多数银行对个人消费贷款执行浮动利率，贷款人承担的资金成本将会受到国家调息政策影响。如果在产品存续期内国家进行降息，将会直接造成资产池现金流入中利息收入的减少，从而影响投资人收益。

因此，在对个人消费贷款证券化产品的现金流进行压力测试时，需要充分考虑上述风险所引致的极端情况。在充分识别与分析各种极端情况之后，如何实现有效的压力测试是同样关键的一步。这就涉及对压力测试方法的选择和流程的设计。

3. 压力测试方法的选择

目前，对压力测试的技术分类并没有一个统一的标准，在梳理了相关文献的前提下，主要分为敏感性分析和情景分析。

（1）敏感性分析。

敏感性分析是对瞬间变化的参数进行直观考察，是指在特定的范围内驱使一组风险因子在发生极端不利情况下波动。例如，某个因子 20% 的下浮或 100 个基点的上扬等场景下，对证券化产品现金流的影响。敏感性测试与情景测试不同，它无须明确冲击来源，只关注参数变化，经常是即时的测试。根据敏感性分析的作用范围，可以将其分为局部敏感性分析和全局敏感性分析。局部敏感性分析只检验单个属性对模型的影响程度；而全局敏感性分析检验多个属性对模型结果产生的总影响，并分析属性之间的相互作用对模型输出的影响。局部敏感性分析因其在计算方面简单快捷，故具有很强的可操作性，现在大量实际应用中都是采用这种方法。

同样，敏感性分析方法存在缺陷：第一，假设条件难以成立。针对敏感性分析，当风险因子位于极端值时，最大损失不一定就会发生。第二，不适用于复杂形式的因子组合。风险因子之间相互独立在该分析的假定下成立，但其联合分布的某些特征未被考虑。第三，仅适用于线性近似表示。对于一些金融产品的非线性关系，敏感性分析无法得到精确的结果，因为其敏感性是在具有线性关系的金融资产价值和风险因子中计算所得。

（2）情景分析。

第一种，历史情景分析。指利用历史上发生的风险事件，来分析会对现在的金融投资产生何种不利的影响。例如金融机构常常以俄罗斯在1998年发生的信用违约事件作为对象，来针对金融机构的信用风险等问题进行压力测试。同时，一些重大的金融危机也可以用来做测试模板。

历史情景分析利用已发生极端事件及其实际风险指标冲击情形，对于结构化风险值的衡量是值得信任的，且历史资料也可以被当作风险因子之间联系性变化的依据，这样可以大大地提高模型的真实性。这种利用重大事件的深刻印象将历史事件和风险估值联系在一起的分析方法是比较简单直接的，管理者借鉴历史事件可以更具说服力地设定风险额度的极限。

第二种，假设情景分析。通过构造可能的极端风险事件，确定该风险下资产损失的估值。对于从未发生过的小概率极端不利事件则需要创造假设的情景，这种假设需要通过经验判断。假设情景分析法又可以细分为因素分析法、专家法、极值理论分析法、蒙特卡罗分析法。

在进行情景设计时有很多种设计方法，它们各自都有着优点和不足的地方（见表6.3），在执行压力测试前，必须对各种情景设计分析方法进行研究和筛选。

表 6.3　各种情景设计分析方法的优缺点

情景分析方法类型	缺点	优点
历史情景分析	1. 历史发生的极端事件数量有限 2. 很难选择出一个适用当前产品的情景 3. 历史一定会重现	充分考虑了各风险之间的相关性
因素推动法	1. 忽略相关性 2. 假设出的情景可能完全没有经济含义	操作简便，应用广泛
专家法	1. 产品可能会受到其他潜在风险的影响 2. 主观评价不适用复杂的金融产品	可以充分对政治、宏观经济等难以量化的风险进行考量
基于蒙特卡罗的方法	忽略了各风险之间可能存在的多种组合风险	可以充分分析金融产品的弱点，得出具有针对性的信息
基于极值理论的方法	现实中出现极值的可能性较小	可以充分估计极端事件带来的尾部效应，比较适合具有后尾效应的金融产品

4. 压力测试流程的设计

在对证券化产品的现金流进行压力测试时，首先需要明确进行压力测试的目标是什么，然后再设计流程。那么证券化产品现金流的压力测试主要关注哪些问题呢？根据多年的评级经验与国内外文献，笔者认为主要问题如图 6.1 所示。

在明确压力测试目标之后，流程设计有两种基本思路：一种是先考量资产池中各基础资产的违约概率和风险等级，然后再考虑资产池整体的组合违约概率与风险等级（以下称为第一种思路）。另一种是直接将资产池整体的违约概率和风险等级作为考量对象（以下称为第二种思路）。从理论上来看，第一种思路能够清晰地表示证券化产品的经济学含义，这种“穿透”基础

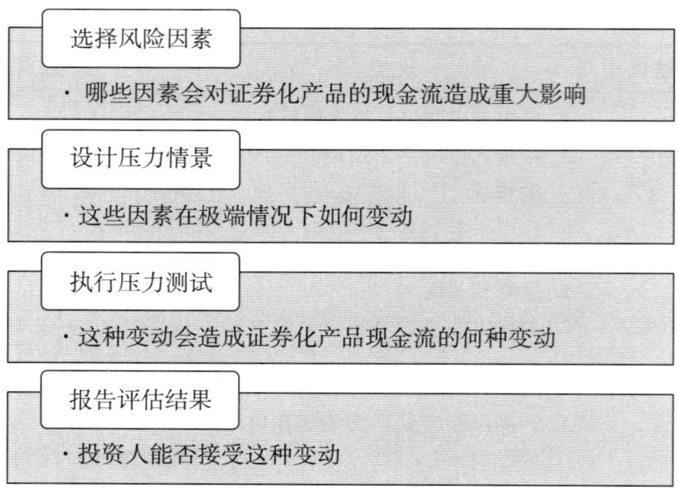

图 6.1　压力测试应关注的问题

资产的压力测试虽然可以更好地反应证券化产品的现金流承压能力，但是工作量繁杂，尤其是对于基础资产数量往往达到数百笔的信贷类证券化产品，这种思路就不太适合。因此，在现实操作中，更为广泛运用的是第二种思路。第二种思路对于数据的要求更为简单。例如，对于基础资产较多的租赁类证券化产品，只需要对资产池每月或每季度的现金流进行分析后，整体进行压力测试即可，无须对每一个融资租赁项目进行单独的现金流分析。

综上所示，对证券化产品现金流进行压力测试的流程如图 6.2 所示。

5. 评级机构的现金流压力测试

通过资产池组合量化风险分析确定了必要的信用增级水平后，评级机构还要根据基础资产的现金流入状况、相关税费等优先支出项目、资产支持证券（通常根据现金流偿付顺序分为优先/次级）的现金流出状况，构建特定的现金流模型，该现金流模型要能充分体现交易结构中设计的流动性支持、信用触发事件等因素对资产池现金流入、流出所起的各种影响。

由于资产池组合信用风险不同，所需的必要信用增级水平也不同，同时

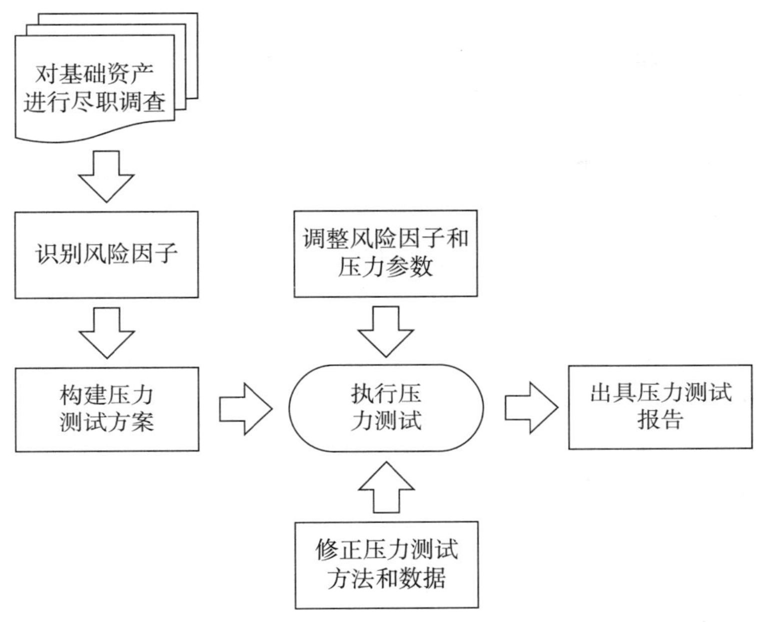

图 6.2 压力测试的流程

投资者对资产支持证券的投资期限、本息支付方式、风险偏好等也都存在较大差异，加之不同的交易结构设计存在较大差异，因此，通过构建特定的现金流模型进行现金流分析与压力测试，可以不断返回检验前述所需的必要增级水平是否得到满足。

评级机构一般会根据资产证券化交易的特征，通过预设一些外部模拟情景进行现金流分析与压力测试。以银行信贷资产证券化为例，具体的压力测试场景包括基准利率变化、早偿或延迟、提前触发机制、违约提前发生或违约率提高、回收处置延后或回收率降低等，以测试在不同压力情景下，基础资产现金流在各个支付时点对资产支持证券本息的偿付情况。如果压力测试结果不理想，就需要根据现金流分析模型反应的具体情况，通过调整资产支持证券的优先级发行规模或预定级别，或通过调整交易结构增加触发机制等方式，保障资产支持证券的本息在各个支付时点都能按约定的条件进行及时足额偿付。

五、主要参与机构分析

对主要参与机构的分析，主要是对其履约能力做出判断。一般而言，主要参与机构包括原始权益人/资产服务机构、资金保管机构、财务顾问、主承销商等中介机构，信贷类资产证券化产品还包括信托公司等受托机构。通过分析上述各参与机构的发展背景、财务状况、内控制度、治理结构和风险管理能力等方面，可以判定其履约能力。主要参与机构履约能力的高低，有可能会影响证券化产品的偿付，因此有必要对主要参与机构的履约能力进行分析和判断。

六、法律因素分析

证券化产品是由一系列交易文件构成，交易文件是否完备、合法，直接决定了证券化产品能否正常发行。因此，对交易文件完备性、合法性的检查是证券化产品设立的必要步骤，也是评级业务开展的基础性工作。这项工作一般由律师事务所完成。在律师事务所出具的法律意见书中，将会对证券化产品设立的合法性、证券化产品涉及当事人的主体资格的合法性、基础资产的基本情况及是否存在瑕疵、交易结构及所有交易文件的完备性出具明确意见。在此基础上，评级分析师将会透过律师出具的法律意见书开展评级业务。例如，如果基础资产存在瑕疵，会直接影响证券化产品的级别。如果交易文件不完备或是不合法，将会直接导致证券化产品不能正常成立。因此，在评级过程中，对证券化产品进行法律层面的分析是必要的一步。

第三节
债权类互联网金融资产证券化交易结构

互联网金融资产主要指以互联网手段发放的债权资产，与传统债权资产的区别在于通过互联网形成债权。从前中后端流程来看，前端对于债务人的审核通过互联网实现，一般分为两种形式：一是通过借款人提供的基本信息，包括收入、年龄、征信记录、资产、职业等；二是通过借款人在互联网平台的交易信息，包括其在途订单、信用记录、历史逾期/违约记录等。从中端审批来看，对于债务的审批放款公司一般通过定性+定量考量，目前通过互联网自动放款的仅限于小额贷款（千元左右的水平），大部分贷款还是要通过人工审核系统，由传统风控部、信审部门共同完成。对于贷后管理而言，一般与传统线下债权资产的管理相同，区别在于借助互联网工具可以更快地发现预警信息，特别是对于以网络交易订单为基础的信贷类资产，可以通过对借款人经营现金流的监控及时发现风险。

因此，互联网债权与传统金融债权的区别主要在通道，包括前端准入和支付流程，使得借款和放款更为便捷；同时，互联网公司可以更好地搜集、积累借款人的信用数据，并利用互联网工具进行数据监控和分析，可以更为高效地利用大数据带来的效率提升。

互联网债权资产在证券化过程中，基于上述互联网通道、互联数据风控等特点，交易结构的设计也有其独特之处。

一、交易结构要素

（一）破产隔离

在资产证券化的一般过程中，能否真实做到破产隔离是影响评级结果的重要因素之一，破产隔离是资产支持证券获得较高评级的重要考量基础。因基础资产存在差异，破产隔离的法律形式不同，从而导致操作成本、风险转移程度也有差别，如果程序过于琐碎、成本高昂势必影响资产证券化的进程，总体上说，国内实现基础资产破产隔离的通道主要是信托和专项计划。

互联网金融债权资产的本质为债权资产，其实现破产隔离的方式与传统债权资产类似，也可以通过信托和专项计划作为 SPV 实现风险隔离。但需要注意的是，要关注实质原始权益人的属性。由于互联网平台一般无金融牌照，需要借助其他独立的第三方通道形成债权，平台公司作为资产服务机构，主要负责债权人的审核、贷款的管理等，而第三方金融公司则作为债权人发放贷款。以蚂蚁金服和蚂蚁微贷为例，蚂蚁金服作为服务机构，蚂蚁微贷作为债权人，每笔资产都是通过蚂蚁微贷发放的信用借款。如此，在证券化过程中，需要注意区分原始权益人和资产服务机构的不同主体以及相应需要承担的义务。

与传统债权资产类似，互联网债权类资产也可以通过 SPV 实现破产隔离。国内债券市场的信贷资产证券化由于引入了特殊目的信托作为 SPV，实现了破产风险隔离，因此通过优先/次级分层等结构化设计其内部增级的空间较大，本息偿付次序最靠前的优先级证券通过内部增级一般都能达到 AAA 的信用评级。

（二）优先/次级分层结构

优先/次级分层结构是指通过调整资产支持证券的内部结构，将其划分为优先级证券和次级证券或更多的级别。在还本付息、损失分配等方面，优先级证券享有优先权。这种偿付结构安排使得次级证券投资者要比优先级证券投资者承担更大的风险，因为投资者收到的现金流是按照优先顺序进行分配的，一般在偿付优先级证券投资者本息之前，次级证券投资者不能获付本息。

优先/次级分层结构作为一种内部增级手段，因其增级成本很低，在资产证券化实践中被广泛使用。对于互联网金融债权资产，优先/次级的内部增级方式也具有相同的特点和效果。一般而言，评级机构需要通过量化分析确定必要的信用增级量，结合交易中相关的结构化安排，包括劣后受偿的证券在资产总额中的占比、各层级证券的本息偿付顺序，以及触发机制等，判断次级证券对于优先级证券的增级效果。

在实际操作过程中，出于对产品综合成本和资金方需求的考虑，资产支持证券有可能被设计出中间层，其信用水平略低于优先级证券，劣后于优先级证券获得偿付，一般其收益率也高于优先级证券。在这样的产品结构下，中间级和次级共同为优先级证券提供损失抵补，而次级则是为优先级和中间级提供损失抵补。

需要指出的是，互联网债权资产具有较为明显的小而分散的特点，通过优先/次级的分层结构一般可以获得较好的增信效果。同时，互联网平台的大数据仓库也能够为证券化资产提供多维度的数据以及历史数据，是互联网债权资产证券化的独特优势。

（三）信用触发机制

信用触发机制是指当出现不利于资产支持证券偿付的情形（即触发条件）时，通过改变现金流支付顺序、补充现金流、提高现金流流转效率、加强基础资产的独立性，来保证资产支持证券的本息得到偿付，减少投资者可能的损失。

信用触发机制设计一般要根据特定的证券化交易风险性质来定，从大的分类角度主要有三类，一类是根据原始权益人自身经营状况设计的触发机制，另一类是根据基础资产的运营数据设计的触发机制，还有一类是根据优先级证券是否偿付设计的触发机制。具体如与原始权益人有关的权利完善事件、个别通知事件、账户划款周期等，与基础资产运营数据有关的违约率触发设计等，与优先级证券的及时过手偿付有关的触发机制等。对应的触发结果一般包括物权或抵押权的转移登记、保证金转移、划转频率加快、不经过中间账户等。

通常地，根据国内现行法律规定，基础资产的所有权需要转让给受托管理人，相关债权、债务的转让需要通知债务人，从操作层面而言，该项约定会对产品设立形成一定的障碍。就目前的证券化实践而言，一般都是通过权利完善事件的触发安排，对债务人进行债权债务的通知。

对于附含抵押物或担保权的基础资产，在资产卖出初期，一般不会要求转移相关权利，而是在触发相关信用条款，如发生原始权益人主体信用下降、收入下滑、资产违约率上升等情况时，才安排相关权利的转移登记。针对互联网金融债权资产的证券化，由于底层资产涉及的担保物权一般较少或者担保效力本身不大（线上审核出于流程简便、快捷的考虑，互联网债权资产本身的担保条款一般不多），所以较少会涉及担保物权转移的触发机制。

现金流划转相关的触发机制方面，由于互联网债权资产小而分散的特点，加之时间较短，所以需要考虑循环购买过程中可能面临的风险。若基础资产的回收款无法及时足额购买到新的债权，那么将会影响资产包的利息收入，实际现金流将会与初始预期现金流之间存在较大差别，进而可能影响本息的正常兑付。所以，对于互联网金融债权资产证券化的触发条款，除了传统的通过主体级别、违约率等存续指标的触发条件外，还需要考虑循环购买效率对于现金流划转的影响，一般可以通过闲置率指标设定提前清偿的条款。若闲置资金过多、闲置时间过长，提前清偿将会有助于保障投资人的利益。

如果单笔资产设有保证金保障条款，或者具有关联性的资产共同配置了保证金的保证安排，一般要求保证金也作为基础资产入池，但是在发生相应风险触发事件时候，保证金才会划转至专项计划账户。

（四）外部增级

通常而言，在资产证券化交易采用了外部增级的情况下，评级机构将关注外部增级机构的资信状况，因为一旦其信用评级出现不利变化将影响其对证券化交易提供的增级作用，从而影响资产支持证券的最终评级。资产支持证券的评级对外部增级的依赖越大，则外部增级机构的信用评级变化对证券信用评级的影响也越大；基础资产与外部增级机构之间的关联度越大，则基础资产受外部增级机构信用评级变化的影响也越大。因此，评级机构会详尽分析外部增级机构的资信状况。除此之外，评级机构还会重点关注外部增级措施是否附条件以及该等条件的性质如何；是否可为外部增级机构单方面撤销或更改；若可有条件地撤销或更改则该等条件实现的可能性如何等。

一般而言，外部增信措施包括差额支付承诺、担保、流动性支持等。在外部增信机构信用水平相同时，三种增信措施的效果从高到低分别是差额支付承诺、担保和流动性支持。

1. 差额支付承诺

目前，国内的资产证券化实务操作中，差额支付承诺人多为原始权益人本身，将原始权益人纳入资产支持证券的信用考量中，有助于提升投资者的投资信心，但是从增信效果来说，在不考虑其他增信措施的情况下，原始权益人提供的差额支付承诺对于资产的额外增信效果不强。特别是对于互联网金融企业，由于其多为轻资产型公司，主体的信用水平不高，采用差额支付承诺的方式增信效果一般。

2. 担保

资产支持证券的担保方多为原始权益人的控股股东或与其相关联的企业，如控股集团或上市公司等，担保方信用往往会较原始权益人高出较多，能够提供较强的信用增级作用。但是依靠担保的证券化过程并不值得广泛采用，一是担保会形成或有负债，对担保人的资产结构造成影响，二是过分依赖担保方信用，有悖于资产证券化产品的设计初衷，即通过破产隔离使得证券获取比主体更高的信用评级。

对于互联网金融债权，就目前的实践而言，采用外部担保增信的较少。常见的做法是在资产端由相应的担保机构为单笔资产提供担保，如消费金融公司的消费贷款，一般会由其集团下设的担保公司提供担保代偿；再如 P2P 平台一般会提供平台担保兜底安排。但是从实际增信效果而言，由于该类担保机构的主体资质不会很高，担保效力有限。

3. 流动性支持

流动性支持是指第三方机构提供的流动资金借款，分为无偿和有偿两种。有偿流动资金支持需要被支持方到期偿还借款，而无偿流动资金支持则是提供流动资金无偿使用。评级机构认可无偿流动性支持的增信效力，但由于实际操作中效力与成本的矛盾，导致该类增信方式较少被使用。

总的来看，互联网金融债权资产的证券化过程中，外部增信多限于对资产的担保增信，就资产支持证券设立外部增信机制的成本与效力匹配性不高。

（五）循环购买结构分析

相较于收益类资产，债权类资产的现金流一般较为确定，特别是对于无循环购买安排的资产包，基于底层合同（协议）约定的债权要素，便可以得出资产支持证券存续期间内的现金流情况。如果底层资产的期限较短，产品预设期限较长，一般会设置循环购买安排，以保证专项计划资金可以持续购买资产并产生收益。

基于互联网金融债权资产小而分散、期限较短的特点，在其证券化过程中一般需要安排循环购买，以保证资产支持证券预期利益的实现。循环购买机制中，对于产品的信用水平影响比较重要的因素包括购买对价、购买频率、购买效率等。

1. 购买对价

循环购买的定价包括两个层面：一是可以用于购买的资金来源，即本金回收款、利息回收款是否都可以用于循环购买，二是回收款购买新资产是等价还是折价购买。

就第一层面而言，本金利息回收款一般都可以用于购买资产，优点在于可以最大限度地放大现金流，特别是在利息收入较高时，利息的循环购买甚至会对本金偿付提供支撑；其中可能存在的问题在于不利于本息分账户的管理，因为资金混用不利于现金流的核算。如果约定仅限本金参与循环购买，则有助于现金流分账户的管理，特别是如果设定兑付保证金（提前归集当期预期利息或部分本金）时，有助于本息的核算。

就第二层面而言，一般来说折价购买会加大本息现金流的放大倍数，而安排折价购买的出发点主要在于资产本身无法确定预期收益率（或收益率范围），这类资产包括应收账款、保理资产、租金等无息债权资产等。在折价购买时，折价率的认定方式具有重要意义。一般而言，原始权益人会从自身融资成本角度出发，考虑对于应收账款的折价程度，而计划管理人则会从产品预期收益率、评级、现金流等角度确定折价范围，最终折价率的确定将会基于双方沟通的结果以及地位的强弱。对于评级机构而言，无息资产折价购买是循环购买的必然要求，包括初始资产转让时和循环购买新资产时的折价购买，考虑到折现率，评级机构一般基于市场的产品发行利率，加以预定评级必备的压力条件综合考察，预定评级越高，压力条件越弱。对于有息债权资产，折价购买将会形成现金流的超额抵押，能够为资产支持证券提供额外的信用支持。

2. 购买频率

确定购买对价后，在实际操作过程中，还需要约定循环购买的时间，包括循环购买期和购买日。

循环购买期对应摊还期，一般在交易结构中约定，循环购买期间内，按照一定的频率开展资产的循环购买，进入摊还期，回收款将转入专项计划账户停止购买，以备偿付资产支持证券本息。循环购买期一般与产品期限、资产加权期限相适应，比如 3 年期的产品，若资产加权平均期限为 1 年，那么可以约定 2 年循环期，1 年摊还期，同时还需要约定新购入资产的到期时间不晚于兑付日（或者兑付日前几日）。循环购买期间长短将直接对现金流造成影响，假设循环效率充分，理想情况下，可以保证专项计划资金的充分利用，持续产生新的利息收入。

购买日对应循环购买周期，根据底层资产的期限特点、存续规模、发展前景，购买日的设定较为灵活，可以是 1 年、半年、1 个月、1 天等，关键在于和资产特点、产品期限相匹配。同时，考虑到付息要求，购买日的设定还需要考虑兑付日的利息偿付需求。购买频率会对资产支持证券的信用水平造成影响，主要考虑在于较高频率的循环购买有助于资金回收和使用，降低早偿风险。需要注意的是，频率较高的循环购买安排将会加大资产服务机构的工作量，特别是对于按天进行的循环购买，往往需要强大的 IT 技术系统予以支持，如果资产服务机构在日常经营过程中没有完善的技术管理能力（包括设备和人力），那么在项目推进过程中可能还需要重要保证该项工作的顺利进行。

3. 购买效率

购买效率是指回收款的使用效率，一般通过闲置资金占比和闲置期限来衡量。闲置资金占比即是未用于参加循环购买的资金与初始本金的比例，闲置期限则是回收款未能购买到新资产的连续时间。

购买效率与资产服务机构的管理能力、基础资产的存量规模、业务发展现状和前景直接相关。资产服务机构的管理能力将对资产回收和转付时间、筛选的新资产的质量有直接影响，而基础资产的存量规模以及业务发展情况决定了可以购买的空间，即是否有足够的资产作为供给。

购买效率是评级机构衡量循环类现金流（动态现金流）表现的重要因素，在对循环现金流进行测试时，通常的做法是基于初始资产池的静态现金流，再通过初始资产包和原始权益人的业务情况，设定新资产对应的预期收益率、期限因子（一般参考初始资产包的分布），继而根据预设评级设定不同的循环购买率，得出参考动态现金流，最终用于对现金流的压力测试。

由于循环购买效率对于现金流的影响较大，如果基础资产回收款不能按照预期持续购买到足额的新资产，将会影响现金流的收入规模。为防止闲置资金规模过多、闲置期过长，一般会设定一些闲置触发的交易条款，一旦触发相关事件，将会安排资产支持证券的提前偿付。

循环购买是我国企业资产证券化过程中的重大创新，目前已经有较为成功的案例，但是由于该类产品的存续时间并不长，实际的循环操作表现以及对最终现金流的影响情况，不能做到及时的跟踪，也没有必备的披露机制要求循环购买的结果定期公开，循环购买对于资产包的信用表现影响还需要根据实际业务的开展情况重点关注。

二、交易安排与评级的适用性

（一）内部增信和外部增信

就我国互联网金融的发展现状而言，从资产类别看，互联网金融债权资产主要包括消费类债权（京东白条、工商银行融 E 购）、小额贷款（蚂蚁微贷、京东小贷）；从发起机构看，主要包括银行类金融机构、大型电商平台以及互联网借贷平台（P2P）等；从底层资产具体性质而言，消费类的债权包括汽车、日常消费品等，贷款类债权包括电商平台企业经营贷款（京东、阿里）、农户经营贷款（农发贷、农泰金融）等。

基于互联网金融债权单笔规模小、分散度高的特点，通过内部结构化设计，优先级证券一般可以获得较高的评级，同时考虑到原始权益人轻资产经营的特点，一般信用水平不高，若提供差额补足或担保承诺，实际意义不大。如果寻求关联方或独立的担保方，一方面成本较高，另一方面也不利于充分发挥互联网金融债权和证券化本身的优势。

因此，对于互联网金融债权的证券化，比较适合采用内部结构化增信的方式，能够获得较好的信用增进效果。

（二）触发机制

影响互联网金融债权支持证券信用水平的触发机制主要涉及循环购买、现金流转付频率、保证金（如有）转付等。在循环购买中，关于购买频率、购买效率和闲置资金的交易条款尤其重要，将直接对优先级证券的信用水平造成影响。现金流转付频率会缓释可能的混同风险，而保证金转付可以进一步提升基础资产回收款对于优先级证券本息偿付的保障水平。

（三）合格标准

基础资产的合格标准（入池标准）一般会在交易条款（资产买卖协议、标准条款）中进行约定，合格标准决定了初始入池资产和循环购买资产的基本特征，会影响资产包的信用水平。

合格标准会对基础资产的权利、质量、单笔规模、借款人信用等方面进行约定，评级机构较为关注借款人的信用情况，包括历史违约逾期记录、征信记录、地区、收入、家庭状况、职业等，还关注资产本身的信用分类，一般通过五级分类判别，以正常类资产为佳，此外还关注资产的集中度情况，包括单个借款人全部入池的债务规模、单笔资产的规模占比，特别地，还会涉及行业、地区、债权品种的分布情况。

对于循环类资产支持证券，合格标准能够对循环购买的新资产进行较为明确的信用准入，能够较好地控制动态资产池的整体信用，因此如何约定完善的合格标准对于互联网债权资产证券化的信用增进较为重要。

三、发展与小结

"互联网+"概念的发展无疑将持续推动传统金融的线上改革，伴随而来的则是各类金融产品和交易模式的创新，债权资产作为互联网金融的重要内容，资产的形成模式以及证券化的方式将是互联网金融发展的重要环节。

该类债权资产在证券化过程中，将会面临更多的交易结构设计和信用增进方式等问题，除了传统债权资产证券化时的一般要素外，还将因资产特性、数据支持、交易模式、监管政策带来一系列新的挑战。目前来看，采用内部结构设计、制定有效的触发机制和完善的循环购买程序具有很强的信用增进作用。

第四节
债权类互联网金融资产证券化信用评级案例

2015年10月，京东白条专项计划在深交所成功挂牌转让。京东白条专项计划是资产证券化业务备案制后，深交所发行的首批以互联网应收款为基础资产的资产证券化产品，该案例是互联网金融创新与资产证券化创新的叠加。

该项目由联合评级担任评级机构。联合评级对该交易所涉及的基础资产、交易结构、法律要素以及相关参与机构等多方因素进行了信用分析，并对基础资产进行了现金流分析与压力测试。该专项计划原始权益人京东世纪贸易资产规模较大，其旗下京东商城作为中国第二大电商品牌，中国第一大自营

B2C 电商品牌，具有较强的竞争优势。该专项计划基础资产是指计划管理人自原始权益人处购买的全部京东白条应收账款资产；基础资产涉及债务人众多、分散性良好，同时完善的循环购买措施有效保证了专项计划的持续运作；优先 01 级/优先 02 级/次级安排、现金流超额覆盖、触发机制设置等有效提升了优先级资产支持证券的信用级别。

综合考虑上述因素，联合评级评定京东白条专项计划优先 01 级资产支持证券的评级结果为 AAA，优先 02 级资产支持证券的评级结果为 AA－。

联合评级通过充分的前期研究、尽职调查和深入分析后认为该交易有如下优势：

（1）该交易基础资产涉及的应收账款债务人数量众多，单笔借款额度较小、分散性良好，有利于分散违约及损失风险。

（2）该交易采用了优先 01 级/优先 02 级/次级结构作为主要的信用提升机制，具体而言次级及优先 02 级为优先 01 级资产支持证券提供了 25% 的信用支持，次级为优先 02 级资产支持证券提供了 12% 的信用支持。

（3）该交易首次购买基础资产采取折价购买的方式保障资产支持证券预期收益的支付；同时后续基础资产回收款的滚动投放将带来一定程度的资金放大，从而进一步提高基础资产现金流对优先级资产支持证券本息偿付的保障。

（4）原始权益人京东世纪贸易基于京东商城长期积累的大数据仓库对债务人进行信用判断，风险识别与控制能力较强，整体资产逾期率较低。

同时联合评级也提请投资人及相关各方对以下风险予以关注：

（1）京东白条业务开展时间较短，随着业务规模的扩大及授信政策的或有调整，逾期及回收情况有待持续关注。

（2）循环期内，若计划管理人长期无法找到合格资产进行购买，闲置资金过多或沉淀时间过长，循环购买带来的资金放大效应有限，将降低基础资产现金流对优先级资产支持证券本息的保障程度。

（3）影响现金流预测、应收账款违约及违约后回收的因素较多，定量分析时采用的模拟方法和相关数据可能存在一定模型风险。

一、资产支持专项计划概要

该交易的主要参与人如表 6.4 所示。

表 6.4　京东白条专项计划主要参与人

原始权益人/资产服务机构	京东世纪贸易
计划管理人	华泰资管
托管人	兴业银行股份有限公司
登记托管机构	中国证券登记结算有限公司深圳分公司

该专项计划资产支持证券分为优先 01 级资产支持证券、优先 02 级资产支持证券和次级资产支持证券，是以基础资产产生的现金流作为第一还款来源，以优先 01 级/优先 02 级/次级分层、现金流超额覆盖、触发机制等提供综合增级保障的固定收益产品。该专项计划交易结构见图 6.3。

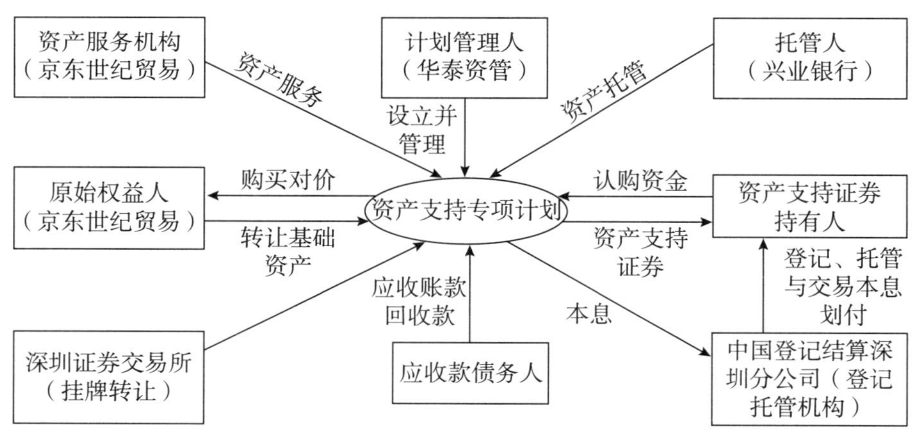

图 6.3　京东白条专项计划交易结构图

该交易设有循环期和分配期，正常情况下循环期为专项计划设立日起至第 4 个基准日的期间（共计 12 个月），分配期为循环期届满之日起至法定到期日的期间；循环期内专项计划将按天循环购买新的基础资产，并按季支付优先01级及优先02级资产支持证券预期收益，分配期不再循环购买基础资产，并按月过手偿付优先01级及优先02级资产支持证券本息。在优先01级及优先02级资产支持证券全部本金和收益支付完毕前，次级资产支持证券不参与分配。资产支持证券情况详见表6.5。

表6.5　京东白条专项计划资产支持证券概要

资产支持证券	预期收益率	目标发行规模（亿元）	还本付息
优先01级资产支持证券	以簿记建档最终确定的结果为准	6.00	循环期按季付息，分配期按月过手还本付息
优先02级资产支持证券		1.04	
次级资产支持证券	—	0.96	—
合计	—	8.00	—

该专项计划的基础资产是指自专项计划设立日（含该日）起，计划管理人向原始权益人购买的其在日常经营活动中基于向用户提供京东白条服务所合法享有的要求用户按期足额支付应付货款、服务费及其他应付款项（包括但不限于违约金，如有）的债权（包含已计提但用户尚未支付的应付货款、服务费和/或其他应付款项）。根据该交易约定，入池资产在买卖交割之时均需符合一定入池标准。

二、信用支持分析

（一）优先01级/优先02级/次级

该资产支持证券通过设定优先01级/优先02级/次级权益的交易结构来实现内部信用提升。根据交易安排，循环期内，优先01级资产支持证券享有预期收益优先受偿权，待其当期预期收益清偿完毕后分配优先02级资产支持证券当期预期收益；分配期内，在满足优先01级、优先02级资产支持证券收益整体优先于本金偿付的分配原则下，优先01级资产支持证券除享有收益优先受偿权外，还享有本金优先受偿权，即待其本金全部清偿完毕后分配优先02级资产支持证券本金。优先01级、优先02级资产支持证券全部清偿完毕后，剩余专项计划资产再分配给次级资产支持证券持有人。该资产支持证券通过优先01级/优先02级/次级的偿付次序安排实现了资产池现金流对优先级资产支持证券本金和预期收益的超额抵押，从而降低了优先级资产支持证券的信用风险。

（二）现金流超额覆盖

该交易约定首次购买基础资产所对应的应付货款余额应等于该专项计划募集资金总额的115%，通过应收账款的折价购买来保障资产支持证券的预期收益支付；同时约定后续循环购买过程中，计划管理人用作支付购买价款的专项计划资金应等于计划管理人该次购买所得的基础资产所对应的应付货款余额总额（即部分应收账款债权资产除应付货款余额外包含的剩余服务费等无须支付对价），随着循环购买的进行，基础资产回收款的滚动投放将带来一定程度的资金规模放大，从而进一步提高现金流对优先级资产支持证券本息偿付的保障。

（三）相关触发机制

该交易设置了两类触发机制：加速清偿事件和权利完善事件，相关事件一旦触发将引起现金流收付机制的重新安排。触发机制的安排在一定程度上缓解了事件风险的影响，并提供了一定程度的信用支持。

如果加速清偿事件被触发，将停止循环购买，加速资金划转流程，同时按月过手摊还优先01级、优先02级资产支持证券本息。

如果权利完善事件被触发，资产服务机构应于权利完善事件发生后7个工作日内通知全部/相关基础资产的用户，原始权益人相关债权已转让给计划管理人，用户应将其应支付的款项支付至计划管理人指定的账户。

三、风险及缓释措施

（一）资金混同风险

若资产服务机构信用状况恶化，丧失清偿能力甚至破产，基础资产的回收款可能和服务机构其他资金混同，从而给专项计划资产造成损失。

在该专项计划存续期内，正常情况下，资产服务机构应在收到用户还款后 1 个工作日内将该等资金归集转入计划管理人在网银在线设立的证券化服务账户，资金在资产服务机构相关账户停留时间很短。此外，该专项计划安排了相关权利完善事件，资产服务机构应于权利完善事件发生后 5 个工作日内按照相关约定通知全部/相关基础资产的债务人将其应支付的款项支付至计划管理人指定的账户，从而缓解可能存在的混同风险。

考虑到京东世纪贸易作为京东商城集团有限公司（以下简称京东集团）旗下重要运营主体，在资产规模、品牌知名度等方面具有明显优势，其发生信用危机乃至破产并导致发生资金混同风险的可能性很低。

（二）流动性风险

在该交易中，基础资产回收款在用于循环购买前，将首先用于储备支付优先 01 级及优先 02 级资产支持证券收益支付前必须支付的各项税费，具体额度由资产服务机构和计划管理人预估，如实际发生的应付税费超出预估金额，则超出部分计入下一个储备期间内费用储备账户的储备额度；其次用于储备支付优先 01 级及优先 02 级资产支持证券收益，具体额度为按月计提，剩余资金用于循环购买。

上述交易安排有效缓解了该交易的流动性风险。

（三）提前偿还和拖欠风险

根据《京东白条服务协议》相关约定，用户提前还款时需支付全部立付货款余额及各期手续费，提前还款行为不会带来手续费的减少。同时，该交易设置循环购买结构，循环期内提前归还的资金将用于循环购买新的基础资产，从而提高资金的使用效率；进入分配期后，基础资产的提前偿还有助于优先01级及优先02级资产支持证券本金的兑付。而用户的拖欠行为有可能导致流动性风险。对此，联合评级在现金流分析时，针对拖欠设计了不同的压力情景并进行了测试。

（四）循环购买风险

在该交易中，专项计划资金可能无法持续足额购买到原始权益人的合格应收账款债权，使得闲置资金过多或沉淀时间过长，循环购买带来的资金滚动放大效应有限，从而降低优先级资产支持证券本息的保障程度。

该交易安排了较为完善的循环购买机制，原始权益人应通过其IT系统自动筛选符合合格标准的应收账款资产并向计划管理人发送该次拟购买应收账款资产的清单；计划管理人有权向资产服务机构发出后续购买指令，列明允许购买的应收账款资产清单，并授权资产服务机构在该清单范围内执行后续购买。

此外，在专项计划的循环期内，如记入基础账户内的资金连续10个自然日超过专项计划募集资金的20%，计划管理人有权从证券化服务账户中将基础账户内记录的全部或部分金额所对应的资金划付至专项计划账户，并指示托管银行进行合格投资。但后续如有可供购买的合格基础资产，计划管理人有权令托管人将上述资金划回至证券化服务账户用于购买新的基础资产，从而提高资金使用效率。循环期内，若资产池的应付货款余额累计60个交易日未达到资产支持证券未偿本金余额的100%，将自动触发加速清偿事件，则专项计划进入加速清偿阶段。

（五）再投资风险

该专项计划存续期内，专项计划账户所收到的资金在闲置期内可用于再投资，这将使专项计划资产面临一定的再投资风险。

针对这一风险，该交易制定了较为严格的合格投资标准，计划管理人的合格投资仅限将专项计划资金以同业存款或活期存款方式存放于托管人处这一投资方式。合格投资中相当于当期分配或支付到期应付专项计划费用所需的部分应于现金流分配或相关费用支付之前到期，且不必就提前提取支付任何罚款。严格的合格投资标准有效降低了再投资风险。

四、基础资产分析

（一）京东白条历史数据分析

联合评级根据京东世纪贸易提供的京东白条业务历史数据，对京东白条应收账款不同月度时点余额及其增长情况、京东白条业务历史逾期及回收情况、服务费率和授信额度分布情况等进行了分析。

总体来看，京东白条整体业务规模较大且增速较快，历史上能够满足入池标准的应收账款资产占比较高；目前应收账款资产逾期率和回收率整体处于较低水平，此外由于单笔应收账款金额较小，客户平均授信额度的上涨趋势对基础资产的集中度产生的影响很小，应收账款整体资产质量较好。另一方面，京东白条应收账款债权加权服务费率波动较大，未来不确定性较高，同时鉴于京东白条业务开展时间较短，整体逾期及回收情况有待持续关注。联合评级在现金流分析及压力测试环节考虑了上述问题。

（二）模拟入池资产分析

联合评级对基础资产信用风险的评估主要着眼于入池资产的整体表现，即其信用损失分布的整体形态，资产池的信用表现将直接影响该交易基础资产现金流的回收情况。该交易中，入池资产债务人的用户等级、年龄、信用评分、历史逾期情况等因素均会对组合信用风险概率分布的形态有重要影响。据此并结合当前宏观经济形势等因素，联合评级在违约模型中对参数进行了适度调整。该交易中资产服务机构根据合格标准随机抽取了 92 000.38 万元应收账款作为模拟资产池，联合评级对入池资产的分析基于此模拟资产池，鉴于该交易的入池资产分散度高，合格标准严格、明确，随机抽取的模拟资产池能够反映后续在满足合格标准基础上随机抽取的实际入池资产特征。

1. 模拟资产池概况

截至评估基准日（即2015年8月20日），模拟资产池应收账款余额为人民币92 000.38万元，共涉及合同66.81万笔。根据约定，首次购买基础资产所对应的应付货款余额应等于该交易募集资金总额的1.15倍，且循环期内，计划管理人用作支付购买价款的专项计划资金应等于计划管理人该次购买所得的基础资产所对应的应付货款余额总额。

2. 应收账款合同账龄分布

以评估基准日为基准（下同），该模拟资产池应收账款加权平均期限为16.09个月，模拟入池应收账款账龄较短，加权平均账龄为3.48个月。从账龄分布看，账龄分布在0~6个月的剩余应收账款占比近九成。

3. 应收账款合同剩余期限分布

该模拟资产池应收账款加权平均剩余期限为12.61个月，考虑到京东白条产品的期限分布情况，剩余期限相对较长；模拟入池资产中最短剩余期限为0.03个月，最长剩余期限为22.98个月。应收账款剩余期限主要分布于12个月以上，其次为6~12个月，较长的剩余期限意味着风险暴露加大。

4. 客户来源渠道

该模拟资产池客户来源渠道分为主动和被动，其中主动指客户在京东商城主动申请开通使用京东白条支付方式，被动指京东商城主动筛选用户并邀请开通使用京东白条支付方式。相比较而言，被动客户的信用水平整体高于主动客户。模拟资产池中，客户标记为被动的应收账款余额占比较大。未来随着主动用户的增长，预计这一比例将有所下降。

5. 用户等级情况

用户等级即为京东商城会员等级，与会员在京东商城的历史累计消费金额直接相关，也间接反映了会员忠诚度，具体分为钻石、金牌、银牌和铜牌四个等级，相对而言等级越高的用户信用风险越低。联合评级在压力测试中根据不同等级的用户设定了不同的压力因子，以反映不同等级用户的违约、损失风险。

6. 信用评分分布

信用评分是基于京东用户的浏览、下单、支付、配送、评价等信息，应用大数据建模技术建立量化模型，进而推断用户的违约概率得出。评分结果分为1、2、3、4、5档，信用评分越高意味着违约风险越大。从整体来看，模拟资产池信用状况良好。

7. 债务人年龄分布

从债务人的年龄分布来看，该模拟资产池债务人年龄主要分布在23～45岁之间，该年龄区间债务人大多有较稳定的收入来源。

五、定量分析

该专项计划的定量分析包括资产池信用分析和结构现金流分析两部分。联合评级根据京东白条的历史数据并参照相关国内外可比的评级实践，确定该交易适用的评级基准违约率和回收率参数，根据该交易的特征对基准参数做出调整以确定最终适用的评级参数，从而确定优先01级及优先02级资产支持证券达到目标评级所必要的预定评级损失率。一般证券信用级别越高，所需承受的预定评级损失率越高。结构现金流分析主要包括压力测试和返回检验，用以确定相应评级档次资产支持证券压力情景下的兑付状况。

（一）违约概率及回收率

联合评级搭建精算模型对资产池进行信用分析。通过对相关资产静态池和动态池的历史数据进行分析，判断模拟资产池的信用水平。其中，动态池选取了京东白条过去半年的全部应收账款数据，静态池选取了不同月份的样本数据。

基于以上分析结果和该交易模拟资产池的实际情况，联合评级选择了京东白条内部信用评分作为确定评级基准违约概率的基础参考变量。

对基准违约概率进行调整的参考变量包括客户来源通道、授信额度、债务人年龄、用户等级、历史逾期次数、剩余期限等。

除了上述违约概率的影响因素外，应收账款违约后的损失回收率也是联合评级的重点考察因素。损失回收的计量主要着眼于应收账款违约后经催收等救济手段可能收回的金额，主要基于静态池分析结论和京东商城所统计的相关历史数据，综合考虑了联合评级的研究数据进行调整。通过上述方法得到目标评级违约率。

（二）现金流分析与压力测试

该交易设有循环购买（每天进行），计划管理人可用专项计划资金向原始权益人循环购买新的基础资产，因此随着循环购买的进行，初始静态资产池应收账款支付金额及时点分布将由静态转变为动态，即每一次循环购买后都将形成新的静态资产池，其应收账款支付金额及时点分布也将随之发生变化。联合评级假设新入池资产的现金流分布服从初始静态资产池现金流分布特征，从而预测该交易正常情况下基础资产回收计划现金流。新入池资产现金流分布的假设将对现金流分布时点产生影响，同时考虑到循环购买所带来的滚动放大效果①，循环期内未来现金流入或将呈一定比例放大。

根据该交易设置，联合评级在构建特定的现金流分析模型时，考虑了基础资产现金流支付、首期入池资产应付货款余额折价购买，以及后续循环购

① 后续循环购买过程中，计划管理人用作支付购买价款的专项计划资金应等于计划管理人该次购买所得的基础资产所对应的应付货款余额总额（即部分应收账款债权资产除应付货款余额外包含的剩余服务费等无须支付对价），随着循环购买的进行，基础资产回收款的滚动投放将带来一定程度的资金规模放大。

买等交易结构设计形成的现金流入特征，以及优先01级、优先02级资产支持证券的本息、税费支付等现金流流出特征。该分析模型不仅考虑了基础资产现金流支付金额的大小及其时点变化，还严格按该交易的要求设定了相应的现金流支付顺序和触发机制，以充分反应现金流变化对优先01级、优先02级资产支持证券按期支付本息所带来的影响，并通过预设的外部模拟情景进行压力测试。

联合评级将通过精算模型计算出的初始静态资产池违约率、违约回收率等参数作为基准的压力测试条件，在此基础上，根据优先01级、优先02级资产支持证券所需达到的既定信用等级，设定了各种苛刻的压力测试情景，优先01级、优先02级资产支持证券的本息是否能按时足额受偿必须要通过现金流压力测试。联合评级编制与交易结构完全对应的特定的现金流模型，然后将违约率及违约时间、回收率及回收时间、利率、延迟、循环购买的有效性等作为基础的压力测试条件，模拟优先01级、优先02级资产支持证券的本息是否能按时足额受偿。

由于该专项计划采用循环结构，联合评级在压力测试中，考虑后续入池资产质量的变化，根据优先01级、优先02级资产支持证券的目标信用等级要求，联合评级设定了不同的违约率及回收率参数，以此来判断其对优先01级、优先02级资产支持证券的信用质量所造成的影响；此外，联合评级也考虑到无法循环购买到足额的合格基础资产可能导致的结果。在违约时间分布方面，采用前置压力测试法，将违约发生的可能性尽量安排在资产支持证券存续期和摊还期的前期，这样会直接放大资产组合发生违约的金额；同时，将损失回收的周期适当延长，这样会影响资产组合在各个时点所产生的现金流量大小；联合评级还模拟优先01级、优先02级资产支持证券发行利率大幅波动后，资产池的现金流入和流出情况，以此来判断利息支出增大对优先01级、优先02级资产支持证券本息支付的影响情况。

最终测试结果表明，优先01级、优先02级资产支持证券通过了联合评级所预设的各种压力测试情景。

六、法律风险分析

该资产支持证券是根据《中华人民共和国民法通则》《中华人民共和国证券法》《中华人民共和国合同法》、证监会颁布的《证券公司及基金管理公司子公司资产证券化业务管理规定》等现行法律、法规和证监会的有关规定设立。

奋迅律师事务所出具的法律意见书显示，华泰资管具备担任计划管理人和推广机构的主体资格并取得了合法有效的内部授权；京东世纪贸易具备作为专项计划的原始权益人和资产服务机构的主体资格，并已获得合法有效的内部授权；兴业银行具备担任专项计划托管人的主体资格，并已获得合法有效的内部授权；该专项计划的基础资产不属于基金业协会颁布的《资产证券化基础资产负面清单》的范畴，且基础资产转让的约定合法、有效，在原始权益人破产的情形下，不会被视为原始权益人的破产财产。

联合评级认为该专项计划的设立符合各项法律法规，各参与方均具有参与资产支持专项计划的相应法律资格。除此以外，原始权益人依法有权转让基础资产，并且基础资产的转让真实、合法、有效。

七、计划管理人尽职能力分析

该专项计划的管理人华泰资管的前身为华泰证券股份有限公司资产管理总部，成立于2014年7月，注册资本为3亿元，注册地为上海市，业务范围为证券资产管理业务，同时作为合格境内机构投资者，从事境外证券投资管理业务。华泰证券股份有限公司（以下简称华泰证券）自1999年开始从事客户资产管理业务。2003年5月，经中国证监会核准，华泰证券获得受托投资管理业务资格。目前华泰证券是华泰资管母公司，系首批开展资产管理业务的证券公司之一，拥有包括集合资产管理、定向资产管理和专项资产管理在内的全面的服务范围。截至2015年6月底，华泰证券资产总额为

5 801.61 亿元，所有者权益为 777.51 亿元，资产负债率为 86.60%；2015 年 1～6 月实现营业收入 146.44 亿元，净利润为 66.75 亿元，净资产收益率为 15.33%。

近年来，华泰资管陆续推出了行业首创的基金宝（华泰紫金 2 号）、伞型集合理财产品（华泰紫金鼎）、保证金现金管理型（华泰紫金天天发）等理财产品。华泰资管担任管理人的广州长隆主题公园入园凭证专项资产管理计划也于2014 年8 月29 日成立。华泰资管目前已形成了覆盖货币市场、债券市场、基金市场、股票市场的较为完整的集合资产管理产品线，满足了低、中、高不同风险收益特征的投资者的理财需求。

华泰资管目前共有员工 79 人。投资团队由 21 名专业人士组成，90% 以上人员均具有研究生以上学历。华泰资管目前陆续发行了共45 只集合理财计划，并且与 30 多家银行建立了定向资产管理计划的业务合作关系。截至 2014 年 12 月 31 日，华泰资管受托资金规模达 3 454.92 亿元，其中：专项资产管理业务规模为 32.30 亿元，集合资产管理业务规模为 577.63 亿元，定向资产管理业务规模为 2 844.99 亿元。

华泰资管在前身华泰证券资产管理总部的基础上建立了符合资产管理业务要求的组织架构及岗位责任制度，业务组织及管理体系已基本完善，具有健全的业务操作流程、风险管理制度与内控机制，同时建立了公平交易和风险隔离机制。根据《证券法》《证券公司内部控制指引》《证券公司客户资产管理业务管理办法》等法律法规的要求，资产管理业务已经建立了完善的制度体系，发布了《定向资产管理业务办法》《集合资产管理业务办法》《客户资产管理业务公平交易管理办法》《客户资产管理投资决策委员会议事规则》等一系列制度，基本涵盖了资产管理业务产品设计、推广销售、投资决策、交易执行、研究支持、清算、估值、信息披露、绩效考核等关键环节，为各个业务环节制定了标准化的流程。

华泰资管风险控制小组与母公司合规与风险管理部相互协作，对投资交易行为进行监控与核查，确保投资、交易过程和结果的合规性。华泰资管在华泰证券隔离墙制度体系下，建立了华泰资管内部隔离墙制度，通过交易系统设置实现隔离墙控制。集团内部稽查部门每年对资产管理业务进行全面审查，对业务运作过程中存在的缺陷敦促整改。

从总体来看，华泰资管拥有一定的资产管理业务相关经验，该专项计划因计划管理人丧失履约能力而使该资产支持证券发生违约的风险很小。

八、托管机构尽职能力分析

该专项计划托管人为兴业银行，兴业银行成立于1988年8月，是经国务院和中国人民银行批准组建的股份制商业银行之一。2007年，兴业银行在上海证券交易所成功上市。2014年，兴业银行股本总额增至190.52亿股，共发放现金股利108.59亿元，资本实力进一步增强。截至2014年年底，兴业银行股东账户总数为264 429户。

截至2014年年底，兴业银行资产总额为44 063.99亿元，其中贷款总额为15 931.48亿元；负债总额为41 453.03亿元，存款余额为22 677.80亿元；所有者权益为3 369.16亿元；不良贷款率为1.10%，拨备覆盖率为250.21%；资本充足率为11.29%，一级资本充足率为8.89%，核心一级资本充足率为8.45%。2014年，全年实现营业收入1 248.98亿元，净利润为385.68亿元。此外，资产托管业务持续高速增长，截至2014年年底，资产托管净值规模达到47 260亿元，排名全市场第四位。

近年来，兴业银行的公司治理不断完善，建立和健全了以董事会为中心的决策系统、以管理层为中心的执行系统和以监事会为中心的监督系统，三大系统合理分工、各司其职、职责明确、相互制衡，组成了公司治理体系。兴业银行同时持续强化内部控制和风险管理，加强全行内控组织架构和运行机制的总体设计，根据宏观经济形势、法律、监管环境等的变化，以及自身业务发展和管理需要，逐步制定、修订和完善了一系列内控制度，实施了一系列内部控制措施，内容涵盖内部控制环境、风险识别和评估、内部控制活动、信息交流与反馈、内部监督等方面；并建立了内部控制的自我评估机制。风险管理方面，兴业银行搭建了合理有效的风险管理组织架构；建立并完善了一整套风险管理制度和操作流程；强有力的内部审计部门为其风险管理和内部控制提供独立、客观的监督、评价和咨询等，确保了全行风险管理工作的有效性。兴业银行的内控水平和风险管理能力逐步提高。

从总体来看，兴业银行作为全国性股份制商业银行之一，公司治理完善、内控严密、风险管理能力强，能够较好地履行该交易的托管和资金保管义务。

九、综合评价

该专项计划原始权益人/资产服务机构资产规模较大，其旗下京东商城作为中国第二大电商品牌，中国第一大自营 B2C 电商品牌，具有较强的竞争优势，能够为该专项计划的持续运作提供有效服务。

该专项计划基础资产涉及债务人众多、分散性良好，同时完善的循环购买措施有效保证了专项计划的持续运作；优先 01 级/优先 02 级/次级安排、现金流超额覆盖、触发机制设置等有效提升了优先级资产支持证券的信用级别。

综合考虑上述因素，联合评级评定京东白条专项计划优先 01 级资产支持证券的评级结果为 AAA，优先 02 级资产支持证券的评级结果为 AA－。

京东白条专项计划是资产证券化业务备案制后，深交所发行的首批以互联网应收账款为基础资产的资产证券化产品，该案例是互联网金融创新与资产证券化创新的叠加，在互联网金融资产证券化中具有代表意义。

第七章

互联网金融企业开展资产证券化业务的路径

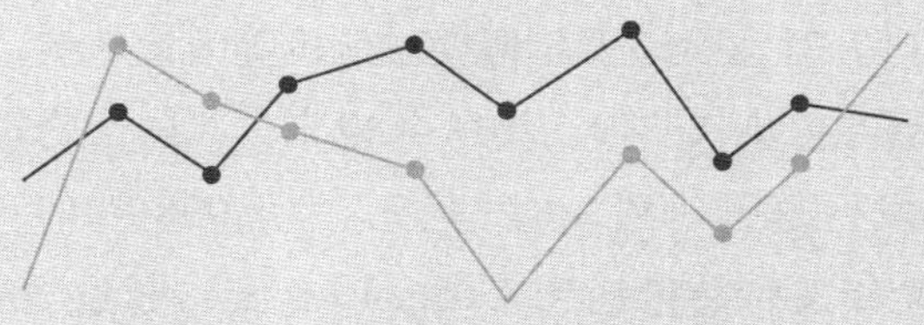

第一节

大势所趋：互联网金融开展资产证券化，小荷才露尖尖角

一、2015 年是资产证券化实现跨越式发展的元年

2008 年年底之前，在国内银行间市场公开发行了 17 只信贷资产证券化产品，规模合计达到 667.21 亿元。受国际金融危机等因素影响，2008 年年底以后，我国信贷资产证券化步伐暂停。2014 年以来，我国信贷资产证券化发展迅猛，2014 年全年发行总量达到 2 820 亿元，为 2005～2013 年发行总量的 2.8 倍。2015 年，全年发行总量达到 4 056.46 亿元，超过 2005～2014 年 10 年发行总量。具体情况见图 7.1。

在交易所市场，2005～2013 年，企业资产证券化市场共发行 20 单，总发行规模为 383.58 亿元。2014 年，企业资产证券化市场共发行 27 单，总发行规模为 400.83 亿元。2015 年，企业资产证券化市场共发行 198 单，为 2005～2014 年总发行单数的 4.21 倍；总发行规模为 1 929.82 亿元，为 2005～2014 年总发行规模的 2.46 倍。具体情况见图 7.2。

伴随着银行间市场注册制和交易所市场备案制的政策推动，2015 年两大公募市场的资产证券化产品发行创下了历史规模，2015 年堪称资产证券化实现跨越式发展的元年。

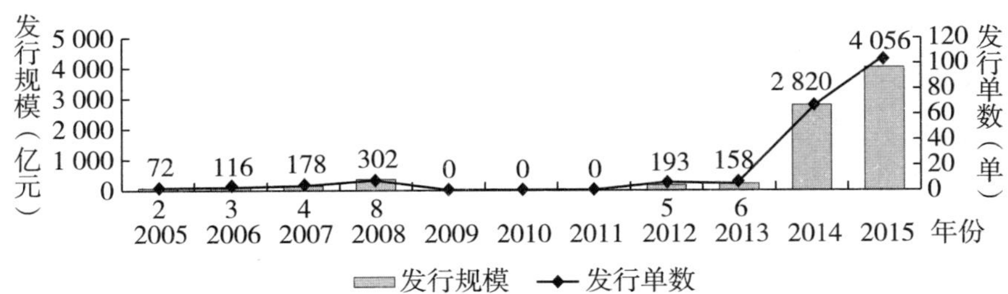

图 7.1　2005 年以来信贷资产证券化产品的发行规模与单数

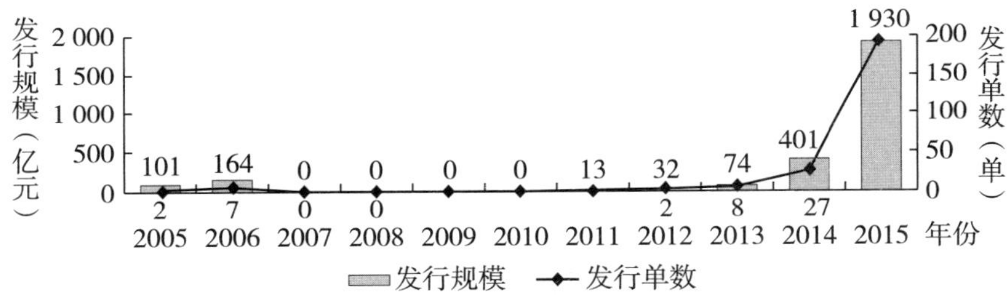

图 7.2　2005 年以来企业资产证券化产品的发行规模与单数

二、元年景象之一：ABS 门槛逐步降低

2015 年以前，银行间市场和交易所市场对 ABS 发起机构的准入门槛很高。银行间市场的发起机构主要是政策性银行、四大行、大型股份制银行和汽车金融公司等大型金融机构；交易所市场虽然没有发起机构的金融牌照要求，但是门槛依旧不低，融资主体的评级普遍在 AAA/AA + 水平，且发行规模普遍不低于 10 亿元。

2015 年，在银行间市场，包括城商行、农商行、金融租赁公司、外资银行在内的各类金融机构均有参与，在银行间市场发行证券化产品日趋常态化。

如果说银行间市场的资产证券化产品需要持有银监会颁发的金融牌照，天然具有较高额准入门槛的话，交易所市场准入门槛的降低程度，更为显著。

2015 年，在交易所市场，除主体评级在 AA/AA +/AAA 的大型企业，以及蚂蚁金服和京东等著名的参与机构之外，众多的小贷公司、租赁公司、保理公司等金融机构，以及中腾信、分期乐和宜信等互联网金融企业，都纷纷发行了交易所证券化产品。

根据下面简单列举的一些交易所市场 ABS 发行案例，可以显著地看到，虽然很多发起机构的主体信用偏弱，发行规模偏小（有的只有 1 亿元量级），但是通过底层债权基础资产的增信以及证券化的结构设计，发行的优先级资产支持证券仍能取得 AA/AA +/AAA 水平的投资级评级。

因为绝大部分互联网金融企业均没有取得银监会监管牌照，因此，互联网金融企业的资产证券化业务主要集中在交易所市场。交易所市场证券化业务门槛的降低，为诸多互联网金融企业开展证券化业务奠定了坚实的基础，例如，一家互联网金融企业持有优质基础资产，可能其存续期不足 3 年，主体信用评级不足 AA 级，但是仍有望通过资产证券化实现较低成本的融资。

表 7.1 交易所市场部分发行主体、规模和优先级评级情况

计划名称	原始权益人或主导机构	基础资产类型	发行规模（亿元）	优先级最高评级
中金—宜人精英贷信托受益权资产支持专项计划	宜信	信托受益权	2.50	AAA
德邦证券车王租赁一期资产支持专项计划	车王（中国）租赁	融资租赁债权	1.10	AAA
德邦证券先锋租赁二期资产支持专项计划	先锋国际	融资租赁债权	1.91	AAA
国金—易鑫租赁一期资产支持专项计划	易鑫租赁	融资租赁债权	4.56	AAA
京东金融—华鑫 2016 年第一期白条应收账款债权资产支持专项计划	京东	应收账款	20.00	AAA

（续表）

计划名称	原始权益人或主导机构	基础资产类型	发行规模（亿元）	优先级最高评级
北银丰业赣发租赁一期资产支持专项计划	赣州发展租赁	融资租赁债权	3.00	AA +
嘉实资本—分期乐1号资产支持专项计划	分期乐	小贷债权	2.00	AAA
易汇资本一期租赁资产支持专项计划	易汇资本	融资租赁债权	1.55	AAA
世联小贷一期资产支持专项计划	世联小贷	小贷债权	4.21	AAA
中银国际—金坤小贷三期资产支持专项计划	金坤小贷	小贷债权	1.50	AA +
中金蚂蚁微贷2015年第七期小额贷款资产支持专项计划	蚂蚁金服	小贷债权	10.00	AAA
国金—先锋太盟一期资产支持专项计划	先锋太盟	融资租赁债权	1.70	AA +
摩山保理二期资产支持专项计划	摩山保理	保理债权	4.38	AAA
微贷信托受益权资产支持专项计划	中腾信	小贷债权	5.20	AA +
中和农信2015年第一期公益小额贷款资产支持专项计划	中和农信	小贷债权	5.00	AAA
融通资本—宇商小额贷款资产支持专项计划1号	宇商小贷	小贷债权	2.50	AA +

三、元年景象之二：资金端与资产端利差丰厚

根据已发行的案例可以看到，以信用消费贷款、信用卡分期、车贷、零

售应收账款为代表的零售资产，以其高收益、低风险受到投资人热捧。

在资产端，表7.2所示交易所市场的案例中，除京东白条等个别项目外，资产端的利率普遍在10%以上甚至更高。表7.3所示银行间市场的案例中，资产端的利率也普遍在8%以上。在资金端，成熟发起机构发行的ABS产品，优先级利率一度低于3%，资产端和资金端的利差十分丰厚。

表7.2 交易所市场利差情况

发行日	原始权益人或主导机构	规模（亿元）	基础资产类型	证券评级	分层占比（%）	期限（年）	发行利率（%）
2016/4/22	宜信	2.5	信托受益权	AAA	14.00	0.11	5.20
				AAA	9.00	0.36	5.50
				AAA	17.00	0.85	6.40
				AAA	15.00	1.36	6.25
				AAA	12.00	1.85	6.50
				AAA	8.00	2.36	6.75
				A+	10.00	2.85	9.00
				BBB-	5.00	2.85	8.25
				—	10.00	2.85	—
2016/3/23	先锋国际	1.91	融资租赁债权	AAA	42.93	0.84	4.20
				AAA	27.75	1.84	4.60
				AA	15.18	2.84	6.20
				—	14.14	2.84	—
2016/1/26	京东	20	应收账款	AAA	75.00	1.44	3.92
				AA	9.00	1.44	5.80
				A+	6.00	1.44	7.35
				—	10.00	1.44	—

（续表）

发行日	原始权益人或主导机构	规模（亿元）	基础资产类型	证券评级	分层占比（%）	期限（年）	发行利率（%）
2016/1/19	分期乐	2	小贷债权	AAA	90.00	2	5.05
				—	10.00	2	—
2016/1/19	易汇资本	1.55	融资租赁债权	AAA	25.81	0.07	5.00
				AAA	51.61	1.82	7.20
				A +	12.90	2.41	9.20
				—	9.68	2.4	—
2015/12/18	世联小额	4.21	小贷债权	AAA	75.30	3	5.80
				AA	11.88	3	6.65
				—	12.83	3	—
2015/9/16	蚂蚁金服	10	小贷债权	AAA	78.00	1.3	5.00
				A +	12.00	1.3	7.50
				—	10.00	1.3	—
2014/12/9	中和农信	5	小贷债权	AAA	86.00	2.4	6.40
				次级	14.00		—

表 7.3　银行间市场利差情况

发行日	发起机构	规模（亿元）	基础资产类型	证券评级	分层占比（%）	期限（年）	发行利率（%）
2016/2/18	上汽通用	30	车贷	AAA	6.67	0.38	2.99
				AAA	83.67	1.61	3.34
				—	9.67		
2016/1/12	大众汽车	29.85	车贷	AA +/AAA	87.73	0.83	3.30
				A/A +	5.23	1.51	5.10
				—	6.54		
				超额抵押	0.50		

（续表）

发行日	发起机构	规模（亿元）	基础资产类型	证券评级	分层占比（%）	期限（年）	发行利率（%）
2016/1/15	中银消费	6.99	消费贷款	AAA	80.26	0.11	3.29
				AA	12.09	0.47	4.10
				—	7.65		
2015/12/23	民生银行	10.3	信用卡分期	AAA	80.00	0.32	3.50
				AA +/AA	11.70	1.16	4.05
				—	8.30		
2015/11/23	厦门农商	6.03	消费贷款	AAA	52.28	0.17	3.60
				AA -	25.72	0.42	4.00
				—	22.00		
2015/11/11	宁波银行	20	消费贷款	AAA	81.40	1.04	3.48
				A	11.80	1.04	4.79
				—	6.80		
2015/11/2	交通银行	50.22	信用卡分期	AAA	84.92	0.24	3.40
				AA	10.06	0.64	4.00
				—	5.02		
2015/7/15	宁波银行	36.99	消费贷款	AAA	80.99	2.03	4.99
				A	12.00	2.03	5.49
				—	7.01		

考虑到绝大部分拟操作资产证券化的互联网金融企业，均持有大量的零售债权资产，可以看到，如果能够实现资产端债权资产与资金端资产证券化产品的资金对接，则上述互联网金融企业在资金端和资产端的利差将非常显著，通过资产证券化持续降低资金成本后，其利润水平和盈利能力会显著提高。

四、元年景象之三：优质资产得到投资人追捧

固定收益市场的主要投资者是传统金融机构，两大主要投资标的是信用债和非标产品。其中，信用债的发行主体主要集中于央企和地方国企、平台公司、上市公司等，主体评级普遍在AA及以上水平。非标产品的主要发行主体分别是平台公司和房地产企业两大类。

2015年以来，随着整体宏观经济形势下行，煤炭、钢铁等传统行业景气度严重下滑，同时，地方政府土地收入锐减，税收下降。房地产企业也是如此，地产行业除一线和部分二线城市外，主流金融机构难以介入。

在“资产荒”和国企信仰危机的大背景下，频繁爆发的信用事件打破了以往依赖企业性质和股东进行风险识别的单一风控逻辑。

债券市场信用事件频发，央企中铁物资，国企东北特钢纷纷违约，某省级产业类投资集团的孙公司也发生破产，国企的信仰已然被打破。同时，平台公司受制于地方经济不景气，也陷入了信仰危机。

固定收益一级市场冰火两重天，一方面，2016年4月份，债券一级市场一度出现债券取消发行潮，有近千亿规模的债券取消发行，取消发行的企业数量过百家。另一方面，优质债券受到投资机构热捧。2016年4月15日，河北以岭医药集团有限公司簿记发行可交换公司债券，主体与债项评级均为AA，发行规模为8亿元，5年期品种，票面利率为1.00%，发行当日全场认购金额超过6 000亿元，市场追捧热情较高。

在上述背景下，资产证券化产品本身有基础资产和交易结构的增信，理论上，在发起机构信用水平相同的情况下，资产证券化产品的投资安全性高于纯信用的债券产品；尤其是零售资产的资产证券化产品，底层资产小而分散，满足大数法则，其投资安全性得到投资机构的普遍认同。

此外，从宏观行业角度分析，目前国内个人零售领域的杠杆率远低于煤炭、钢铁、地产等低景气度行业，更低于平台公司的整体杠杆率水平。因此，零售领域的系统性风险明显较低。

因此，不难理解，优质零售资产的ABS产品受到投资人追捧，票面利率逐步创下新低。例如，2016年2月发行的上汽通用车贷资产证券化产品，投资人非常认可，资产端和资金端的利差接近10%。

从中可以看到，互联网金融企业通过开展资产证券化业务，能够常态化地以较低的成本募集资金，对于互联网金融企业降低融资成本、拓展多元化融资渠道、提高市场声誉具有积极意义。从行业健康发展角度，互联网金融企业逐步开展资产证券化业务是大势所趋，同时，这一领域的发展大幕也才刚刚拉开，潜在业务规模很大。

第二节
必由之路：互联网金融借助资产证券化，回归本源控风险

一、P2P平台和互联网金融的金融逻辑

重庆市长黄奇帆在2015年2月举行的重庆市金融工作会上提到，“金融的本质，是信用、杠杆、风险。离开金融本源的任何理论都是不成立的，这个本源就是两个字——‘信用’，它是金融安身立命之本”。

中欧国际工商学院许小年教授在2015年6月的一次发言中提到，“要想准确评估企业的信用风险，必须解决信息不对称的问题，而信息不对称是金融最困难的地方，也是金融的本质。做金融要确保贷款成功，要想办法降低银行和企业之间的信息不对称，在这方面做出贡献才是创造价值，否则赚了钱也不能持续。很多P2P平台搞了一个网站，左边拉理财投资人，右边拉资金的需求者，拉上来之后，交易两天，热闹一阵过后就垮了，因为坏账太多”。许教授在2016年1月再次强调，做P2P要懂金融，需要很好的风险识别、风险评级和风险控制能力。如果做不到，就不能称之为P2P和互联网金融。

总结两位金融专家的观点，对于互联网金融企业而言，如果对个人信用

风险不能清晰地度量，向信用风险很高，或者不应该加杠杆的个人融出资金放大杠杆，则必然导致金融风险。

简言之，互联网没有改变金融的本质——信用与风险是金融赚钱的基本逻辑，收益与风险承担相匹配的原则未曾改变，也永不会被互联网颠覆。

很多P2P平台，在资金端向互联网上的个人投资者募集资金，资金价格远高于传统金融机构，资金成本的重心高企。在资产端，互联网金融企业受限于高成本的募集资金，只能通过追求更高收益的资产，以期实现盈亏平衡。然而，高风险对应高收益，相应地，高收益的资产对应着高风险；P2P平台募集高成本资金生成的资产，其资产端的风险注定较高。考虑到金融业务是平衡风险和收益的长跑，如果在资金端和资产端都重心高企，则这种类型的金融企业注定风险常伴，长跑乏力。

如何降低资金成本，实现破局，个人理解，一方面，互联网金融的本质是金融，核心是风控，聚焦资产端的互联网金融企业，应该更加关注风控建设，将业务回归金融本质。另一方面，互联网金融企业应该充分发挥手中优质资产的优势，力争实现优质资产与低成本资金直接对接，形成良性循环。其中，降低资金端成本的重要金融工具之一，就是资产证券化。

P2P平台募集互联网上高风险偏好的个人资金，融资成本高，且资金成本随着货币政策和经济形势调整的弹性很小。而资产证券化产品，是按照严格的监管标准、经过各中介机构的专业工作设计的标准化金融产品，具有公开评级，并在银行间或交易所市场公开交易，直接面向传统金融机构在内的合格投资者销售，因此，募集资金的价格低于互联网上的个人投资理财资金。

二、互联网金融开展资产证券化的金融逻辑

对于信用债和非标产品，风控逻辑主要基于融资主体的信用水平进行风险定价和授信。然而，资产证券化产品在发起机构信用水平的基础上，还要重点基于资产的信用水平进行风控，综合“资产 + 主体”进行风险定价和授信。

一个持有优质资产的中小型互联网金融机构，理论上，能够利用资产证券化手段，通过重新安排和切分资产的现金流，将资产转化为证券，通过销售优先级证券，取得与传统金融机构资金价格可比的融资。

从金融机构风控和投资准入角度分析，金融机构投资互联网金融企业发行的资产证券化产品，至少需要满足如下几点准入要求：

首先，要求借款人平均资质优于或不低于传统的次级贷款人群，如果能够通过人行征信的过滤更佳。

其次，互联网金融企业需要具有完备的风控体系和信用风险识别能力、信贷系统，以及内部风险控制制度和流程，例如，线上获客的，要能够较为妥善地防范欺诈风险；线下获客的，要能够防范欺诈风险和员工的道德风险。互联网金融企业在发行资产证券化产品时，要能够透明地披露资产信用表现和不良率情况。

最后，要求互联网金融企业规范运作，打消金融机构对互联网金融企业道德风险和操作风险的顾虑。

对于在资产端持有优质债权的互联网金融企业，如果能够通过证券化操作，将资产端个人借款成本与传统金融机构投资标准化资产的资金成本实现对接，则能够在降低融资成本、降低平台自身信用风险的同时，用低成本资金反哺借款客户，进一步创造社会价值。

三、P2P 产品与资产证券化产品的投资风险对比分析

对比可见，从资金端价格和投资准入门槛角度，资产证券化产品是面向合格投资者发行的标准化金融产品，投资者普遍为金融机构，且发行利率很低，个别案例中，优先级产品的票面利率低于3%。对于P2P产品而言，面向互联网个人投资者募集，虽然募集的都是短期资金，但是很少有P2P平台的资金价格低于8%。同时，P2P产品针对募集受众，缺乏信托、资管和基金子公司等持牌金融机构对投资者的合格投资者准入要求，经过部分P2P平台的拆小额运作，其单笔募集资金的金额很小，几乎无投资门槛。P2P产品与资

产证券化产品的投资风险对比见表 7.4。

表 7.4　P2P 产品与资产证券化产品的投资风险对比

	ABS 产品	P2P 产品
投资收益率/资金端价格	很低	很高
投资准入门槛	合格机构投资人，门槛很高	拆小额运作，几乎无投资门槛
融资方主体资质/准入标准	较高，主体准入不足的，需要底层资产进行增信	很低
合规要求	很高	很低
信息披露透明度	监管要求严格	几乎不披露
项目的流动性风险	无流动性风险，无资金池	拆期，资金池（流动性 & 监管双重风险）
投资风险	较低	较高
投资人风险偏好	风险厌恶，机构投资者，无刚兑责任	几乎无风险意识，个人投资者，期待刚兑

如表 7.4 所示，资产证券化发起机构的准入门槛很高，主体信用水平相对不足，需要通过较为优质的基础资产进行增信，提高产品的安全性。反观 P2P 产品，在其高企的资金成本之下，能够达成借款交易的资金融入方，可以想见其信用资质必然相对一般，信用水平显著低于 ABS 发起机构，几乎无可比性。

资产证券化产品的合规要求和信息披露要求很高，以交易所资产证券化产品为例，证监会、交易所和基金业协会均出台了全面的监管规定和细则，对资产证券化的尽职调查、文件申报、信息披露、产品设立、存续管理、中介机构尽责等各个环节都有详尽要求。反观 P2P 产品，目前仍处于无序发展阶段，很少有 P2P 平台详细披露其投资资产的质量表现和不良情况，P2P 平台跑路的新闻层出不穷。

面对高企的募集资金成本，P2P 平台普遍采用拆小份额和拆期的资金运作方式，P2P 平台进行资金池运作屡见不鲜，面临严重的流动性风险和监管风险。如果P2P平台的流动性错配安排出现问题，则直接面临挤兑和倒闭风险。

综上，从投资安全性角度，P2P产品的安全性远低于资产证券化产品，从风险承担角度，前者更适合具备风险承担能力和风险识别能力的合格投资者进行投资，适合投资的人群应该是金融机构和高净值个人等群体。然而，现实却是相反的，高风险、信息不透明的P2P金融产品，直接面向了几乎无风险意识的个人投资者，无投资门槛，有刚兑压力，扭曲了金融的本质。

因此，对于P2P平台和互联网金融企业而言，如果不能通过资产证券化等手段降低募集资金的成本，则在高成本资金和高信用风险资产的双重压力下，难以持久安全地运行。

长期来看，借助资产证券化，通过优质资产来降低资金成本，实现资金端和资产端风险重心的双降，重拾风控第一的理念，回归金融本质，是P2P平台和互联网金融企业健康发展的必由之路。

第三节
抛砖引玉：互联网金融实践资产证券化，业务路径探讨与案例

一、业务路径探讨

有一个比喻：为资产插上证券化的翅膀。题中之意是资产证券化通过结构安排将资产转化为证券，将原本在企业资产负债表上的没有流动性的非标准化资产，包装成高度标准化、高度流动性的金融产品，通过资产证券化，将优质资产低成本、高效率地流动起来，创造商业价值和社会价值。在这个比喻中，也同时隐含着几个内在逻辑，是互联网金融企业实践资产证券化的重要前提。

首先，拟证券化的资产，需要是“好”资产。证券化通过重新安排和切

分资产的现金流，将资产转化为不同信用水平、满足不同投资者偏好的标准化、可交易的证券。但是，证券化只是改变了现金流回流之后的分配顺序，没有改变资产的质量，也没有改变现金流的回流情况。因此，如果资产原本质量不佳，现金流回流情况很差，那么包装出来的所谓的证券化产品，其还款来源依旧是无源之水，缺乏投资价值。

简言之，操作资产证券化，“好”资产是前提，证券化只能将金子从原有的金矿中提炼出来，开采金矿炼金，却不能点石成金。金矿的生成，要回归金融的本质，风控先行。

其次，互联网金融企业操作资产证券化，应该以该企业持有资产为前提。例如，很多P2P平台扮演居间方角色，负责撮合资产方和资金方，资产不在平台的资产负债表上，资产已经转让给了投资者，这类平台自身没有持有资产，无法直接操作证券化。

此外，很多互联网金融企业通过个人之间的借款法律关系创设债权资产，例如，通过企业的法人/实际控制人，或指定的第三人（如企业高管）向众多借款人出借资金。理论上，债权资产持有在上述特定出借资金的个人手中，在债权没有转出之前，可以将债权打包并进行证券化操作。但是在实践中，上述持有债权的个人作为交易所证券化产品的发起机构（即原始权益人），需要与计划管理人等金融机构签署资产买卖协议等一系列交易文件，且证券化以后的募集资金需要向上述个人进行交割。实践中，上述两个环节均较难操作。

再次，从商业逻辑角度考虑，拟进行证券化的互联网金融企业要真正践行普惠金融的理念并创造社会价值，得到资本市场和机构投资者的认同。

互联网金融企业在展业过程中，如果与银行服务的客户重叠，但是通过互联网手段提高了服务效率；或者客户下沉，向传统金融未能覆盖的人群提供金融服务，同时能够做好信用风险识别和风险定价，在上述商业逻辑下，互联网金融企业就实现了金融服务效率和服务客群的提升，属于普惠金融范畴。

相反，如果在展业过程中，没有做好风险控制，不以风险定价为依据，仅以普惠金融为口号，收取极高的利率和手续费，或者只是通过互联网手段规避监管，绕过监管规定实现所谓金融效率的提高（比如简单通过互联网手段拆期、拆小额，降低金融产品的投资门槛，规避监管要求），那么，这样的普惠金融就是个伪命题。

例如，京东金融以协同京东商城的电商主营业务为起点，一方面针对个人端零售客户，在大数据风控的基础上，推出应收账款分期的京东白条业务，助力京东商城主营业务的开展；另一方面，针对企业端供应商，推出应付账款的保理融资业务，向京东商城供应商及其他电商平台客户提供供应链金融服务。京东金融充分发挥现金流、信息流和物流的优势，围绕应收账款和应付账款提供金融服务，并通过资产证券化盘活了上述债权资产，在防控风险的同时，向零售客户和供应商客户提供了高效、低成本的金融服务，是金融协同产业，以及践行普惠金融的典型案例之一。

从上述案例可以看到，互联网企业从事金融业务的产融协同逻辑和风控逻辑，以及开展资产证券化业务盘活零售资产、对接机构资金的商业逻辑。同时，上述逻辑取得了资本市场和机构投资者的认可，理顺了传统金融机构认购互联网金融企业资产证券化产品的投资逻辑。

最后，资产插上证券化的翅膀，存在资产与证券化翅膀之间的“接口兼容”问题，即资产的现金流、信息流在包装为资产证券化产品以后要保持信息流披露充分透明，现金流实现破产隔离。上述要求可以从资产证券化产品投资人的风控角度来分析。投资者面临众多 ABS 产品的投资选择，对于优先级产品投资人，一方面，会关注基础资产的质量、交易结构和增信手段；另一方面，也会关注发起机构的经营期限和信用资质、发起机构的风控能力和内控水平，以及可能的道德风险和操作风险。对于一个拟操作资产证券化的发起机构而言，“好”资产是其操作证券化的前提，因此，在此基础上如何进行顶层设计，缓释投资人的投资顾虑，是证券化操作的关键。

资产证券化将资产的风险和收益转移给了 SPV，以实现资产与发起机构的破产隔离和真实出售。不过，与境外证券化行业的业态有所不同，国内缺乏独立第三方的资产服务机构。因此，国内的资产发起机构和服务机构往往重合，资产证券化以后，资产表现的信息流掌握在服务机构（发起机构兼任是常态）手中，资产回款的现金流混同在服务机构的账户中，资产生成的法律关系发生在发起机构和借款人之间，均难以实现彻底的破产隔离。

因此，如果服务机构在信息流的报告过程中出现道德风险或操作风险，或者现金流在转付过程中出现混同风险，抑或在资产存续过程中发起机构发生信用风险，则证券化的投资者会非常被动，几乎没有较为有效的风险应对措施。

如果发起机构是持牌的金融机构，或者蚂蚁金服或京东等大型互联网金融企业，其声誉卓著、资质优异、内控严格，上述顾虑则不会成为操作证券化的障碍。

但是，假设这样一个场景：一家中小规模的互联网金融机构，使用个人借款的法律关系出借资金，通过特定个人作为原始权益人开展证券化业务，在证券化存续期间，投资人依赖该机构的服务报告观察资产表现，回款现金流混同在该机构的账户中。现金流、信息流和权属都不具备安全性，很难想象这家机构的证券化产品能够得到投资者的认可。

因此，如果互联网金融企业的信用水平相对较弱，则需要从顶层设计角度，尽量做到现金流、信息流的透明化，降低投资者对其道德风险、操作风险以及混同风险的顾虑，最大程度实现破产隔离这一证券化的应有之义，以取得更好的操作效果。

下文的案例中，介绍了中腾信和宜信两个资产证券化项目，可以看到，两家机构都较好地实现了证券化的破产隔离，证券化产品得到了投资者的认可。

二、案例一：中腾信之微贷信托受益权资产支持专项计划

（一）项目基本情况

2015 年 10 月，微贷信托受益权资产支持专项计划成功发行，由新时代证

券担任计划管理人。该期专项计划共募集资金规模为5.2亿元。其中，优先级资产支持证券约4.2亿元，评级为AA，次级资产支持证券约1.0亿元。以下介绍中腾信微贷信托受益权资产支持专项计划的具体情况，资料主要来源于其计划说明书。

该期资产证券化的原始权益人为中信产业投资基金管理有限公司及其关联方。贷款服务机构为中腾信金融信息服务（上海）有限公司，设立于2014年1月，注册资本为1亿元。基础资产是原始权益人在基准日拥有的特定信托合同项下的信托受益权。信托受益权项下的借款人按照各自与外贸信托签署的《个人借款合同》之约定，每月还款，作为基础资产的现金流来源。

（二）贷款服务机构基本情况

中腾信是专注于微金融服务的创新型、专业化金融服务机构，公司集个人信用评估、小额信用借款、金融信息服务为一体，致力于为工薪阶层、个体工商户、小微企业主解决资金需求，释放信用价值。截至2015年6月末，公司已经设立营业部80家，遍布77个城市。

中腾信旗下有信贷产品以及抵押车贷产品。根据面向的借款者类型不同，信贷产品主要分为：面向优质行业、职业的工薪阶层的信优贷系列、面向一般工薪阶层的信薪贷系列、面向有房贷按揭或有房产的工薪阶层的信薪按揭贷和信薪房产贷系列、面向小微企业和个体工商户的信业房产贷，以及专门面向女性客户的信薪嘉人贷。这些产品的期限为12个月、24个月、36个月和48个月不等，费率固定，但不同类别费率有所不同。

截至2015年6月末，中腾信约70%的业务通过信托模式进行放款。中腾信的信托合作方为外贸信托，合作形式为中腾信自行寻找机构资金，以外贸信托作为放款机构，由信托向中腾信推荐的借款人发放信托贷款，并由中腾信代为办理贷前、贷中、贷后等贷款服务。在增信方面，中腾信为基础贷款提供代偿服务。

借款人的借贷成本主要分为两类：一是付给银行的利息，按月收取；二是借款服务费，贷款成功后一次性收取。中腾信只在放款时收取服务费（即合同金额与到手金额的差额），客户后续还款（本金+利息）直接还到资金提供方（如银行、信托公司）账户，但在客户出现逾期时，中腾信会履行代偿责任。

（三）交易结构

该专项计划的交易结构概述如下：

（1）认购人通过与计划管理人签订《认购协议》，将认购资金划转至募集资金专用账户，计划管理人设立并管理专项计划，认购人取得资产支持证券，成为资产支持证券持有人。

（2）计划管理人根据与原始权益人签订的《微贷信托受益权资产支持专项计划资产买卖协议》的约定，将专项计划资金用于向原始权益人购买基础资产，即原始权益人在基准日拥有的特定信托合同项下的信托受益权。

（3）中腾信作为信托贷款服务机构及回购义务人对基础资产进行管理，包括但不限于贷款代付、日常管理及回收、剩余基础资产回购等。

（4）外贸信托根据基础资产项下特定信托合同及补充协议归集微贷借款人每月本金与利息还款现金流入，外贸信托在信托利益分配日将其应向受益人分配的信托利益由信托财产专户划转至专项计划账户。

（5）托管人在当次分配的资金确认日验证该日专项计划账户中的资金余额，并向计划管理人通知专项计划账户中资金余额。

（6）计划管理人根据托管人发出的专项计划资金余额通知，确认该次分配按《标准条款》约定的分配顺序应支付的各项费用、优先级资产支持证券预期收益（含上一次分配时未足额分配的收益，如有）及本金数额，并于分配日向托管人发出分配指令。

（7）托管人根据计划管理人的分配指令与《标准条款》规定的分配顺序核对一致后，将优先级资产支持证券投资者获付款项从专项计划账户划拨至登记机构指定的账户。

（8）在发生违约事件或加速清偿事件时，回购义务人中腾信应按照《基础资产回购承诺函》约定的价格，回购剩余基础资产。回购义务人全额支付回购价款后，按专项计划清算分配顺序进行分配。

该专项计划的交易结构如图 7.3 所示。

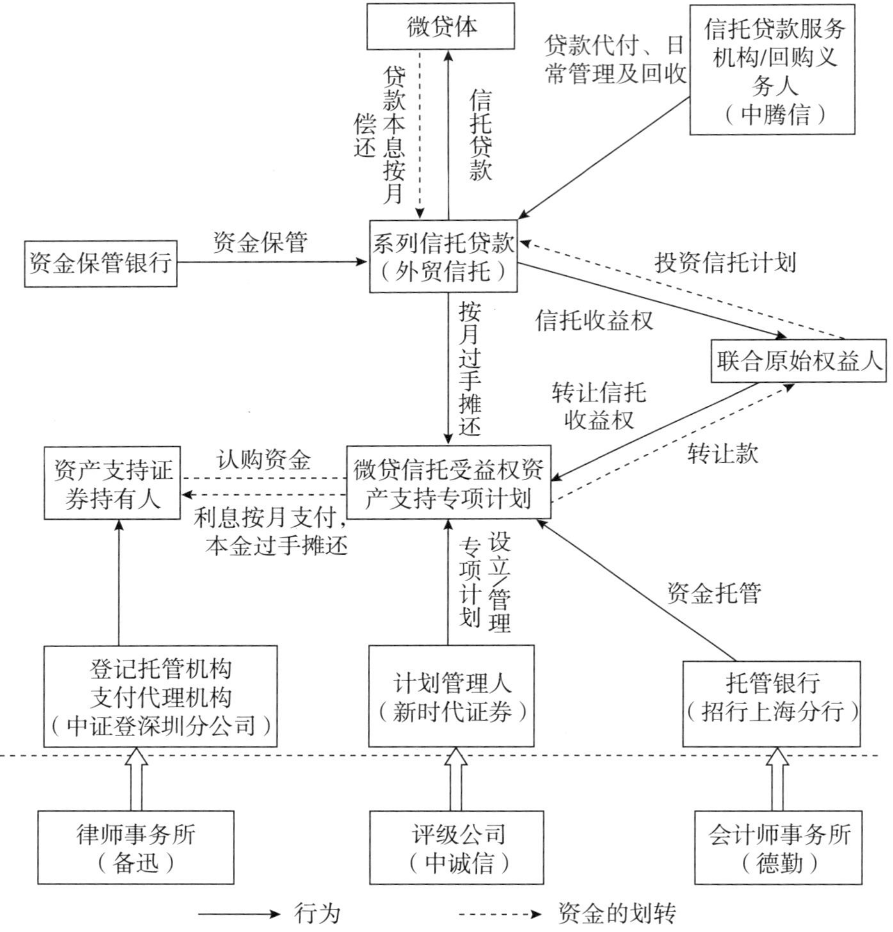

图 7.3　中腾信微贷信托受益权资产支持专项计划交易结构

（四）基础资产与资产池情况

假定基础资产的基准日为 2015 年 9 月 16 日，基础资产项下信用贷款合同共计 15 010 笔，未偿本金余额为 54 639.37 万元，共涉及借款人 15 008 户，具体情况见表7.5。

表7.5　中腾信微贷信托受益权资产支持专项计划基础资产基本情况

贷款本金总额（万元）	70 506.43
贷款本金余额（万元）	54 639.37
借款人数量（名）	15 008
贷款笔数（笔）	15 010
单笔贷款最高本金总额（万元）	13.84
单笔贷款平均本金总额（万元）	4.70
单笔贷款最高本金余额（万元）	12.71
单笔贷款平均本金余额（万元）	3.65
单笔贷款最高贷款利率	15.00%
单笔贷款最低贷款利率	9.50%
单笔贷款最长合同期限（月）	48
单笔贷款最短合同期限（月）	12
单笔贷款最长剩余期限（月）	45
单笔贷款最短剩余期限	—

（五）信用增级措施

该专项计划的信用增级方式主要包括：超额利差、优先/次级分层、超额覆盖、回购义务人回购义务承诺等。

1. 超额利差

基础资产项下的微贷借款现行加权平均利率与优先级资产支持证券预计平均票面利率之间存在一定的超额利差，为优先级资产支持证券提供了一定的信用支持。

2. 优先/次级分层

该专项计划对资产支持证券进行了优先/次级分层，次级资产支持证券占所有资产支持证券本金总额的比例为20%。次级资产支持证券将全部由中信夹层（上海）投资中心（有限合伙）认购，可为优先级资产支持证券提供信用支持。

3. 超额覆盖

在该专项计划存续期间，资产池的未偿本金将保持为资产支持证券未偿本金余额的105%，资产池对资产支持证券进行了超额覆盖。

4. 回购义务人回购义务承诺

中腾信作为回购义务人，对计划管理人做出了《微贷信托受益权资产支持专项计划基础资产回购承诺函》。如优先级资产支持证券预期到期日对应的资金确认日，专项计划账户资金余额按《标准条款》约定的分配顺序不足以支付该次分配所对应的优先级资产支持证券应付未付的预期收益及所有剩余未偿本金，则计划管理人于该日通知回购义务人回购剩余基础资产，回购义务人按照《微贷信托受益权资产支持专项计划基础资产回购承诺函》的约定履行回购义务承诺。如果专项计划发生加速清偿事件，资产支持证券于加速清偿事件发生日后的第21个工作日到期，回购义务人应按照《基础资产回购承诺函》中的回购价格向计划管理人回购剩余基础资产。回购义务人应于发生加速清偿事件后20个工作日内将剩余基础资产回购价款全额划转至专项计划账户，因中腾信增资未到位导致触发加速清偿事件的，回购义务人应与夹层基金共同将剩余基础资产回购价款全额划转至专项计划账户。

5. 基础资产内含的增进措施

针对《外贸信托·中腾信个人信贷单一资金信托项目单一资金信托合同》《外贸信托·中腾信个人信贷单一资金信托项目二期单一资金信托合同》等单一资金信托合同项下单一资金信托计划，中腾信与中国对外经济贸易信托有限公司签订了《债权转让协议》及《债权转让协议补充协议》。协议指出外贸信托应于每自然月前7个工作日内将上一月出现的《个人借款合同》项下借款人逾期还款超过90天的贷款债权向中腾信发出债权转让申请，中腾信需无条件同意该申请，并负有补足逾期贷款余额的义务。

（六）项目特点小结

1. 交易所资产证券化向初创的优质零售债权持有机构打开大门

中腾信设立于2014年1月，于2015年10月完成了首单资产证券化项目的发行；注册资本为1亿元，截至2015年6月末，对外发放贷款和垫款的余额为230 942万元。中腾信首单资产证券化项目优先级产品评级为AA+，优先级产品融资4.2亿元。可以看到，被投资机构认可的、持有相对优质零售债权的初创型类金融机构，能够在较短时间、较小注册资本金的情况下，开展交易所资产证券化融资。通过资产证券化，实现资产端零售债权和资金端金融机构资金的直接对接。

2. 破产隔离是资产证券化的应有之义

（1）基础资产与原始权益人的风险隔离。计划管理人依据《资产买卖协议》支付购买价款后，基础资产即由原始权益人转让给计划管理人所有。《信托法》第十五条规定，信托财产与委托人未设立信托的其他财产相区别，设立信托后，委托人死亡或者依法解散、被依法撤销、被宣告破产时，委托人是唯一受益人的，信托终止，信托财产作为其遗产或者清算财产；委托人不是唯一受益人的，信托存续，信托财产不作为其遗产或者清算财产。奋迅律师事务所认为，在专项计划依据《资产买卖协议》取得基础资产后，基础资产与原始权益人未设立信托的其他财产相区别，原始权益人依法解散、被依法撤销、被宣告破产时，原始权益人并非信托计划的受益人，信托计划存续，基础资产不作为其清算财产。

（2）关于基础资产与信托受托人的风险隔离，《信托法》第十六条规定，信托财产与属于受托人所有的财产相区别，不得归入受托人的固有财产或者成为固有财产的一部分。受托人死亡或者依法解散、被依法撤销、被宣告破产而终止时，信托财产不属于其遗产或者清算财产。奋迅律师事务所认为，信托财产亦与属于外贸信托所有的财产相区别，外贸信托依法解散、被依法撤销、被宣告破产而终止的，信托财产不属于其清算财产。

（3）在该专项计划中，微贷借款人授权中腾信或其指定的银行、其他第三方支付机构，根据中腾信发出指令的扣款金额、频率和时限从微贷借款人特定账户中划扣相应金额的资金至外贸信托名下的信托财产专户，微贷借款人不是直接向专项计划支付。同时，为监督中腾信划款行为，中腾信有责任按期将信托贷款还款信息提交计划管理人审查。因此，中腾信将微贷借款人支付的本息直接扣划至信托专户，不会经过中腾信的账户，基础资产回收的现金流不会与中腾信发生混同。

三、案例二：宜信之中金—宜人精英贷信托受益权资产支持专项计划

（一）项目基本情况

2016 年 4 月，中金—宜人精英贷信托受益权资产支持专项计划成功发行，由中金公司担任计划管理人。该期专项计划共募集资金规模为 2.5 亿元。其中，优先级资产支持证券为 1.875 亿元，占比 75%，评级为 AAA，夹层级资产支持证券为 0.25 亿元，占比 10%，评级为 A+，次夹层资产支持证券为 0.125 亿元，占比 5%，评级为 BBB-，次级资产支持证券为 0.25 亿元，占比 10%。

以下介绍中金—宜人精英贷信托受益权资产支持专项计划的具体情况，资料主要来源于《中金—宜人精英贷信托受益权资产支持专项计划说明书》。

该期资产证券化的原始权益人为喆颢资产管理（上海）有限公司（代喆颢—丰盛私募投资基金 1 号基金，基金编号：SE0260），于 2014 年 1 月 16 日设立，注册资本为 1 000 万元。其中，喆颢—丰盛私募投资基金 1 号基金于 2015 年 9 月 7 日成立，基金管理人为喆颢资产管理（上海）有限公司，管理类型为受托管理，托管人为中信银行股份有限公司总行营业部，主要投资领域为单一信托计划。贷款服务机构为恒诚科技发展（北京）有限公司（以下简称恒诚科技），成立于 2014 年 9 月，注册资本为 3 000 万元。基础资产是

《资产买卖协议》项下计划管理人以认购人交付的认购资金，于基础资产转让日，向原始权益人购买的原始权益人于基础资产转让日享有的特定信托合同项下的信托受益权扣除自单一资金信托计划设立日（含）至基础资产转让日（不含）期间，原始权益人应享有的信托收益后剩余部分。信托受益权项下的借款人按照各自与外贸信托签署的《贷款合同》之约定，每月还款，作为基础资产的现金流来源。

（二）贷款服务机构基本情况

宜人贷通过恒诚科技开展线上消费金融平台服务，同时，恒诚科技负责运营 www. yirendai. com 网站（网站名称：宜人贷）且拥有互联网信息服务提供商牌照。

恒诚科技由宜信建立，主要定位于提供个人对个人的消费信贷服务，主营业务包括个人信用借款及理财咨询服务，始终致力于成为我国普惠金融、财富管理及互联网金融领域的旗舰企业。恒诚科技在实际的业务运营中，主要依靠在对接投资和借款需求的过程中收取平台管理费用、自助投资工具和自动化投资工具的服务费来获得收益，充当投资者与个人借款者之间的信息中介，并不以自有资金进行借款投资。恒诚科技通过宜人贷平台将线上与线下渠道相结合，一方面通过互联网及移动应用软件等线上渠道对接借款者和投资者，另一方面也通过宜信遍布全国的销售网络等线下渠道进行客户信用信息的采集与核实。

恒诚科技通过宜人贷的线上平台为借款人提供了快捷便利的借款渠道，并且借款价格具有竞争力。2013 年，3 549 位借款人在公司平台上获得了借款，2014 年，获得借款的客户增加至 39 344 位，总借款规模约为 5. 51 亿元，其中约有 24. 7% 的借款是通过移动应用软件完成的，截至 2015 年 9 月末，已有 98 546 位借款人获得了借款，总借款规模增长至 62. 56 亿元，其中约有 26. 5% 的借款是通过移动应用软件完成的。

恒诚科技的信托合作方为外贸信托，合作形式为由宜信旗下的喆颢资产管理（上海）有限公司以其合法募集的资金委托外贸信托设立事务管理类单一资金信托——汇金28号E类单一信托，向其指定的、符合条件的宜人贷平台自然人发放个人贷款，并指定恒诚科技作为贷款服务方提供贷款管理服务。

外贸信托在该交易结构中起到3个作用：

（1）放款形成底层信贷资产。

（2）对底层资产进行监管。

（3）通过小微平台的日常操作对底层贷款及还款进行管理、清算、分配。外贸信托对发放贷款进行主动管理运营，并提供贷后管理服务。

（三）交易结构

该专项计划的交易结构概述如下：

（1）认购人与计划管理人签订《认购协议》并缴付认购资金，计划管理人设立并管理专项计划，认购人取得资产支持证券，成为资产支持证券持有人。

（2）计划管理人运用专项计划资金向原始权益人购买基础资产。

（3）托管人依据《托管协议》的约定，管理专项计划账户，执行计划管理人的划款指令，负责办理专项计划的相关资金往来。

（4）信托贷款服务机构对单一资金信托计划项下信托贷款进行管理与服务，包括但不限于信托贷款用途核查、日常管理及回收、逾期信托贷款催收、信托贷款质量监测等。

（5）外贸信托根据特定信托合同及补充协议归集信托贷款借款人每月本金与利息还款现金流入，并于信托利益分配日将其应向受益人分配的信托利益由信托财产专户划转至专项计划账户。

（6）计划管理人按照专项计划文件的约定将基础资产的收益分配给资产支持证券持有人。

该专项计划的交易结构及单一资金信托计划的交易结构分别如图7.4和图7.5所示。

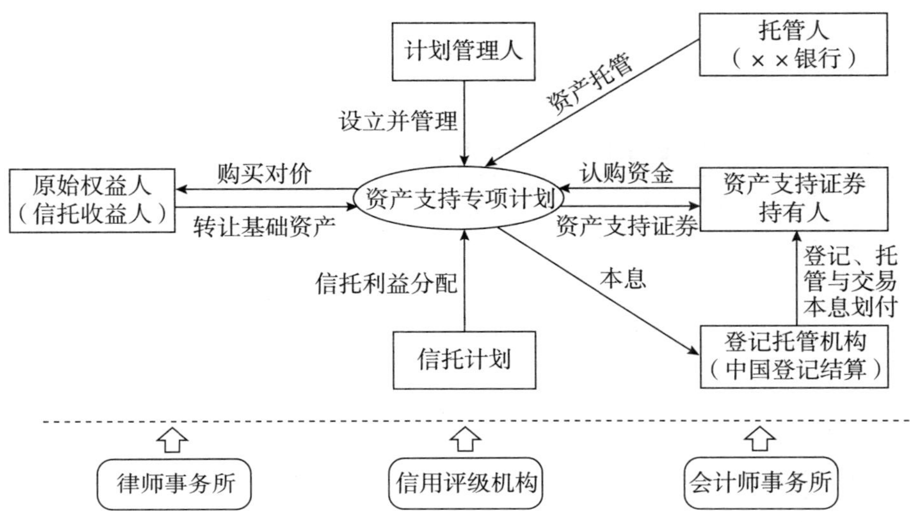

图 7.4　中金—宜人精英贷信托受益权资产支持专项计划交易结构

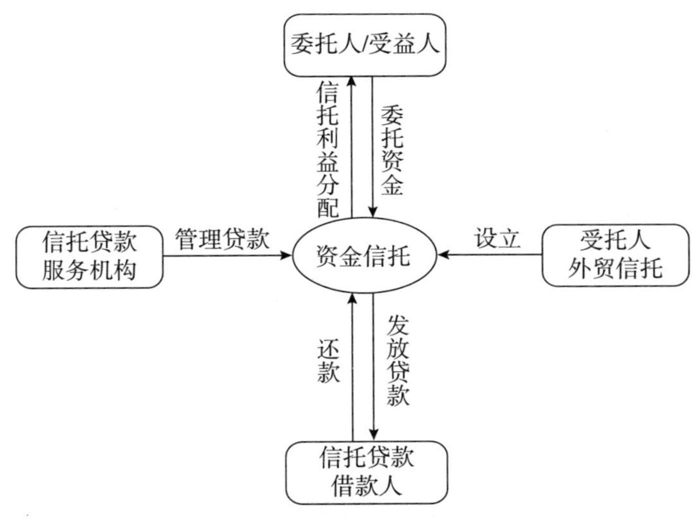

图 7.5　单一资金信托计划的交易结构

（四）基础资产与资产池情况

该专项计划为静态资产池，基础资产项下信用贷款合同共计 3 292 笔，未偿本金余额为24 549万元，共涉及借款人3 292户。均为按照中金—宜人精英贷信托受益权资产支持专项计划标准发放的贷款。

表7.6　中金—宜人精英贷信托受益权资产支持专项计划基础资产基本情况

剩余本金（万元）	24 549
借款人数量（名）	3 292
贷款合同笔数（笔）	3 292
单笔贷款最高剩余本金（元）	205 711
单笔贷款平均剩余本金（元）	74 620
贷款本金总额（万元）	24 743
单笔最高贷款本金（元）	210 600
单笔平均贷款本金（元）	75 162
平均贷款期限（月）	33.9
平均贷款剩余期限（月）	33.6
单笔贷款最长剩余期限（月）	36.0
单笔贷款最短剩余期限（月）	23.0

（五）信用增级措施

该专项计划的信用增级方式主要包括：优先/次级分层、超额利差、信用触发机制、保证金担保。

1. 优先/次级分层

该专项计划的结构设计中设定了优先A级/优先B级/中间级/次级的分层结构，优先A级/优先B级/中间级/次级比例分别为75%、10%、5%和10%。

2. 超额利差

该专项计划超额利差的形成原因主要是基础资产项下信托贷款本金的加权平均收益率远大于单一资金信托计划层面及专项计划层面合计的相关服务

费率以及预期的优先 A 级、优先 B 级和中间级资产支持证券收益率，超额利差为优先 A 级、优先 B 级和中间级资产支持证券提供了信用支持。

3. 信用触发机制

该专项计划设置了信用触发机制，即同各参与机构履约能力相关的加速清偿事件。信用事件一旦被触发将引致基础资产现金流支付机制的重新安排。如果加速清偿事件被触发，计划管理人将每月对专项计划资产进行分配。在分配顺序上，在偿付相关税费后，优先清偿优先 A 级资产支持证券的预期收益及本金，再清偿优先 B 级资产支持证券的预期收益及本金，再清偿中间级资产支持证券的预期收益及本金，最后再对次级资产支持证券进行分配。

4. 保证金担保

基础资产的内含信用增级，是指在基础资产内部设置的，为保证单一资金信托计划的信托财产免受因信托贷款借款人违约而造成的损失的信用增级方式。该专项计划购买的基础资产内含的信用增级措施为保证金担保，具体担保方式为：恒诚科技作为保证金提供人，与外贸信托签署《保证金协议》和《保证金协议补充协议》。根据该协议，为确保外贸信托在单一资金信托计划项下根据信托贷款合同所放出的信托贷款本息的安全，并确保操作便利，保证金提供人与外贸信托双方一致认可，通过由保证金提供人向单一资金信托计划对应的信托专户存入保证金并以保证金逾期债权代偿的方式来承担相应责任。单一资金信托计划的保证金额度为全部信托贷款实际放款金额的6%，如保证金全部扣划为信托财产，任何情况下均不得要求保证金提供人再追加保证金。

单一资金信托计划存续期间，如单一资金信托计划项下某笔信托贷款的信托贷款借款人于对应信托贷款合同约定的某还款日未按时足额偿还其应付本金及利息，则外贸信托有权于该还款日的下一个工作日将保证金中相当于该信托贷款借款人未足额支付款项的金额扣划至信托财产。外贸信托扣划保证金后，仍保留对所扣划保证金对应的逾期信托贷款的债权。

当保证金扣划为信托财产的金额不超过单一资金信托计划对应保证金

20%的情况下，在单一资金信托计划结束或终止时，未扣划为信托财产的剩余保证金将返还至保证金提供人；当保证金扣划为信托财产的金额超过单一资金信托计划对应保证金20%的情况下，在单一资金信托计划结束或终止时，保证金将全部扣划为信托财产并分配至信托受益人。

（六）项目特点小结

1. 国内首单P2P平台发起的互联网纯线上小额信用贷款ABS项目

以往P2P平台的资金端主要通过拆期、拆小额等方式对接个人投资人。通过该证券化项目，宜信充分发挥资产端持有相对优质债权的优势，首次将其纯线上的资产端个人债权资产与传统金融机构投资标准化资产的低成本资金进行对接，不但降低了融资成本，同时降低了宜信自身的风险重心，并最大化了资产端和资金端之间的利差，意义重大。

2. 破产隔离是资产证券化的应有之义

（1）基础资产与原始权益人的风险隔离。计划管理人依据《资产买卖协议》支付购买价款后，基础资产即由原始权益人转让给计划管理人所有。在专项计划依据《资产买卖协议》取得基础资产后，基础资产与原始权益人未设立信托的其他财产相区别，原始权益人依法解散、被依法撤销、被宣告破产时，原始权益人并非信托计划的受益人，信托计划存续，基础资产不作为其清算财产。奋迅律师事务所认为，在原始权益人发生破产情形的情况下，法院根据《企业破产法》的规定撤销《资产买卖协议》项下的信托受益权转让行为的可能性是极低的，已经转为专项计划资产的信托受益权不应被法院认定为原始权益人的破产财产。（2）关于基础资产与信托受托人的风险隔离，《信托法》第十六条规定，信托财产与属于受托人所有的财产相区别，不得归入受托人的固有财产或者成为固有财产的一部分。受托人死亡或者依法解散、被依法撤销、被宣告破产而终止时，信托财产不属于其遗产或者清算财产。（3）该专项计划购买的基础资产产生的回收款在存续期内由外贸信托依照特定信托合同约定直接由信托财产专户划入专项计划账户。因此，恒诚科技将借款人支付的本息直接扣划至信托专户，不会经过恒诚科技的账户，基础资产回收的现金流不会与恒诚科技发生混同。

从微观角度看，资产证券化是与股权、债权并列的一种金融工具，能够帮助企业实现出表融资或债务融资；从宏观角度看，资产证券化能够持续盘活存量资产，帮助企业持续对资产负债表做减法，因此，对于有能力持续创设优质债权资产的企业而言，资产证券化是一种商业模式，具有一定的商业价值：将原本没有流动性的非标债权资产，通过资产证券化操作转化为高度标准化、高度流动性的证券，同时提高证券评级并降低风险权重，最终低成本、高效率地将资产流转起来。

对于持有优质债权资产的互联网金融企业，从商业模式的角度考虑，借助资产证券化，互联网金融企业能够将资产端的零售和小微债权与资金端的金融机构资金直接对接，从而实现融资成本和风险重心的双降，同时反哺借款用户，践行普惠金融，并创造社会价值。

第八章

资产证券化中的基金行政管理

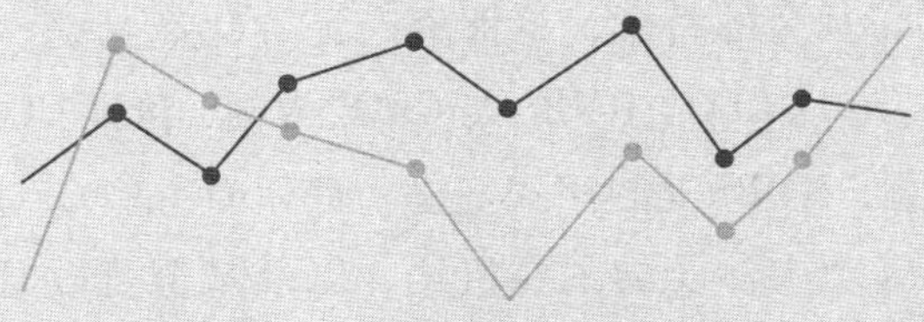

伴随着中国资产证券化的快速发展，市场对资产证券化产品的规范化运作以及监管要求日益上升。而在资产证券化产品的存续期管理中，积极地纳入独立的第三方服务机构，将为提升资产证券化产品的公信力、多维度满足投资者需求、规范监管标准提供有力支持。

本章主要介绍资产证券化中的基金行政管理的职责与前景，包括三节内容，第一节介绍国内外基金行政管理的市场现状和发展前景；第二节通过比较资产证券化产品与基金的特征，论证资产证券化产品是一种结构型基金（Structured Funds），并以 CLO、RMBS 与 CDO^2 为例，论证 CLO 是具有循环池的信贷产品对冲基金，RMBS 是封闭式基金，而 CDO^2 是 FOF 基金；第三节介绍资产证券化产品管理中涉及的主要机构，以及基金行政管理方所具有的职能。

第一节
基金行政管理概述

一、国际基金行政管理

在国际市场上，基金行政管理是独立于托管方和基金投资管理方的基金服务机构，拥有超过 40 年的历史。20 世纪 90 年代，美国长期资本管理公司

（Long-Term Capital Management，简称 LTCM）为了获得更高利润使用高杠杆策略（25∶1）进行投资。时值1998年俄国金融危机，LTCM资产净值严重缩水。由于当时的投资管理缺少独立的监管环节，LTCM在高危时期继续使用高杠杆策略，财务杠杆持续上涨，最高点达到250∶1，LTCM面临巨大的资产变现压力。美联储为防止资产变现造成的金融市场恶性连锁反应，紧急联合了14家银行对LTCM进行注资救助。此后，金融市场开始意识到独立的合规监测、信息披露与会计测算在基金运作中的重要作用，基金行政管理机构逐渐成为对冲基金服务机构中的重要一员。

2008年美国次贷危机加剧，最终演化成了一场席卷全球的国际金融危机，投资人纷纷赎回造成大量对冲基金清盘。为稳定金融市场，美国相继出台了一系列收紧监管政策，但由于对冲基金运作不透明，投资者仍然对其缺乏信心。基金行政管理作为独立第三方，可以增加投资监管与投资结果的真实性、提高基金管理人的公信力。在此背景下，基金行政管理迎来了另一轮蓬勃发展，并开始被更多的对冲基金纳入运营管理当中。与此同时，在大型金融机构的基金服务部门以外，市场上又相继涌现出一批大型的独立第三方行政管理公司。

此后，基金行政管理市场在发展中开始了一系列合并，前五大独立的第三方行政管理公司的市场占有率从2006年的44%增长到2013年的59%。2016年，三菱集团的MUFG基金服务（MUFG Fund Services）对瑞士银行基金服务（UBS Fund Services）的收购，以及SS&C GlobeOp对花旗基金服务（Citi Hedge Fund Services）的收购都为基金行政管理市场带来新的格局——前者将以管理资产1 600亿美元成为第九大行政管理方，后者亦将进入行业前列。

根据Hedge Fund Research调查显示，截至2015年10月，在美国单一管理基金（single manager fund）市场上，基金行政管理机构资产管理规模已经达到50 000亿美元。其中，道富银行（State Street）的行政管理以管理资产规模8 065亿美元占据榜首，超过了以6 600亿美元管理资产规模位居其次的Citco Fund Services和以4 805亿美元管理资产规模位居第三的美国纽约银行梅

隆公司（Bank of New York Mellon）。图 8.1 为美国市场基金行政管理在资产管理规模方面的统计数据，可以看到，排名前 29 的机构所管理资产总额共计 48 663 亿美元，占比 97.3%，行业集中度很高。

	2015.4排名	排名变动		6个月增长 2015.10管理资产规模（10亿美元）	6个月增长 2015.4管理资产规模（10亿美元）	6个月增长 2015.4~10增长率（%）	2015.4排名	排名变动	12个月增长 2015.10管理资产规模（10亿美元）	12个月增长 2014.10管理资产规模（10亿美元）	12个月增长 2015.10~2015.10增长率（%）
1	1	-	美国道富银行	806.50	806.50	0	1	-	806.50	780.60	3
2	2	-	思高方达金融服务	660.00	657.00	0	2	-	660.00	638.00	3
3	3	-	美国纽约银行梅隆公司	480.50	494.20	–3	3	-	480.50	483.10	–1
4	4	-	SS&C GLOBEOP	459.00	456.00	1	4	-	459.00	446.00	3
5	6	▲	北方信托	326.98	300.35	9	6	▲	326.98	278.71	17
6	5	▼	花旗对冲基金服务	325.97	325.97	0	5	▼	325.97	325.97	0
7	8	▲	HEDGESERV	248.00	221.00	12	8	▲	248.00	190.00	31
8	7	▼	摩根士丹利基金服务	237.45	241.00	–1	7	▼	237.45	228.00	4
9	9	-	SEI	129.30	136.30	–5	10	▲	129.30	133.60	3
10	11	▲	法国巴黎证券服务公司	127.00	118.00	8	17	▲	127.00	51.00	149
11	10	▼	RBC 投资服务公司	125.58	125.58	0	11	-	125.58	125.58	0
12	12	-	摩根大通另类投资	117.10	117.10	0	9	▼	117.10	139.80	–16
13	15	▲	汇丰银行	116.10	112.80	3	12	▼	116.10	116.42	0
14	13	▼	三菱日联基金	115.00	115.00	0	13	▼	115.00	115.00	0
15	14	▼	美国合众银行	96.88	113.79	–15	14	▼	96.88	108.25	–11
16	20	▲	基金服务	65.57	35.60	84	20	▲	65.57	35.60	84
17	16	▼	投资者服务	50.37	58.54	–14	16	▼	50.37	65.11	–23
18	18	▼	瑞士银行基金服务	50.20	50.49	–1	18	-	50.20	47.24	6
19	18	▼	NAV 咨询	46.20	39.10	18	20	▲	46.20	38.00	n/a
20	21	▲	富国银行国际基金服务	40.00	38.90	3	19	▼	40.00	38.90	3
21	22	▲	APEX 基金服务	34.34	33.76	2	26	▲	34.34	24.27	41
22	23	▼	MAPLES 基金服务	33.78	31.52	7	23	▲	33.78	29.44	15
23	24	▲	ALPS 基金服务	31.25	30.85	1	24	▲	31.25	29.20	7
24	25	▼	HARMONIC 基金服务	30.60	30.60	0	22	▼	30.60	30.20	1
25	25	-	STONE COAST 基金服务	29.43	29.02	1	25	-	29.43	26.39	12
26	26	-	德意志银行另类基金服务	21.70	21.70	0	28	▲	21.70	21.00	3
27	27	-	日本三井住友信托银行资本服务	20.50	20.50	0	38	▲	20.50	10.96	87
28	28	-	SGSS	20.30	20.30	0	29	▲	20.30	20.30	0
29	31	▲	诺丁汉投资管理	20.10	18.20	10	33	▲	20.10	13.70	47

图 8.1 美国市场基金行政管理机构规模统计

资料来源：HFMWeek

目前，在国际对冲基金行业，投资管理方、托管方、行政管理方，三者互相监督的运作模式已经从最佳实践成为行业标准。由于国际对冲基金的投资策略逐渐呈现复杂化趋势，伴随监管压力的加大和对信息透明化要求的增加，更多对冲基金选择与独立的基金行政管理方合作，以提高基金运作效率、降低运营成本，并加大投研力度。一些大型国际资产管理公司（资产管理规模大于10亿美元）会选择同时与两家以上基金行政管理方合作，通过多家行政机构独立备份和相互核查来提高数据与报告的质量。

在监管部门对资产管理公司的审查愈加严格的同时，机构投资者在选择资产管理公司时，也将资产管理方所提供的报告和风险披露的清晰度、完整性、精确性作为一项评价依据。而且，在很长一段时期，金融衍生品是以电话或邮件的方式报价，交易双方在信息记录方面经常发生信息错误的情况。因此，为了满足机构投资者与衍生品交易双方的要求，第三方基金行政管理作为独立的基金服务机构，担任了以下主要职责：

- 审核、监督基金运作的合规、合法性。
- 定期审核逐笔交易。
- 对资产池逐笔资产估值，计算基金净值。
- 核实托管账号的资产记录。
- 进行投资者登记，核实投资者资金来源的合法性。
- 计算各类费用。向投资管理方出示资金划款指令。
- 汇总基金财务报表，并协助基金审计。
- 协助监管部门的监督和调查。

举例而言，A公司是具有多年丰富经验的基金行政管理公司，其主要管理对象为对冲基金。对冲基金具有独特的投资策略、投资者偏好以及法律法规，同时，市场对对冲基金运营的规范性亦有特定的标准。因此，作为对冲基金的行政管理方，A公司依据对冲基金的投资特征、市场与监管的要求，完成以下职责。

首先，A公司在其系统中独立地记录其管理的对冲基金的每一笔交易情况；依据内部合规测试等模型，逐笔核查该基金的交易、运作是否符合基金产品说明与管理规定；同时，A公司会定期测试对冲基金投资组合的合规性，防止由于市场因素变化造成不良影响。

其次，作为对冲基金的行政管理方，A公司的另一个重要职责是按照不同频率执行不同的报告和汇总工作，定期向投资者披露。例如，以每天为频率计算基金净值变化；以每月为频率制作经纪人声明（broker statement）、会计报告与月度报告。A公司还会及时与管理方及托管方核对其管理的对冲基金披露报告中使用的原始数据的准确性；同时，依据合同规定计算托管方、管理方与行政管理方以及其他服务机构的费用，并计算基金份额持有者应获得的收益分配。

另外，A公司还需要在年末准备收入与支出报告，供税收机构等相关机构使用，并在SEC调查时提供相关数据。

二、国内基金行政管理

目前，我国多数私募基金借用公募基金的通道，通过银行融资发行，或借证券公司通道。因此，在其发行与管理过程中，行政管理者的角色并不明确——绝大多数境内基金行政管理依附于银行（托管），或证券公司（资管）的服务，而非完全独立的第三方。同时，国内的私募基金（包括对冲基金）在设计发行与存续期管理过程中，仅硬性要求投资管理方和托管方的存在。独立的行政管理者角色在我国法律中尚没有完整准确的定义。

值得欣喜的是，2013年6月的《基金法》、2014年8月的《私募投资基金监督管理暂行办法》及11月的《关于发布〈基金业务外包服务指引（试行）〉的通知》均从法律的角度支持并规范了国内基金行政服务机构的产生，帮助监管机构规范私募基金的管理。2013年，在上海合格境内有限合伙人"QDLP"制度的试点中，也开始要求独立基金行政管理服务。

然而，我国现有基金行政管理的主要职责仅是资产估值，净值计算，并不包括对基金运作的监督。

国内与国际基金行政管理的对比具体表现在以下几个方面：

首先，国内基金行政管理并没有直接服务于投资者，即所有信息披露以及财务报告均由基金行政管理方交给管理方，再由管理方披露给基金业协会、出示给投资者。对比国际市场上基金行政管理直接面对投资者与监管部门的方式，国内基金行政管理在份额确认、估值报告以及收益分配方面的透明度与独立性较低。

其次，国内托管方划款的指令是由管理方直接出示的，而国际上则是由行政管理在进行合规检查后与管理方共同出示划款指令。由基金行政管理方与管理方核对后出示划款指令，不仅可以保证基金财产的安全，也确保了每笔资金的用途符合基金合同要求，增加公信力。

最后，国内基金行政管理多依附于银行或证券公司托管，这种结构使行政管理和托管很难实现真正意义上的隔离。国际市场上，托管方只负责保管基金财产，而合规监督、基金会计、划款指令等则交由专业的第三方基金行政管理运作。

随着国内私募基金管理规模的迅速扩大，依附于银行或证券公司托管的基金服务模式存在的问题也进一步凸显。由于管理人内部和外部风险控制意识不强，导致了投资人的权利得不到保障；由于信息披露不及时、运作不规范等因素，导致了私募基金整个行业的风险增加。在各方需求推动下，独立第三方基金管理服务在国内已经起步。中国基金行政管理网（www. fundadmin. com. cn）就是一家专注于国内基金行政管理服务的网站。目前国内基金行政管理服务大多能提供估值、TA、收益分配等服务，同时可以独立地向投资者及监管部门进行信息披露。随着国内投资者专业化和机构化程度提高，中国基金行政管理服务市场潜力巨大，可以预见未来我国将逐步建立起基金第三方行政管理服务标准，协助市场规避系统性风险，推动基金行业健康发展。

三、FOF 基金的最佳合作伙伴

国际市场上，绝大多数 FOF（Fund of Fund，基金中的基金）都由基金行政管理方为其产品提供交易审核、财务报告、费用计算等多个层面的服务。以 FMG Funds 的 FOF 团队为例，FMG 在亚洲与欧洲拥有超过 10 000 家客户，其 FOF 的投资范围包括百慕大、马耳他、康涅狄格州、斯德哥尔摩、伦敦和中国上海。FMG 为优化资产配置，更好地监控子基金运作，积极引入基金行政管理公司 Apex 负责其行政管理相关事务。同时，Apex 根据 FMG 的要求为其订制常规的风险分析报告，内容包括复合金融工具风险报告，基金在金融工具类型、地理、头寸、发行人等方面的信息，杠杆分析，压力测试，流通分析以及交易对手分析等。

基金行政管理与 FOF 相结合，有利于规避系统性风险，建立私募基金行业新秩序，为金融投资提供良好环境。基金行政管理和 FOF 的合作优势具体体现在以下几个方面：

首先，基金行政管理可以有效地监控 FOF 中众多子基金的投资运作，通过对子基金各个方面的信息进行分析及汇总，判断 FOF 的资产配置方向与投资策略是否偏离设定方案，为监管方与投资者提供监管与评价的依据。

其次，基金行政管理可以通过统一量化的风险模型对 FOF 进行投资风险评估。基金行政管理可以穿透到 FOF 的底层资产，即每个子基金的投资资产，为每一个子基金进行风险评估，最终将风险信息汇总，在高危时期为资产管理方提供风险预警，并为市场出具风格一致的风险报告。

最后，基金行政管理可以将 FOF 的子基金投资策略及风险收益表现与市场的标杆进行对比与分析，甚至在同类型子基金之间进行横向对比，并根据 FOF 的资产配置原则，提出资产配置优化方案。

综上所述，基金行政管理能为 FOF 提供风险控制、策略分析以及资产配置优化方案，是 FOF 基金的最佳合作伙伴。目前，中国基金业协会致力于推动中国 FOF 的发展，计划在两万余家机构当中培育出 100 家左右比较大型的私募基金的 FOF。随着 FOF 引来新的发展机遇，基金行政管理也必将得到蓬勃发展。

第二节 资产证券化产品是一种结构型基金

一、资产证券化产品和结构型基金的相同特征

资产证券化是指将缺乏流动性，但未来具有稳定现金流的资产打包成资

产池，并且通过结构性重组的方式，按照不同风险收益偏好分为不同层级，转变为在金融市场上可出售与流通的证券的融资技术。资产证券化产品又称资产支持证券，是通过资产证券化技术，用具有清偿能力的资产池支持的证券。

结构型基金又称为分级基金，是指将选择投资组合后构成的原始基金，通过对其收益或者净资产的分解，形成多级风险收益表现有差异的基金产品。

当我们将资产证券化产品与结构型基金做比较时，可以看到两者在产品结构、服务机构、管理内容等方面均具有相同的特征。

首先，资产证券化产品与结构型基金具有相同的产品结构，两者都具有资产端与负债端。就资产端而言，资产证券化产品的发行人购入基本资产并组成资产池的过程，与基金管理人筛选投资产品的过程相同：第一，两者均需要依据产品的合同条款确定总体目标特征，包括资产类别、投资限制、风险水平等；第二，两者均需要结合市场环境及投资需求，设定资产筛选标准，选择备选资产或产品，最后组成资产池或投资产品组合；第三，具有循环池特性的资产证券化产品对产品循环池资产的管理与基金投资组合管理一致，都是对基础资产不断筛选更换的过程。就负债端而言，资产证券化产品的负债端需要依据市场投资人对风险偏好的差别，设计成具有不同风险与回报率特征的多层级的资产证券化证券，这种结构与结构型基金（即在一个投资组合下，通过将基金收益分解，形成多级风险收益表现差异化的基金）具有相同的特征——均具有优先级与劣后级，均为结构化的金融产品。并且，资产证券化产品的次级证券与结构型基金中的劣后级相同，其收益都是来自资产端收益去除优先级收益后的剩余收益。

其次，在资产证券化产品（特别是具有循环池属性的资产证券化产品）的存续期管理与基金管理当中，均有相同的机构参与其中，这些机构包括资产管理方、托管方和行政管理方等。其中，资产管理方负责投资运营整个产品，收取管理费并参与超额收益分红（如有）；托管方负责保管投资人财产，检查并执行托管户的划款指令等，收取相应的托管费；行政管理方主要负责份额登记、资产池计算、收益分配、费用计算、合法合规性监督等，收取行政管理费。国际市场的资产证券化产品与基金管理当中，以上机构的参与已成为行业规范，为整个产品运作的规范化和透明度提供保障。

最后，在存续期管理中，资产证券化产品与基金产品均需要对资产池或投资组合、收益分配与相关费用进行计算与披露。其中，资产池计算是指按期对资产证券化产品的资产池，或基金的投资组合的交易数据进行核算，具体包括：买卖结算、本息偿付、预付款项和费用支付等；收益分配计算主要指依照产品合同中规定的分配方式，以及当期资产端所获得的收益，计算当期应该分配给各个持有资产证券化产品或基金各级份额投资者的金额；费用计算指按照产品合同的规定，按比例计算应缴纳给参与到资产证券化产品或基金管理中的各相关服务机构的费用。资产证券化产品与基金相比较，不仅两者所涉及的资产池计算、收益分配与费用计算等相关数据要求相同，而且提供以上数据报告均以基金行政管理方为主。基金行政管理方经过独立处理与核算产品发行、运营信息，为各相关服务机构、投资者和监管机构提供应有的数据报告。

另外，资产证券化产品和基金的被动投资者在产品运作期间均不会主动参与投资管理，而是通过管理人统一进行投资运作。

综上所述，资产证券化产品与结构型基金在产品结构、服务机构、管理内容等方面均是一致的，因此，资产证券化产品是一种结构型基金。

二、CLO 是具有循环池的信贷对冲基金

CLO（Collateralized Loan Obligation，担保贷款证券）是以贷款为基础资产的资产证券化产品。在具有循环池资产结构的资产证券化产品中，CLO 是占比最大的产品种类。

资产证券化产品的投资者大多偏好选择期限较长的证券产品。然而，在静态池模式下，市场上某些优质、流动性强的资产却因为其到期期限比较短（可能是短期甚至超短期，如随借随还）的缘故，导致资产池内的资产无法覆盖资产支持证券产品的期限，或者由于提前清偿而无法达到资产支持证券的产品期限。这使得 SPV 很难将这些资产作为基础资产，发行符合投资者偏好

的资产证券化产品，从而造成资源浪费。

为了适应这些期限较短、质量优秀的基础资产的证券化，循环购买应运而生。循环购买是指在产品设计初期，设定资产池与循环池，当资产池中的基础资产清偿完毕或者出现早偿事件时，管理方会从循环池中选择新的基础资产补充资产池，这样就可以保证资产端与负债端时间的匹配。循环购买有效地解决了基于短期资产发行长期证券的期限错配问题，为市场上一些期限较短且可以持续获取的资产类型提供了证券化融资的可能。

同时，循环资产池还起到了稳定产品结构的作用。资产端提前偿还率过高可能导致负债端优先级证券的提前偿清。由于优先级证券的利率一般比证券的加权平均利率低，偿清之后，负债端的加权平均利率会增大，可能会导致资产端的收益无法覆盖负债端的收益，从而造成负债端次级证券的损失。循环购买的设立，恰好能够解决基于提前偿还导致的资产池收益无法足额支付证券收益问题，可起到内部增信的作用，并且保证利息的超额覆盖，有效维持整个产品资产和证券结构的稳定。

在美国市场，98%以上的贷款抵押证券、汽车贷款、信用卡应收款等资产证券化产品都会设立资产池循环购买体系。在国内市场，循环池产品仍处于起步阶段。据资产证券化分析网统计，截至2016年6月8日，国内市场共发行238单信贷ABS产品和370单企业ABS产品，其中有5单信贷ABS产品和58单企业ABS产品为循环购买结构。以和享2016－1为例，该产品由招商银行在2016年发行，是一款典型的信贷资产证券化产品。证券基本信息如图8.2所示。

证券信息

证券简称	证券代码	原始本金（万元）	当期剩余本金（万元）	当前亏损附着点	利率公式（原始）	当期利率	占比	中债资信/联合资信（原始）	中债资信/联合资信（当前）
16和享1A1	1689075	42 000.00	42 000.00	9.84%	3.10%	3.10%	13.05%	AAA/AAA	AAA/AAA
16和享1A2	1689076	80 000.00	80 000.00	9.84%	3.20%	3.20%	24.85%	AAA/AAA	AAA/AAA
16和享1A3	1689077	150 000.00	150 000.00	9.84%	3.30%	3.30%	46.60%	AAA/AAA	AAA/AAA
16和享1B	1689078	21 000.00	21 000.00	2.88%	3.50%	3.50%	6.52%	AA+/AA+	AA+/AA+
16和享1C	1689079	28 906.82	28 906.82	0.00%	5.00%	0.00%	8.98%	–	–

图8.2　和享2016－1证券信息

资料来源：资产证券化分析网

其偿付模型如图 8.3 所示。由图中可以看出，在违约事件发生前，本金账的现金流偿付第 2 步中就进行了循环购买。持续购买的原则是，受托机构（作为持续购买资产的买方）与发起机构（作为持续购买资产的卖方）签署《持续购买合同》，约定在持续购买期间（为期 1 年），华润信托有权以资产池的本金回收款向招商银行（作为持续购买的卖方）持续购买新的资产。持续购买入池的资产将构成资产池和信托财产的一部分，用以支持资产支持证券的偿付。招商银行和华润信托将依据事先设定的持续购买运行机制进行基础资产的持续购买操作，直至持续购买期结束。

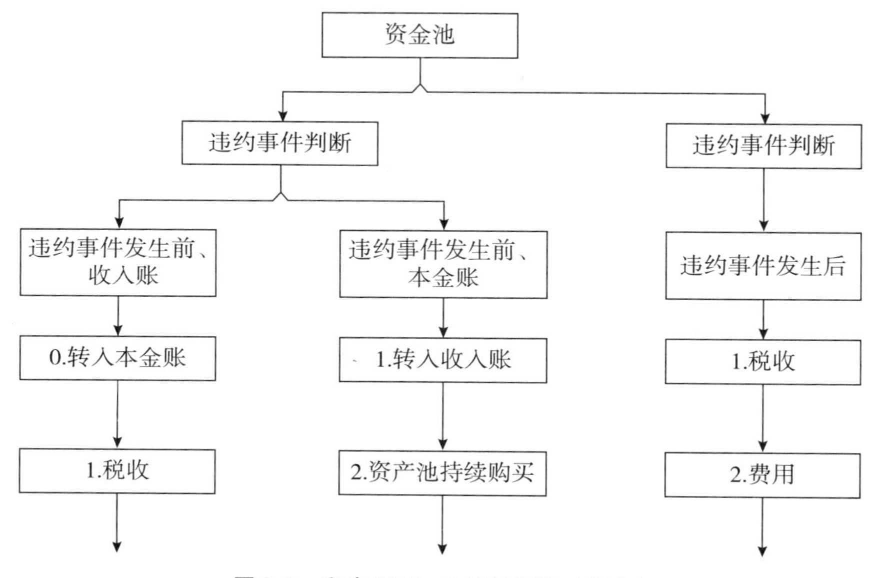

图 8.3　和享 2016－1 偿付模型（部分）

资料来源：资产证券化分析网

在众多具有循环池资产结构的资产证券化产品中，占比最大的产品种类当属 CLO。CLO 的实质是结构化融资渠道的信贷产品对冲基金。

首先，从产品结构上看，CLO 是一种结构化的融资渠道。CLO 的资产端由一系列信贷产品组成，负债端会根据风险、收益率和期限的不同分成不同层级。一般 CLO 的负债端结构包括三个层级：优先级、中间级和劣后级。其中，优先级风险最低、收益率最低，劣后级风险最高、收益率最高，中间级风险与收益率在优先级与劣后级之间。当有亏损发生时，由劣后级首先补足，然后依次由中间级、优先级承担。CLO 产品结构如图 8.4 所示。

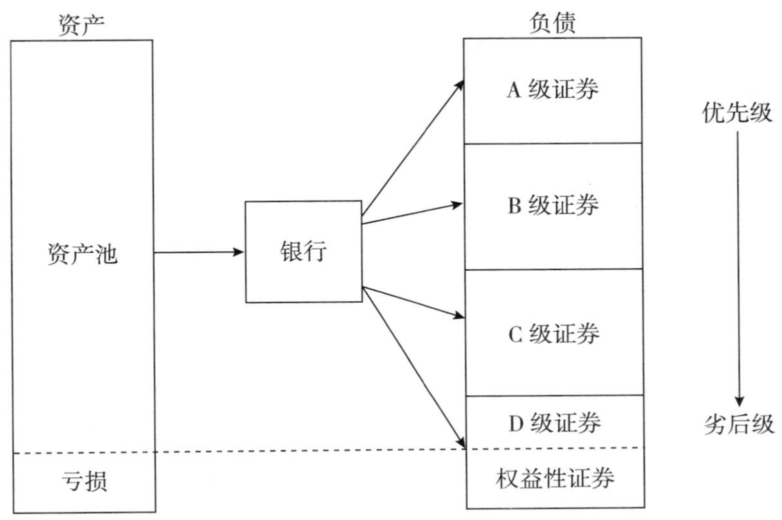

图 8.4　CLO 产品结构

其次，CLO 是对冲基金。对冲基金最主要的特征之一是杠杆融资。在套利 CLO 交易中，资产管理人一般从公开市场上购买收益率较高的信贷产品，并以此发行评级较高的证券，而自己保留风险最高的权益性证券。资产管理人通过这种方式赚取风险较高资产的高收益率和优先级证券的低成本之间的利差。这种杠杆融资的行为与对冲基金中使用财务融资杠杆扩大投资资本金的方式一致。并且，在具有循环池结构的 CLO 中，其循环购买与基金投资的资产换仓相同——CLO 通常通过换仓降低整个资产池的信贷风险，同时也以低买高卖的形式进行循环购买，获取中间买卖差价，使资产端收益最大化。此外，CLO 的资产管理方，其职责与基金管理人相同，负责投资管理整个产品。为保证资产池的质量，基础资产数据要达到相关规定的标准或者指标。CLO 交易的过程中，其基础资产指标会不断变化，市场环境的变化可能会使当前一些资产不再满足相应的条件或者需求，需要进行定期观察和调整资产池。因此，在 CLO 产品的管理中，资产管理方对资产的管理并不停止于证券的发行，而是与基金一样，是动态和长期的过程。

下面我们以 CELF Advisors LLP 管理的 CGMSE_15 -1X 为例来说明。CGMSE_15 -1X 是一款典型的 CLO 产品，发行于 2015 年，其原始资产池的基础资产绝大部分是企业贷款。以这些基础资产产生的现金流为支撑发行的支持证券有 A 级、B 级、C 级、D 级、E 级和次级证券，发行的产品规模如表 8.1 所示。

表 8.1 CGMSE_ 15 -1X 证券信息

级证券	金额（美元）
A	413 440 000
B	70 400 000
C	34 560 000
D	38 400 000
E	32 000 000
次级证券	61 330 000
证券总额	650 130 000

资料来源：彭博资讯

按照发行文件，其一般情形下的偿付规则可归纳简化为图 8.5。由图中可以看出：

（1）在整体的产品结构上，该 CLO 产品的 6 只支持证券的偿付顺序是按照 A→B→C→D→E→次级的顺序。通过这种设置，就实现了产品的分层结构，从优先级到中间层再到次级，优先级逐渐降低，风险逐渐加大。A 级的收益率最低而风险最低，E 级和次级的收益率最高而风险也最高，从而实现结构化融资的需求。

（2）在循环购买期内（从发行日后的约 5 年内），在各支持证券的本金偿付之前，本金现金流的一部分会用来进行持续购买符合要求的资产，从而降低信贷风险和获取更大收益。另外，发行方只需要购买占比较少的次级产品就可以获得约 10 倍的资金，从而实现杠杆融资。

综上所述，CLO 是结构化融资渠道的信贷产品——对冲基金。

图 8.5　CGMSE_ 15－1X 偿付模型

资料来源：根据彭博资讯数据整理得出

三、RMBS 是封闭式基金

RMBS（Residential Mortgage Backed Security，个人住房抵押贷款支持证券）是通过将个人住房抵押贷款打包做成证券，并卖给投资者来进行融资的一种工具。在美国市场上规模十分庞大，几乎所有住房抵押贷款都打包成了 RMBS。在国内，RMBS 市场在近几年的发展也比较迅速，由图 8.6 近几年发行的规模统计可以看出，RMBS 在 2015 年和 2016 年的发行有显著的增长。

封闭式基金（Close-end Funds）是指基金的发起人在设立基金时，限定了

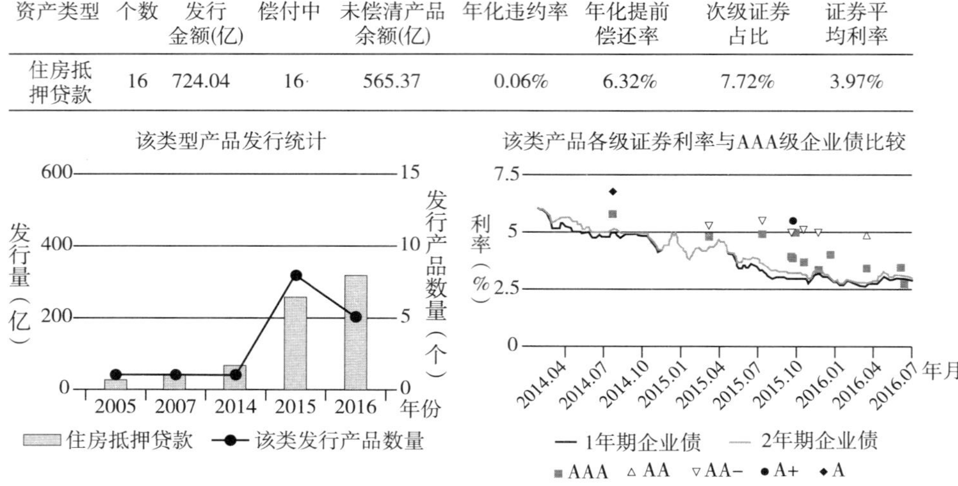

资产类型	个数	发行金额(亿)	偿付中	未偿清产品余额(亿)	年化违约率	年化提前偿还率	次级证券占比	证券平均利率
住房抵押贷款	16	724.04	16	565.37	0.06%	6.32%	7.72%	3.97%

图 8.6　中国 RMBS 产品发行统计

资料来源：资产证券化分析网

基金单位的发行总额，基金在封闭期内不再接受新的投资。与开放式基金最明显的区别就在于，封闭式基金在运作中不可以发行新份额或被投资者赎回，RMBS 的运作方式也与此相同。

RMBS 的基础资产池在产品成立的时候就已经确立，其后不会有循环购买，也不会补充新的贷款，其资产池的规模只会随着贷款的偿付而逐渐减少。与此相对应，以资产池的现金流作为依托发行的支持证券也会慢慢被偿付完成，或在特定情况下被清盘。因而发行的支持证券总规模在产品寿命期限内会一直保持不变，不允许赎回或发行新份额，总份额保持恒定。

以建设银行在 2007 年发行的个人住房抵押贷款证券化产品建元 2007 - 1 为例（见图 8.7）。该产品的基础资产是 12 000 多笔个人住房抵押贷款，总金额为 41.6 亿元，发行的支持证券分为 A 级、B 级、C 级和次级，总金额为 40.2 亿元。产品说明书规定，资产支持证券的投资者获取本息有三种方式：一般偿付、最后偿付和清仓赎回，A 级、B 级、C 级证券投资者也可以通过在全国银行间债券市场进行转让来回收资金。但这些证均券无法被赎回，也不会发行新的份额。因此，建元 2007 - 1 的总份额规模将始终保持不变，是一只典型的封闭式基金。

证券信息

证券简称	证券代码	原始本金（万元）	当期剩余本金（万元）	当前亏损附着点	利率公式（原始）	当期利率	占比	联合资信（原始）	联合资信（当前）
07建元1A	0731011	358 234.86	0.00	—	CNS012M+0.90%*	0.00%	86.10%	AAA	AAA
07建元1B	0731012	35 615.45	15 766.96	62.46%	CNS012M+2.20%*	3.09%	8.56%	A	AAA
07建元1C	0731013	8 238.15	8 238.15	42.85%	CNS012M+5.88%*	7.38%	1.98%	BBB	AAA
07建元次级	0731014	13 979.91	13 979.91	9.57%	0.00%	0.00%	3.36%	—	—

*CNS012M：一年期存款利率

图 8.7　建元 2007 -1 证券信息

资料来源：资产证券化分析网

四、CDO² 是 FOF

第一节我们已经论证 CDO 是一种结构型基金，那么以 CDO 为投资标的的 CDO² 就是 FOF。对投资者而言，相同投资金额均可以通过购买 CDO² 与 FOF 间接持有更多的证券品种，从一定程度上降低了行业相关性。

以传启集团（ZAIS Group，LLC）发行的 ZING -7X 为例，该产品是一款典型的 CDO²，发行时间是 2005 年 10 月。其资产池的基础资产大部分是 CDO，另外还有 Synthetic、ABS 等证券，分属于 53 家不同的原始债权人，因而该 CDO² 产品的投资者通过投资该产品，间接地持有了其他不同的 CDO 产品，丰富了投资的种类。而由于作为基础资产的各证券来源较为分散，相关性较低，从而大大分散和降低了该产品的投资风险。

CDO² 和 FOF 投资管理的关键在于穿透底层资产池，即将所投资的 CDO 或基金的基础资产合并在一个池中，用标准统一的方法完成相关性分析。对所有资产证券化产品而言，通过使用相关性量化分析等方法加深对资产池优化的理解、监测与把控基础资产的风险、增加产品披露的透明性与可靠性等方式，可以加快发行周期，提高发行产品的标准，增强投资者信心，进而起到活跃二级市场的作用。而上述情景的实现需要引入重要的第三方机构——基金行政管理方。

第三节

资产证券化中的基金行政管理

一、资产证券化中的基金行政管理机构

在资产证券化业务中，存在着 Trustee、Asset/Portfolio Manager、Collateral Administrator、Primary/Sub Servicer、Master Servicer、Special Servicer 和 Underwriter 等多种为资产证券化产品提供专业服务的机构，以及评级机构、会计事务所、律师事务所等传统的第三方专业机构提供评级、审计和法律方面的咨询服务。在资产证券化业务发展期初，这些角色往往会有重叠，多种不同的角色可能由同一家服务机构担任。

对 MBS 产品而言，一般除 Trustee 负责资产证券化产品的资金托管和现金收支外，还设有 Primary Servicer 和 Master Servicer 分别负责基础资产的管理和一般行政管理的职责。以抵押贷款银行家协会（The Mortgage Bankers Association，简称 MBA）在 2015 年终服务商（Servicer）排行榜中市场份额最多（5 015 亿美元）的 Wells Fargo 为例，其作为 Master Servicer 在资产证券化市场提供的业务有核算后通过 Trustee 对投资者本息进行偿付、采集现金流数据和发布报告等。其同时也会兼任 Primary Servicer 的资产管理职责，负责搜集借款数据、回收借款人现金流、监控基础资产状况和其他相关的资产管理工作。

而对于 ABS 产品，特别是具有循环池的 ABS，例如 CLO，由 Asset/Portfolio Manager 进行基础资产的挑选和资产池的构建，以及循环购买期的基础资产的循环购买；另外一个非常重要机构是 Collateral Administrator，其职责为循环购买的合规测试、现金流模型的测算和偿付报告的出具。Collateral Administrator 即基金行政管理机构，其对循环池的管理保障了整个产品的平稳合理运行。

初期，基金行政管理同托管部门一道，属于信托机构下属的两个独立部

门。然而20世纪末，为顺应行业发展和市场需求，行政管理部门逐渐从信托机构中脱离出来，成为独立的基金第三方行政管理公司。这样，就逐渐形成了循环池资产证券化产品存续期管理中职权分明的三大参与方：资产管理方、托管方和行政管理方。这种对不同机构间职能的细分提高了整个行业的规范化、透明度，也进一步提高了效率。

图8.8为CLO产品交易结构中各参与方的流程图。

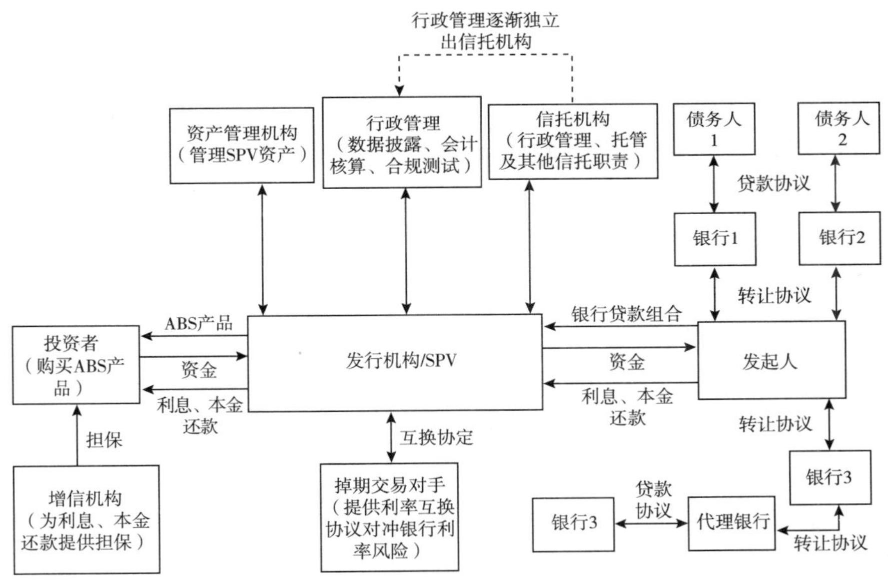

图8.8　CLO的交易结构

在美国资产证券化市场，存在着诸如BlackRock Financial Management，Inc.、FS Investment Corporation、Virtus Group L. P. 在内的多家独立的第三方专门提供资产证券化产品的行政管理业务。以Citigroup在2016年新发行的St. Paul's CLO VI D. A. C. 这一CLO产品为例，为其服务的机构就有Investment Manager、Collateral Administrator、Trustee和其他一些相关的服务机构。其中，Intermediate Capital Managers Limited作为Investment Manager负责资产的购买和循环购买及资产池的管理；Citibank、N. A.、London Branch作为Trustee行使资金托管、资产池现金回收和对投资者进行偿付的职责；而Virtus

Group L. P. 就作为独立于资产管理和资金托管的第三方 Collateral Administrator，进行各类合规测试的测算、现金流偿付的核算和偿付流程的监督，并出具月度偿付报告，以及对 Investment Manager、Trustee 和其他服务机构进行协调与监督等，也即是前述所说的行政管理方。

显然，St. Paul's CLO VI D. A. C. 是一款典型的资产管理方、托管方与行政管理方三方分离独立的资产证券化产品，这种三者独立分离的运作方式，既保证了整个产品运行的客观透明和规范化，也使得各方各司其职，专注于各自核心服务，提高了整个产品运作的效率和可靠性。

二、资产证券化中基金行政管理的具体职能

前文中我们提到，资产证券化中基金行政管理的职能主要包括：循环池管理、现金流测算、信息披露等。

在具有循环池的资产证券化产品中，基金行政管理方在资产证券化产品的运作中通过合规测试结果监测管理方完成的每一笔交易，确保资产证券化产品的合规性；且在无交易时段，基金行政管理方需要定期对资产池参数进行合规测试——若因市场变动等因素导致资产池不合规，则要求管理方做出相应调整。同时，基金行政管理方实时核对并汇总托管方提供的资产证券化产品的资产信息，尤其是资金流水与资产仓位；且在交易通过合规测试，或完成费用计算及各级证券收益分配计算时，为托管方发布划款指令——托管方根据行政管理的划款指令划款，进行交易结算、支付各服务方相应费用以及投资者相应收益。下面，我们将详细介绍每一步具体流程。

首先，基金行政管理方会通过一系列测试，确保资产证券化产品运营的合规性。在购买单笔资产时，基金行政管理方需要为此笔交易进行单笔资产合规性测试，判断此笔资产是否属于基金合同规定可购买的资产，并从资产类型、资产整体发行量、评级等方面判断是否符合要求。同时，基金行政管理方还要为产品资产池进行交易前后的对比测试，以观测此笔交易对资产池各维度的影响。若合规性测试没有通过，则需通知管理方停止交易；若测试

通过，则在交易结算时向托管方发出划款指令。

举例而言，CLO 通常会有 4 ~5 年的再投资期。在此期间，之前投资的资产回收的本金除非触发 CLO 的一些偿还本金的条件，否则一般不会偿还给投资者，而是用来再投资购买新的资产。循环购买由管理方发起，基金行政管理方会通过合规监督的方式确保管理方在 CLO 的资产选择上是合法合规的。在购买新的资产时，基金行政管理方首先需要从资产类型、资产整体发行量、评级等方面判断该交易是否符合要求。其次，基金行政管理方需要为产品资产池进行交易前后的对比测试，以观测此笔交易对资产池的影响。若合规性测试没有通过，则需通知管理方停止交易；若测试通过，则在交易结算时向托管方发出划款指令。而在再投资期结束后，因资产提前偿付而收回的本金也可以用来购买新的资产，在此过程中也需要满足一系列的合规性测试。而在 CLO 存续期间，如果因市场变化导致某资产不再符合某些条件，管理方也会在行政管理方的监督下出售或者替换掉这些资产。

由此可见，国际市场对循环池的入池资产有一套严格的筛选标准，以确保入池资产的质量。行政管理方通过合规测试控制风险并监督管理各方机构。在整个合规监督的过程中，行政管理是独立于管理方或托管方的，管理方的管理行为真正地受到来自独立第三方行政管理的监督，这样才能够真正保证在为资产池选择资产时的合规和透明。如果管理方管理不善，投资者有权申请更换管理方。

其次，基金行政管理方根据资产证券化产品的偿付模型进行现金流测算，包括资金清算和费用及收益计算。由于托管方直接接触了基金的资金财产，而管理方的绩效来源于投资者收益分配剩余的部分，所以在上述计算中，双方都不能做到完全的公正与透明，而基金行政管理方作为一个第三方独立机构则可以担任这个职责。资金清算方面，基金行政管理方依据偿付模型及资产池信息，预测因交易或资产本金利息偿付形成的现金流走势，并将数据与托管方实际收付的现金流对比；基金行政管理机构还应将产品现金流与托管方提供的每日结存做对比，确认资产仓位、现金流及账目的准确性。费用及收益计算方面，行政管理机构依据资产证券化发行说明书，计算资产管理方、托管方、基金行政管理以及其他第三方服务机构的费用，并计算资产证券化产品各级证券（tranche）本金偿付和利息收益分配金额，在管理方确认报告结果后，发送给托管方。

另外，基金行政管理方负责信息披露工作，即在核对管理方、托管方提供的资产信息，尤其是资金流水与资产仓位后，根据资产证券化产品发行说明书，定期披露月度报告或者投资者收益（payment report）报告。

举例而言，基金行政管理需要为CLO提供信息披露服务，向评级公司提供CLO资产池下所有资产各方面的数据，包括资产池的合规测试结果，以方便评级公司根据情况对资产证券化产品进行评级。此外，基金行政管理方还需要向投资者披露投资者收益等情况。基金行政管理方作为独立于管理方或者托管方的第三方机构，保证了信息披露的独立与透明。

最后，基金行政管理方会在关键的时间轴点担任以下职能：第一，当超额担保测试（Overcollateralization Test）失败后，通知受托人；第二，当管理方或评级机构需要资产池数据时，及时为其提供相关数据；第三，为管理方保管并且发送相关资产的通告（Agent Notice）以及定期财务报告等；第四，当产品的相关数据计算要求或方法发生变化时，要求基金管理方做出书面公告；第五，基金管理方还会为管理方制作额外所需的中后台定制报告。

然而，反观国内资产证券化循环池发生的循环购买操作，计划管理人发起循环购买操作，从循环购买资产的选择到各种压力测试都是由原始权益人自行发起和筛选，然后计划管理人可根据筛选出的循环池资产的总体基础特征和抽样调查的资产特征确认循环池资产是否符合入池合格标准，整个循环购买过程对最终的利益关系方投资者并不透明，这就加大了循环购买后投资者所要承受的基础资产违约风险。

图8.9为国内某资产证券化产品循环购买简化流程图，从图中可以看到，并无行政管理环节。

在我国资产证券化中引入基金行政管理，对增加产品的标准化、合规化、流通性都有很大的推动作用。按照行业整体的发展趋势，随着对监管要求的

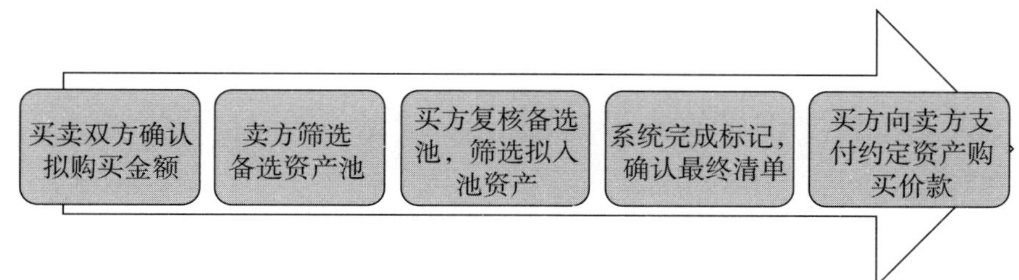

图 8.9　国内某资产证券化产品循环购买简化流程图

趋严和行业专业化程度的加深，我们有理由相信，独立的行政管理方在未来将会成为整个资产证券化市场的主流。

第九章

区块链与资产证券化

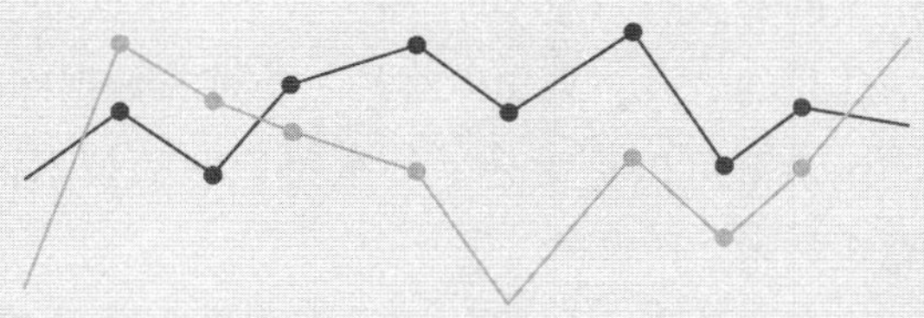

第一节
什么是区块链技术

一、定义

区块链（Blockchain）本质上是一个去中心化的数据库，是一串使用密码学方法产生相关联的数据块，每一个数据块中包含了一段时间内全网交易的信息，用于验证其信息的有效性（防伪）和生成下一个区块。所以说区块链是以去中心化和去信任化的方式，来集体维护一个可靠数据库的技术方案。

通俗的说，其实区块链可以称为是一种全民记账的技术，或者说可以理解为是一种分布式总账技术。

数据库是大家都熟悉的概念，任何的网站或者系统背后都有一个数据库，可以把数据库想象成是一个账本，例如支付宝数据库就像是一个巨大的账本，里面记录每个人账上有多少钱。当 A 发送 1 元钱给 B，那么就要把 A 账上的钱扣除 1 元，在 B 的账上增加 1 元，这个数据的变动就可以理解为是一种记账行为。对一般中心化的结构来说，微信背后的数据库是由腾讯的团队来维护，淘宝背后的数据库是由阿里的团队来维护，这是很典型的中心化数据库管理方式，也是大家觉得顺理成章的事情。

但是区块链完全颠覆了这种方式。一个区块链系统由许多节点构成，这些节点一般就是一台计算机。在该系统中，每个参与的节点都有机会去竞争记账，即更新数据库信息。系统会在一段的时间内（可能是 10 分钟，也可能是1秒钟），选出其中记账最快最好的一个节点，让它在这段时间里记账。它会把这段时间内数据的变化记录在一个数据区块（block）中，我们可以把这个数据区块想象成一页纸。在记完账以后，该节点就会把这一页的账本发给其他节点。其他节点会核实这一页账本是否有误，如果没有问题就会放入自己的账本中。

在系统里面，这一页账本的数据表现形式就称之为区块，该区块中记录了整个账本数据在这段时间里的改变。然后把这个更新结果发给系统里的每一个节点。于是，整个系统的每个节点都有着完全一样的账本。

我们把这种记账方式称为区块链技术或者分布式总账技术。

二、安全性

那么，为什么要采取这种方式？有什么优势？因为通常大家的直觉是，这种方式似乎会较为浪费带宽和存储空间，并不是一个可取的方案。但是，区块链就是通过这种高冗余的方式来构建起极高的安全性。

首先，每个节点的权利是一样的，任意节点被摧毁都不会影响整个系统的安全，也不会造成数据的损失。每个节点在系统中的权重都是一致的，系统每次都在链接入这个系统的节点中选择记账者，于是，即使某个或者部分节点被摧毁、宕机都不会影响整个系统运作。

其次，每个节点的账本数据都是一模一样的，也就意味着单个节点的篡改数据是没有任何意义的。如果系统发现两个账本对不上，它就认为拥有相同账本数量较多节点的版本，才是真实的账本数据。那些少部分不一致的节点账本不是真实的，是被篡改的数据账本。系统会自动舍弃这部分认为被篡改过的账本。那就意味着如果你要篡改区块链上的数据内容，除非能够控制整个系统中的大部分节点。这也就是常说的51%攻击，即必须要控制整个系统超过50%以上的节点，才能发动对数据账本的篡改。

但是，当整个系统中的节点数量高达成千上万个，甚至是数十万个时，那么篡改数据的可能性就会大大降低。因为，这些节点很可能分布在世界上的各个角落，理论上说，除非你能控制世界上大多数电脑，否则你没有机会去篡改区块链上的数据。

此外，另一个51%攻击方法就是构建出和原来系统一样多的节点（算力）来攻击这个区块链系统（尽管重要的是要构建足够大的算力，而不仅仅是节点数量，但考虑到算力的概念理解起来更加复杂，这里就以节点数量来比喻）。比如，该系统原来有1万个节点，那攻击者部署另外1万零1个节点，然后加入到这个区块链系统中。由于攻击者已经获得了超过50%以上的控制权，也能够发动攻击。显然，这种攻击所付出的成本也取决于系统原来的大小。原来系统节点越多，那么攻击者付出的成本就越多。由于比特币是目前最庞大的区块链网络，据统计要构建出和现有比特币同样大小的网络系统，其付出的成本会高达270亿美元。

但是攻击者还面临另一个困境，一旦它成功发动攻击后，会造成该系统的价值瞬间归零。也就是说，一旦攻击者成功篡改账本后，由于全网能够立刻识别出账本数据不一致，导致所有人都意识到该系统账本已经是不可靠的账本，那么就意味着该账本所记录的数据变得没有价值。那么该系统中的代币变得毫无价值。也就是说，如果攻击者付出了超过270亿美元的代价，成功发动了对比特币的攻击后，比特币价格瞬间归零，那么攻击者也无利可图。对于国家而言，似乎也没有必要通过这种方式来攻击比特币这样的网络，国家完全可以通过直接宣布比特币违法来更简单地达到禁止比特币这一目的。

三、起源

大多数人都知道区块链和比特币关系密切，甚至有些人会把区块链等同于比特币技术。事实上，区块链技术仅仅是比特币的底层技术，是在比特币运行很久之后，才把它从比特币中抽象提炼出来。从某种角度来看，也可以将比特币认为是区块链最早的应用。

比特币的创造者——中本聪（Satoshi Nakamoto）在其2008年发表的经典论文《比特币：一种点对点网络中的电子现金》中明确指出：传统的金融体

系不可避免地依赖“第三方”机构（传统银行），这种传统的中心化金融结构很难让货币像其他信息那样免费传输。正是为了解决这些问题，中本聪创造性地提出了通过区块链技术建立一个去中心化、去第三方、集体协作的网络体系设想，无须中心化平台做信任的桥梁，区块链通过全网的参与者作为交易的监督者，交易双方可以在无须建立信任关系的前提下完成交易，实现价值的转移。如果说互联网 TCP/IP 协议是信息的高速公路，那么区块链的诞生意味着货币的高速公路第一次建设形成。

就像核工程的研究最初是为了制造原子弹，而后人们才意识到其更大的社会价值是对于全球能源体系的改造。近年来全球开发者、金融机构、企业乃至政府发现区块链的意义不仅局限于支持比特币交易，通过区块链技术所打造的成本极低的、去中心化、去第三方、集体协作的网络体系本身具有巨大的社会价值。

《经济学人》把区块链技术形象地比喻为“信任的机器”，可以在没有中央权威的情况下，对彼此的协作创造信任。区块链技术适用于一切缺乏信任的领域，也许在未来成为全球人类文明信任的基石，并有可能彻底改变全球的社会结构。目前，随着区块链技术的成熟和演进，区块链的应用场景不再局限于比特币，以“以太坊”为代表的新一代区块链技术正在开始构建一个全新的去中心化互联网架构，试图彻底颠覆所有的互联网中心化架构平台（如支付宝、银行、保险等）。

四、区块链与资产证券化

资产证券化是一种结构性融资技术，也是一种基于多笔不同资产上附着的现金流进行管理的资产管理手段。与贷款、债券、股权等传统金融产品相比，资产证券化产品呈现出结构复杂、参与主体多、操作环节多、数据传递链条长、数据及现金流传递分配过程繁复、信用触发性条款设置保障安全性等特异性产品特征。

资产证券化从资产的转售交割、现金流打包—分割—重组—分配到证券登记结算流通，都依赖于中介机构的信用，后期的现金流管理以及相应信用机制的触发也让产品后期管理需要非常多的人工投入。依赖人工处理的交易信息经过多道中介的传递，使得信息出错率高，且效率低下。在一个中介权威机构中，通过中心化的数据传输系统收集并保存各种信息，然后集中向社会公布的传输模式同样使数据传输效率低下，成本高昂。而区块链通过数据的分布式存储和点对点传输，打破了中心化和中介化的数据传输模式，无疑可以深入应用到资产证券化的不同环节。

从目前来看，区块链对于资产证券化的帮助包括物理资产的确权、金融资产的结算清算、证券化资产的管理、证券交易与再融资，以及现金流管理和改善增信环节。

第二节
物理资产的确权

把财产契据存放在区块链上将使不动产行业摆脱现在仍然在使用的18世纪的技术。契据保险现在是200亿美元的行业，每年应对和解决契约欺诈的总成本估计是10亿美元。

很多比特币狂热者认为数字货币比目前的法币体系优越，但是区块链不是仅能用在货币上，它还有很多更广的应用。在涉及住房，汽车和其他形式资产的契据管理时，大多数人会想到政府记录，但是显然现在区块链是另外一个选择。凭其根本特性，区块链是一种更好地对各方就某一财产所有权达成一致性的方法，尤其是在当一方试图欺骗另一方时，像在财产契据领域上发生的那样。

正如流通领域上的比特币是比政府货币更优的选择一样，区块链提供了一种比政府保存记录更优的选择。

区块链提供了一种改进的系统以追踪财产所有权记录。一个罪犯可以用修图技术（Photoshop）和一张15美元的邮票伪造文件把你的房屋产权转移到他的名下。与之相比，要达到同样的目的，犯罪分子需要突破比特币背后的密码学技术。虽然现在不能准确预测在不动产契据上使用区块链技术会节省多少时间和金钱，但很明显，会节省很多。

把契据上传到区块链中只是方案的一部分。为实现充分安全，不动产的转让实际上也需要通过数字货币完成，比如通过一种类似纳斯达克和 Overstock 正在使用的彩色币。

Factom 是一个知名的区块链项目，该系统中的高端服务器创建数据链，然后对这些数据加密处理，再利用 Merkle root 把其加入比特币的区块链里面。第二代数字货币中一个里程碑式成果就是提出了利用区块链，以加密的形式来确保信息准确性这一概念，并且在过去的几年里这个概念得以不断完善。然而，Factom 公司另辟蹊径地提出一种比特币网络之外的新系统。但是这个新系统仍然需要依托比特币散布全球的电脑运算能力，使得这些加密认证的消息是对外透明，对外开放的。如同 Factom 团队所说，近期新的比特币应用都在现有的机制基础上加入了新的机制，以提高交易透明度。公司总裁 Peter Kirby 在 Reddit 一个有问必答环节中强调说他们团队已经在和一些有意向的第三方接洽，这些第三方机构认为该公司的设备可以解决他们的问题。Peter Kirby 认为，Factom 公司的首要任务是使得比特币交易更诚实透明。这些真实性经得起任何检验——你可以对任一时刻进行的任一交易进行细致入微的检查。

Factom 利用比特币的区块链技术来革新商业社会和政府部门的数据管理和记录方式。人们能够利用 Factom 的区块链技术帮助各种各样的应用程序的开发，包括审计系统、医疗信息记录、供应链管理、投票系统、财产契据、法律应用、金融系统等。开发者能够创造新的应用程序，并把数据保存在区块链上面，同时不用受到直接把数据写入比特币区块链的各种限制：例如写入的数据速度、成本、大小等限制。

Factom 维护了一个永久不可更改的、基于时间戳记录的区块链数据网络，大大减少了进行独立审计、管理真实记录、遵守政府监管条例的成本和难度。商业社会和政府部门可以利用 Factom 简化数据记录的管理，记录商业活动，并解决数据记录安全性和符合监管的问题。

2015 年 5 月中旬，有消息称，Factom 已与洪都拉斯政府达成合作关系，共同开发一种基于比特币区块链技术的土地产权记录系统。

Factom 的总裁彼得·柯比（Peter Kirby）表示，2015 年早些时候他们就和洪都拉斯政府开始讨论合作事宜，但 Factom 直到 5 月才在其官方博客上首次暗示了合作。有人就此次合作之事通过邮件和电话的方式联系了洪都拉斯政府的参谋长（Ebal Jair Díaz Lupian），但均未收到回应。

Factom 一方并未透露该项目的成本，如果消息属实，洪都拉斯将是继马恩岛之后，第二个利用区块链技术的政府。彼得·柯比提到，在过去，洪都拉斯一直在与土地所有权欺诈做斗争。通过区块链来构建一个不可变的产权记录，洪都拉斯可以越过发达国家建立一个新的体系，他还预计该试点项目将在 2015 年年底的时候完成。

从洪都拉斯政府暧昧的态度来看，此事并非空穴来风。在过去，房产土地资料保管应该是一种典型的政府行为，因为所有的资料需要由政府公信力来保证，现在他们不仅寻找私人公司进行帮助，而且是找到 Factom 这样的美国公司，就是因为它提供的是一个完全去中心化的方案，即使 Factom 这家企业消失以后，也不会对保存的数据有太大影响，因为资料是永久性在区块链上，所以洪都拉斯政府能够接受这样的解决方案。

第三节
金融资产的结算与清算

区块链技术的第一个潜在用途就是提高金融债权资产的转让效率，解决流动性需求与资产转让时效不匹配的问题。金融资产如贷款的出售是一个非常烦琐、耗时的过程，结算需要长达几周的时间。区块链技术则是解决其中一些核心问题的关键。

通过区块链技术可绕过中间支付清算系统，实现点对点即时支付，大大缩减支付到账时间，从按日结算，缩短到以分钟为计量单位的结算效率。

我们现有的银行体系，无论是国内的银行之间，还是国与国的银行之间，必须有清算机构来完成结算和清算。如果仅仅利用区块链技术的低成本和安全优势，来进行银行之间的清算任务，而放弃完全对外公开，任何人都可以加入的特性，这样就可以杜绝被任意不知名恶意方进行 51% 攻击的可能性，从而形成银行“私有链”。这样就可以最大化利用区块链没有中介清算机构的优势，能最低成本和最高效率地进行结算清算。

一、R3CEV

R3CEV 是目前成立的全球最大的区块链联盟，截至 2016 年 5 月，已经有 45 家全球最大的金融机构加入其中。他们希望能够通过区块链实现全球汇款的实时结算和清算。众所周知，由于历史原因全球汇款是通过 SWIFT 这样的中央结算和清算机构来完成，这也造成了全球汇款的时间是按天来计算的。但是如果通过区块链技术的话，这意味着在不需要成立结算和清算机构的情况下，能够完成准实时结算和清算。这对于全球经济而言，将会是巨大的变革，不仅将极大地提高资金流转的速度，也能够让全球经济规模再扩大 10 ~ 100 倍。

加入 R3CEV 区块链联盟的每一家金融机构都在全球有着巨大的影响力，包括西班牙对外银行、桑坦德银行、美国银行、巴克莱银行、蒙特利尔银行金融集团、法国巴黎银行、美国纽约银行梅隆公司、加拿大帝国商业银行、花旗银行、德国商业银行、澳大利亚联邦银行、瑞士信贷银行、丹麦丹斯克银行、德意志银行、高盛集团、韩亚金融集团、汇丰银行、荷兰国际集团、意大利联合圣保罗银行、伊塔乌联合银行控股公司、摩根大通、麦格理集团、三菱日联金融集团、日本瑞穗实业银行、摩根士丹利、澳大利亚国民银行、法国外贸银行、野村证券、瑞典北欧联合银行、美国北方信托、OP 金融集团、加拿大皇家银行、苏格兰皇家银行、加拿大丰业银行、日本 SBI 控股株式会社、瑞典北欧斯安银行、法国兴业银行、美国道富银行、三井住友银行、多伦多道明银行、意大利联合信贷银行、瑞士银行、美国合众银行、美国富国银行、西太平洋银行。因此可以看出，这可能是目前最有影响力的区块链组织之一，并且会对于全球金融格局产生巨大且深远的影响。

这些银行的参与反映出大型金融机构对区块链技术的兴趣日益浓厚。比如，道富高级副总裁兼新兴技术负责人就认为，这些新技术可以改变金融交易记录、核对以及报告的方式，此外它们还可以增加安全性，降低错误率以及成本。R3CEV 也表示此次合作标志着银行一个显著承诺，他们将协作评估区块链技术在全球金融体系中的作用。R3CEV 的银行合作伙伴已经认识到，分布式总账技术的希望，以及它们改变金融市场技术平台的潜力，必须依赖其安全性、可扩展性以及适应性。

二、DTCC

美国存管信托和结算公司（Depository Trust & Clearing Corporation，简称DTCC）及其子公司通过全球各地的多个经营性设施和数据中心使全球数千家机构的金融交易处理实现自动化、集中化和标准化。DTCC 拥有近 40 年的经验，是全球金融服务行业首屈一指的交易后市场基础设施，可简化股票、公司和市政债券、政府和抵押支持证券、衍生品、货币市场工具、银团贷款、共同基金、另类投资产品和保险交易的清算、结算、资产服务、全球数据管理和信息服务的复杂性。2011 年，DTCC 处理了总价值约为 1 700 万亿美元的证券交易。其储存库为 122 个国家和地区发行的价值 39.5 万亿美元的证券提供托管和资产服务。DTCC 的全球场外衍生品交易资料储存库记录了总名义价值超过 500 万亿美元的全球交易（包含多个资产类别）。

2016 年 1 月，该公司发表了一篇白皮书，呼吁全行业开展协作，利用分布式总账技术改造传统封闭复杂的金融业结构，使其现代化、组织化和简单化，该技术还可用以解决目前交易后过程局限性的问题。

DTCC 的总裁兼首席执行官迈克·博德松（Mike Bodson）表示，金融业面临一个旷世难逢的机遇，抓住机遇，就能使其结构现代化，解决长期存在的操作性挑战。为了以负责任的方式挖掘分布式总账技术的潜力，避免多个无关联的封闭式方案，整个行业必须通力合作。

上述白皮书的名称是《拥抱颠覆——开发分布式总账的潜力，改善交易后的环境》。该报告指出，尽管目前的金融市场结构提供稳定的、可靠的、可追溯的记录，可是金融市场结构仍非常复杂、封闭，无法进行 1 年 365 天 24 小时的处理。DTCC 认为一系列资产配上完整的，可追溯的交易记录的分布式总账才是安全的，而这些记录只对信托方开发，如此将会大大改善交易，同时降低风险和交易后成本。

依据 DTCC 的研究和分析，DTCC 建议抓紧机遇，在某些确定的领域改善既有结构，这些确定的领域是自动化有限或尚未实现自动化的场景。与既有处理过程相比，新技术提供了明显的优势。需要抓住的机遇包括：主数据管理，资产/债券的发行和服务，确认资产交易，交易/合同确认，记录和配比复杂的资产类型，目前对这种资产没有有效的解决办法。

目前很多公司私下里的测试方法是：使用一种共识协议以提供透明度的技术。这种方法可能会导致交易后的环境并没有发生改变，很多公司仍会面临整合和和解的问题。作为一家存在了超过 40 年的金融市场公司，DTCC 是唯一一家有能力领导研究力量，探索分布式总账技术如何能简化或取代现有交易后系统的公司。

DTCC 给出了承诺，推动交易后领域的分布式总账技术。作为此承诺的一部分，DTCC 已经在付诸实际行动，他们近期为数字资产控股公司（DAH）投资了一笔资金。DAH 是一家为金融服务领域开发分布式总账技术的公司，Bodson 将成为该公司的董事会成员之一。DTCC 通过这笔投资，促进了全行业的合作，帮助引进标准，企业管理和技术，为分布式总账的应用提供了支持。

第四节
证券化资产的管理

资产证券化产品投资人会议举办的程序较债权代表和股东代表复杂，一是涉及的权益结构复杂，二是证券资产类型复杂，某一资产的违约可能需要涉及不同投资人的会议提出表决意见，成本过高。这就涉及通过资产管理人执行代理投票，由于可能的利益冲突，需要对管理人资格谨慎地约束和条件授权。代理投票流程是指资产管理人向代理人发出投票指令，指令随后被传递给投票分配者，再由投票分配者将指令传递给托管人，托管人请求公证人根据对管理人的授权对投票指令进行公证，然后向登记方申请并完成登记，最后汇总投票信息。这是一个非常复杂且非标准化的流程，投票信息存在被不正确传递或丢失的风险。

而在区块链技术的支持下，代理投票可以透明简化，直接公开在区块链技术搭建的投票应用系统里，结果供委托人查询。

此外，另一个证券化资产管理方向——证券化基础资产的获取和管理，在未来可能通过区块链技术搭载的物联网设备实现，这也许是一个更为长远的设想。根据 IBM 的设想，区块链技术搭载的物联网管理体系下每个设备都得能自我管理，设备彼此关联，形成分布式云网络，只要设备还存在，整个网络的生命周期就可以大幅延长，运行维护成本显著降低。

而基于信息管理系统下发生的物流及现金流可以成为高度分散性资产现金流的证明，从而为证券化交易创造信用依据，不再依赖商业信用链上核心企业的信用。

一、纳斯达克

初创公司正在不断推迟上市时间，这样的趋势无疑将影响做上市生意的交易所，纳斯达克交易所对此的应对策略是：将业务不断由二级市场向一级市场延伸。数据显示，2014 年，上市公司的成立年限平均为 11 年，而 1999 年，公司平均成立 4 年后便上市。初创公司上市的时间越来越晚，这一趋势在科技行业尤为明显，估值 10 亿美元以上的“独角兽”公司正在变得越来越多，优步、Airbnb、Snapchat 等估值超过百亿美元的“巨型独角兽”上市依然遥遥无期。

对于非上市公司来说，不上市的好处是信息不用公开，不用被每个季度的财报发布要求所拖累，能够着眼于更长远的发展，在短期业绩出现下滑时，不会遭受市场抛售股票这样的惩罚，但与此同时，一个矛盾也产生了：这些初创公司的投资人有变现需要，甚至这些公司内部持股的员工也有变现需求，推迟上市则意味着他们的这些需求难以在短时间得到满足。

面对市场趋势出现的变化，纳斯达克交易所开始大举将二级市场业务不断向一级市场拓展，通过提供非上市公司的交易平台，既满足了公司自身希望推迟上市的需求，又满足了投资人和内部员工的变现需要。

在 2015 年下半年，纳斯达克交易所推出了新的针对一级市场的交易平台 Linq，该交易平台就是基于区块链技术，用于一级市场公司的交易。纳斯达克交易所还宣布了对 SecondMarket 的收购，后者是服务于非上市公司的股份交易平台，曾服务的客户包括上市前的脸书、推特和还未上市的 Dropbox 等。

纳斯达克首席执行官鲍勃·格雷菲尔德（Bob Greifeld）表示，向非上市公司提供交易服务，在未来这些公司上市时，将为纳斯达克交易所赢得更多的上市业务，同时他认为未来纳斯达克交易所来自非上市公司交易业务的收入将达到甚至超过来自传统二级市场的业务。“我们认为非上市公司的数量不断增加，而我们将满足他们的需求。”

Linq 是专门供私人企业发行债券和证券交易的平台。通过 Linq，私募的股票发行者享有一种“数字化”的所有权。通过网上交易，Linq 能够极大地缩减结算时间，并且交易双方能够在线完成发行和申购材料，也能有效简化多余的文字工作。

私人企业的股票管理一直被认为是测试区块链技术最理想的应用之一。通常情况下，这是一个需要大量手工作业，基于纸张的工作，需要通过人工处理纸质股票凭证、期权发放和可换票据，而这一切很快将成为历史，区块链技术将会对这一切进行数字化管理，使其变得更加高效和安全。Linq 的客户们将会有一个让人容易看懂的历史发行记录，并且能转让他们的证券，让他们的记录更容易进行审核，在发行治理和所有权转让方面赋予他们更多的权限。

格雷菲尔德在一份声明中如此说道："我们倍受鼓舞，因为这一切来自这些创新和先行公司对于Linq的最初需求，并且通过这个平台，验证了我们区块链技术的应用。将区块链应用于私人市场是一个创新之上的创新，并且有机会永久性地改变金融服务基础设施的未来。"

Linq将是首个基于区块链技术建立起来的金融服务平台，能够展示如何在区块链技术上实现资产交易。它同样也是一个私人股权管理工具，作为纳斯达克私人股权市场的一部分，它是为企业家和风险投资者所准备的完整解决方案的一部分。

Chain的首席执行官亚当·路德文（Adam Ludwin）表示，该公司对Linq很满意，并且很期待它的发布，他希望更有效透明的管理自己公司的安全问题。

在2015年12月30日，Linq完成了首个记录——这对于主流金融系统将会是使用区块链技术的里程碑。纳斯达克表示，Linq区块链账本已经把股票发行给一位不愿意透露姓名的私人投资者，通过去中心化账本证明了股份交易的可行性，而不再需要任何第三方中介或者清算所。

纳斯达克首席执行官格雷菲尔德说："通过区块链技术的最初使用，我们很可能会开始一个全新的进程，这一进程将会彻底改变整个资本市场的基础设施系统。这对于结算业务和过时的管理机构而言，将会产生深远的影响。我们相信这一交易的成功，标志着全球金融领域的一大进展，代表了区块链技术的应用进入了一个开创性的时刻。区块链技术所变革的，是现有资本市场基础系统的核心：交易结算和行政审批，Linq的出现意味着，这些都已经过时了。"

亚当·路德文同样无法抑制他的兴奋："毫无疑问这次与纳斯达克的合作意味着新时代的开启。正如我们所预期的那样，整个交易过程避免了传统的人工所有权转移，线上操作完全无缝衔接。"

在2015年5月，纳斯达克宣布将在企业内大规模使用区块链技术，同时表示不需要使用比特币，但是将会使用数字货币技术背后的技术。

格雷菲尔德在2015年12月早些时候表示："利用区块链技术，让管理传统实体证券转变成纯粹数字的方式。一旦我们不再需要传统世界中的繁文缛节，那么从区块链技术中受益的将不仅仅是我们的客户，而是更加广阔的全球资本市场……我们这个最初的区块链应用将会让我们传统烦琐的管理功能变得更加现代化、有序和安全。相对于传统人工保存台账的方式，区块链技术将会具有压倒性的优势。”

他指出，区块链网络可以改变美国证券市场的交易时间，甚至可以改变整个金融行业处理交易事务的方式。不仅有助于减少交易结算时间，还能够确保交易网络之间资金传输变得更快。

“我对于区块链技术从根本上改变金融服务行业基础设置的能力深信不疑。虽然清算所是一个奇妙的发明，但是如果你有了一个可以完全信赖的公共账本，就可以演化成无中介的双边贸易场景，并且实现实时结算。”

纳斯达克在今年秋天参加了区块链公司 Chain 的 3 000 万美元投资轮。其他主要投资者还包括 Visa、花旗风投和第一资本。

格雷菲尔德早在新闻中透露过，该公司将使用区块链技术管理爱沙尼亚的代理投票系统。

纳斯达克并不是唯一一个打算在金融市场中使用区块链技术的交易所，纽约证券交易所也表示对区块链技术非常有兴趣，并且已经投资了比特币交易所 Coinbase。

二、澳大利亚证券交易所

澳大利亚证券交易所（Australian Securities Exchange，简称 ASX）在 2015 年就非常认真地考虑采用区块链技术，来实现清算和结算系统。

根据 ASX 首席执行官埃尔默·芬克·库佩尔（Elmer Funke Kupper）的说法，ASX 正在准备替换他们的交易系统。而区块链的出现，让他们有了一个绝佳的机会来使用目前最为先进的技术，从而降低清算和结算的成本和复杂度，节省时间。目前 ASX 清算和结算由结算所电子附属登记系统（CHESS，Clearing House Electronic Subregister System）来完成。

ASX一直在努力寻找有效方法提高终端之间的效率，他们组织了专业的团队非常仔细地研究区块链技术，看看是否能够为他们的客户、投资者和企业创造效益。

Funke Kupper认为替换CHESS是一个难得一遇的机会。所以正在考虑是否有更好的方法来完成这件事情——削减大量来自投资银行和经纪后端的管理成本，而这正是区块链有潜力做到的。

ASX清算结算系统的升级将会从2016年年底开始，这次升级事关重大，因为CHESS已经被澳大利亚金融监管委员会确认为重大国家风险管理的基础设施。目前ASX已经部署了升级CHESS系统的时间，认为需要大约5年才能完成，费用大概会是ASX年收入的7%，约为4 500万美元。澳大利亚证券交易所还表示，如果允许在清算方面开展竞争，那么交易所会在今后的几年里研究如何获得竞争优势，并且会安装额外的链接系统。

库佩尔说美国的DAH公司正在研究是否能够用区块链记录银团贷款市场的交易。银团贷款市场是一个超级庞大的市场，它背后的处理流程包括创建、记录、传输等，成本极其昂贵。区块链技术对它也非常有帮助。

为了保持对清算和结算系统的信心，库佩尔认为中心化交易记录仍旧是需要保留的。对私人投资者来说，其也许并不希望依靠一个分布式台账系统，并将其作为最终可以信任的来源。但是ASX非常希望通过分布式台账来降低成本，政府也希望它能够帮助解决问题。但事实上，如果能把两者结合在一起将会变得无比强大，并且会更有效率。

2016年2月，ASX表示已经和纳斯达克达成了协议，这家美国运营商将会负责升级悉尼集团的证券清算平台。纳斯达克参与项目的主要内容是尝试创建一个可以运行的全新结算系统。纳斯达克首席执行官格雷菲尔德告诉分析师，这个协议将会让公司“季度订单总额有出色的表现”。

这个消息是在ASX宣布它将会和数字资产控股（Digital Asset Holdings，简称DAH）进行合作之后披露的，DAH是一家美国区块链技术服务提供商，将会为澳大利亚证券市场设计清算和结算系统。DAH有可能会为ASX现有的结算系统升级，CHESS是一个证券结算服务系统，用于在对手方和法定股份持有者之间传输资金。CHESS 系统架框见图 9.1。

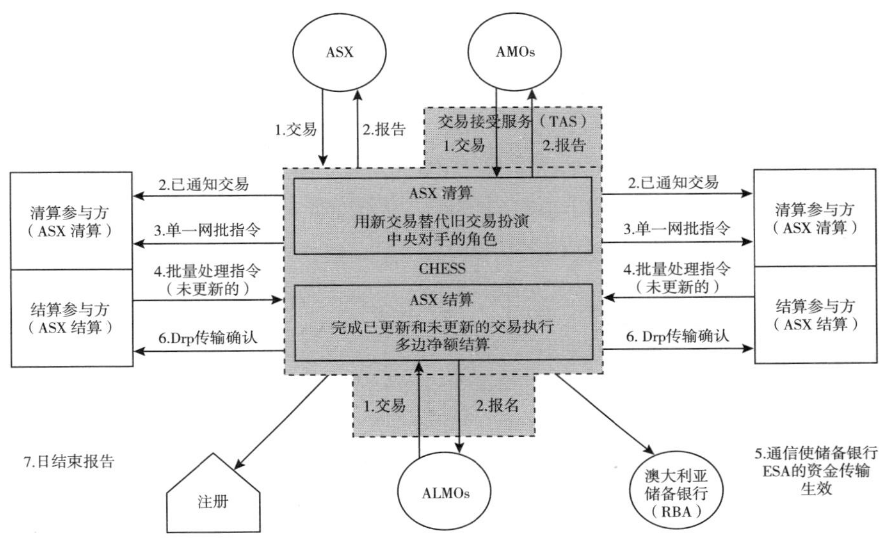

图 9.1　澳洲证券交易所 CHESS 系统架框

ASX 有一个长期计划，准备在未来的三年里升级它的交易和交易后平台。纳斯达克和瑞典的 Cinnober Financial Technology 将会提供该系统的一部分组件。

此举反映了全球交易、清算和结算运营者对于区块链技术潜力持续增长的兴趣，该技术能够为许多金融市场带来庞大的低成本计算能力。它能够让数字资产在交易的对手方之间进行移动而不需要任何中央机构来负责记录交易。一个共享的数字公开账本能够持续被维护，确认所有参与链上的交易，防止欺诈。区块链技术的支持者称，该技术能够加快缓慢和低效的后端运作，并且重塑交易和结算流程。

然而，咨询机构 Oliver Wyman 和欧洲结算所 Euroclear 发布的一份报告争辩说："目前需要克服的障碍是巨大的，而且最终的效果并不是很明朗。"这份报告称，市场运营者需要制定标准，要使区块链技术能实现现有支付手段及结算系统的所有能力，并且要满足现有的法规。它指出，许多区块链所鼓吹的优势，其实可以通过扩大类似于ASX的CHESS，这种中央政权存管机构在市场中所扮演的角色来实现。

ASX目前并没有承诺一定会使用区块链技术，用它来和现有系统进行协同工作。“这需要让所有利益相关方都能受益，将会在2017年前对使用澳洲交易后技术做出最终决定。”

三、韩国证券交易所

韩国证券交易所（Korea Exchange，简称KRX）是韩国唯一的证券交易所。2005年，韩国三大主流证券交易所合并，成立了韩国证券交易所。据称，2015年该交易所日股票交易量达到71亿美元。

根据《韩国时报》（*Korea times*）报道，KRX正用区块链技术开发一个柜面交易系统（OTC），目前正处于该研发项目的初期。该系统可以帮助柜面交易客户减少交易费用。虽然该系统正式发行之前还有很多准备工作，但KRX非常期待该系统可以简化场外经销商交易程序、降低交易成本，并协助寻找交易伙伴。这项举措使KRX成为探索证券交易中区块链技术应用的公司之一。

四、多伦多证券交易所

2016年3月，多伦多证券交易宣布招募了一位比特币企业家作为公司首席数字技术官。这个负责寻找区块链技术整合办法的人就是安东尼·约里奥（Anthony Di Iorio）。

安东尼·约里奥是加拿大比特币联盟执行董事、以太坊创始人，曾经组织了多伦多首个比特币峰会，可以算是北美数字货币业内非常知名的人物，并且多次来过中国参加过数字货币峰会。多伦多证券交易所选择这样一位专家为公司在区块链技术领域开疆拓土，可见其对开发区块链应用的决心。

多伦多证券交易所正寻找将这项新科技融合到传统金融业的方法。金融交易中没有中间人和第三方的做法在金融领域是有先例可循的。此外，这项措施会增加多伦多证券交易所的利润率。事实上，一旦区块链技术应用于发行证券，清算所将从该领域消失。

尽管多伦多证券交易所的具体做法还无从知晓，但能确定的是，它已经招募了一家区块链初创公司来搭建基于分布式账本的全新贸易结算系统。

第五节
证券交易与再融资

互联网解决的核心问题是信息制造和传输，但始终不能解决价值转移和信用转移。所谓的价值转移是指，在网络中以每个人都能够认可和确认的方式，将某一部分价值精确地从某一个地址转移到另一个地址，而且必须确保当价值转移后，原来的地址减少了被转移的部分，而新的地址增加了所转移的价值（即避免出现“双花”）。信用转移是价值转移的必然结果，表示价值的转移获得所有参与方的认可，且其结果不能受到任何一方的操纵，要取得系统内的公信力。这一价值可以是货币资产，也可以是有价证券、金融衍生品等实体资产或者虚拟资产。

在目前的互联网中也有各种各样的金融体系，包括许多政府银行提供或者第三方提供的支付系统，但本质还是依靠中心化的方案来解决。即通过某家公司或者政府信用作为背书，将所有的价值转移计算放在一个中心服务器（集群）中，尽管所有的计算也是由程序自动完成，但是却必须信任这个中心化的人或者机构。

事实上通过中心化的信用背书来解决价值转移，只能将信用局限在一定的机构、地区或者国家范围之内，所以价值转移的核心问题是跨国信用共识。

区块链技术实现了价值去中心化的互联网传递，为金融互联网搭建提供了基础，其中证券交易市场是区块链存在发展机遇的领域。传统证券交易中，证券所有人发出交易指令后，指令需要依次经过证券经纪人、资产托管人、中央银行和中央登记机构这四大机构的协调，才能完成交易。这样的模式造就了强势中介，金融消费者的权利往往得不到保障。在同一共识原则区块链技术系统下的证券可以点对点交易，买方和卖方能够通过智能合约直接实现自动配对，并通过分布式的数字化登记系统，自动实现结算和清算，不再需要中央化的登记结算机构，也不再受到交易时间的限制。资产证券化的产品也采用传统证券交易模式，通过区块链进行资产证券化产品交易，可使更广泛的参与者在去中心化的交易平台上自由完成交易，且可实现24小时不中断运作。对于认可这一“区块”价值的机构，可以接受区块链代表的证券持有人再融资，不用担心对应证券资产的转移和“双花”，因为每一笔交易都公开透明、可追本溯源。

一、TØ

Overstock（纳斯达克代号：OSTK）是一家位于美国犹他州盐湖城的在线购物零售商，以折扣价格销售家具、地毯、床上用品、电子产品、服装及珠宝等各类产品。福布斯杂志将Overstock评选为2014年最值得信赖的100家公司。Overstock以O. co作为全球推广品牌。

Overstock于1999年上线，目前有1 300多名员工，是2002年上市时的6倍多。截至2016年1月3日，公司的总市值为3. 1亿美元，最近一个财年营业收入为15亿美元。旗下有汽车、旅游、保险、B2B等业务，并与索尼、惠普等供应商建立了良好的关系。目前，Overstock产品已销往全球约180个国家和地区。

Overstock的首席执行官帕特里克·拜恩（Patrick Byrne）拥有哲学博士学位，专注于经济学和法学的他，还倾向于自由主义，多年来他一直想要改革华尔街，在他看来，区块链也许是可以实现他愿望的一种技术。作为一位奉行自由主义的哲学家，他经常在他的项目理念中传达自由主义思想和奥地利经济学派思维。

拜恩提出了他的观点，区块链技术之于资本市场，即互联网之于消费者，它的设计提供了一种安全、透明并且可靠的方式，能够记录谁在任何时间段拥有了特定的证券。在拜恩看来，它可以取代传统证券交易所运行的旧系统。

对于 Overstock 而言，尽管在其平台上发行股票还是一个有待求证的想法，但是从根本上来说，Overstock 旗下区块链交易平台 TØ 的主要工作内容是进行“交易结算”。特别是面对传统股票交易市场的现状，实行的是交易日加 3 个工作日（T+3）的结算机制，其中交易所需要有 3 天时间来完成证券的结算工作。而如果使用区块链技术，将能够实时结算，几乎就在交易完成的瞬间就能完成结算工作。

TØ 的平台使用了彩色币技术，它允许使用很小一笔比特币来追踪资产所有权的机制。例如，一个彩色币可以用来作为一个标记，证明某个人持有 Overstock的股权。这个技术将会在比特币区块链上进行，并且由区块链技术来确保安全。

拜恩说：“TØ 的一切技术都是建立在分布式、加密保护的账本上，任何人都可以访问和审查这个账本，确保了整个市场的公平。关键不在比特币身上，而是用区块链技术来改变华尔街和其他行业。有了一个自动共享、防篡改的数据库，存储数据将不再需要复杂的手续和清算机构。”

为了向人们展示 TØ 系统，拜恩在 2015 年 6 月购买了 50 万美元 Overstock 发行的债券。在随后的一个月，Overstock 宣布向 FNY 资本的子公司（纽约贸易公司 FNY 账户管理公司）出售了 500 万美元的“加密债券”。

总部设在纽约的 Clique 对冲基金，利用这个系统借来 30 只组成道琼斯工业平均指数的股票。该交易价值 1 000 万美元，所有都被记录在区块链上。与拜恩一起创立 TØ 的约翰·塔巴克（John Tabacco）表示：“这是一笔真正的交易。”

据塔巴克所说，TØ 在过去的两周内一直促进股票的借出，已有 5 个客户借出了股票，包括 Clique 基金。上周的交易是迄今为止规模最大的，“我们开始有了大规模机构性的交易。”

区块链的优势在于它可以简化交易流程，提供更加可靠的交易记录，它也是拜恩与裸卖空（无担保卖空）及与美林证券“战斗”的一个关键“武器”。

2015 年 10 月 15 日，TØ 宣布 Clique 基金交易已经在其平台上测试了一种新的加密资产，预借保证代币（PAT）。该团队已经成功地在一个交易商进行卖空之前，利用比特币区块链记录下了符合 SEC 规则的商号证据。

拜恩说："我们推出的预借保证代币是为了解决权益所有者的问题，通过将他们手中的资产放到透明的市场中来保障他们的收益；这也将能解决卖空者的问题，只要他是在透明的市场中借贷，还能够解决监管机构所面临的问题，我承认，相比 10 年前，监管者现在对这种投机行为的打击力度更大。不幸的是，这当中还是存在"害群之马"，必须要把这些"害群之马"淘汰掉，这正是我们推出预借保证代币的目的。"

SEC 规则 SHO 鉴于 1938 年首次通过卖空规定以来的众多市场发展情况而更新，解决持续未交付和潜在的滥用裸卖空（无担保卖空）的问题。拜恩明确表示在原则上同意 SEC，"我在卖空原则上并不反对走法律程序。"

利用区块链实施的第一个卖空测试是十足的壮举。当全面投入运营后，该团队称，该服务将在一个"不透明的股票借贷世界"中提供前所未有的透明度。

在奉行自由主义理念的拜恩看来，TØ 平台是第一个"华尔街式"的概念的范式。随着完成卖空测试，表明该系统确实可以运作，不过这一平台能改变多少传统金融服务，只有时间才能告诉我们。"区块链是我们所遇见的最重要的金融发展成果，当其他人还在观望这一新技术能否引进的时候，TØ 已经开始行动起来，决心用它来对抗证券借贷中的暗箱操作行为。"

根据 Overstock2015 年第四季度季报，在 2015 年的前 3 个月，这家在线零售公司在区块链证券项目上已经投了 320 万美元。该季报说明它可能会投资 800 多万美元用于发展 Mdici，这是它旗下使用区块链技术进行探索的子公司，而区块链交易平台 TØ 就是它的核心项目之一。

在 2015 年 12 月中旬，SEC 批准在线零售商 Overstock 通过比特币区块链来发行该公司的股票。据 Overstock 提交给证券交易委员会的 S－3 申请，该公司希望通过区块链来发行最高 5 亿美元的新证券，包括普通股、优先股、存托凭证、权证、债券等。

S－3 申请是一个证券登记表格，允许企业以简化流程来发布可公开可交易的股票。不同于 S－1 申请，它需要对公司计划持有的股票 IPO 进行全面备案，而 S－3 根据的是 1934 年的证券交易法案（Securities Exchange Act），针对已经符合一定资格的企业而言。特别要求的是，一家公司至少需要至少有 12 个月对 SEC 进行档案报告，才有资格提交 S－3 申请。

此前，Overstock 已经使用区块链来发行私募债券，这不需要监管机构的批准。而现在，SEC 已告知 Overstock，它可以同样的方式来发行公开交易证券。

根据 Overstock 提交的公开文件，SEC 已经批准了修订后的 S－3 申请，将允许该公司通过区块链来发行公开交易证券。拜恩准备在之后圣地亚哥的会议上宣布这一消息。目前尚不清楚这家公司会选择什么时候在区块链上发行公开交易证券。拜恩从未确认发行公开证券的具体时间，但是在和记者的交谈中，他说，“你可以确信这将会是我们在 2016 年最为首要的事情。”

据悉，Overstock 将通过旗下的 TØ 区块链平台来发行这些公开交易证券，它也计划为其他公司提供这种“加密证券”服务。需要注意的是，选择通过 TØ 平台来发行公司股票的企业，都需要得到 SEC 的单独审批。

对 Overstock 的批准毫无疑问会成为某种催化剂，因为它计划向其他企业提供该技术，帮助他们发行自己的加密证券。如果该技术在公众领域能够惊艳亮相，也许能够迫使其他公司也采用区块链技术来发行证券。但是，并不能确认 SEC 会继续批准这样的情况。

区块链技术可以帮助大幅度削减发行、追踪和交易加密证券的成本。它在金融市场中提供了一个完全透明、安全、可靠和快速的基础设置。这项比特币的底层技术也许还能够防止市场操纵行为，并且成为一种自动运行的系统，从而完全取代传统交易所。

目前，TØ 计划通过区块链来帮助其他公司管理金融证券，并且已经在进行中，除了发行私募债券，TØ 还提供了工具，可以让公司通过区块链来进行股票借贷。这一设计瞄准了美国股票借贷 9 540 亿美元的市场，消除传统的中间商，并填补股票结算的漏洞，允许交易者进行股份的“裸卖空”交易。

根据 Overstock 和 TØ 的说法，一些对冲基金和其他组织已经测试了这种系统。

二、BitShares

BitShares 是一个工业级的开源去中心化金融智能合约平台，其内置一个类似于上海证券交易所或者纳斯达克这样的去中心化交易所系统，和这些传统交易所最大的不同是，BitShares 完全不依靠任何人而自动运行，因此在里面所有交易的资产、产品可以由任何人创建并交易。

传统证券交易所的流程是，任何公司如果要将自己的公司股权在公开市场上发售，也就是称为 IPO 的过程，首先需要把自己公司的所有资料交给交易所或者审核机关进行审查，审查通过以后寻找券商进入一级市场销售，销售后就可以在相关证券交易所开始交易股份。这其中的手续之繁复、成本之高昂，相信即使不是在这个行业内的人都可以想象。但是去中心化交易所完全颠覆了整个过程。任何人只要缴纳一定的手续费都可以在上面发布要交易的资产，这不需要你任何其他的成本，既不需要购买服务器，也不需要学习什么代码，只要设定自己要发布资产的名称、描述、代码、数量、交易手续费等就可以。完全由创建者自定义交易手续费，只要在系统中进行交易，系统会按照创建者的设定把每笔交易手续费打入创建者的账户中。

BitShares 这样的去中心化交易系统有很多优势，首先就是规避了大多数法律问题，几乎在全球各国建立集中竞价的交易所都是有牌照的，必须受到该国法律法规的监管。但是司法监管的前提是有监管对象，而对象不外是人或者机构这样的法律实体，而 BitShares 仅仅是一段程序，并且它是存在互联网上的一段程序，没有特定的国界，所以如果所有人都在 BitShares 上进行交易的话，这个行为能够规避大多数国家的法律。而且和比特币一样，基于区块链技术的程序一旦部署在互联网上，即使是创始人也无法改变什么。

其次是解决了充值问题。交易所如何进行充值对于数字货币行业内的人而言一直是充满困扰的问题，并且随着第三方支付牌照被控制在一定数量之内，它们的地位变得越来越重要，它们对商家的审核门槛也变得越来越高。而 BitShares 让充值不再依赖于一个单个中心化的机构来处理，几乎人人都可以是承兑商，人人都可以交换人民币/BitCNY。考虑到目前几乎所有的国家都将 BitCNY 这些数字货币定义为商品（BitCNY 作为一种数字货币，中国五部委有明确解释，个人有买卖数字货币的自由），无论是成为承兑商还是与承兑商进行交易都没有任何法律问题。

技术门槛也是困扰许多非技术人员的因素。当许多人还在考虑建立一个交易所应该组建一支如何强悍的技术团队时，BitShares 几乎将所有的事情都帮你搞定了。你不仅不需要考虑什么技术团队、代码，甚至连服务器都不需要。只要下载 BitShares 的客户端，甚至是打开 BitShares 的网页版，就可以在上面完全根据你的需要来创建资产凭证，这个资产可以是论坛的积分/代币，也可以是公司的优惠券/奖券，甚至还可以是某个公司的股票/债券。

由于身份安全往往是和资金监管相关联的，而传统的交易所会要求用户提供各种身份证明，在这种情况下，交易所对每个用户的资金情况了如指掌，甚至有些交易所会因为其他原因私自冻结扣押用户资金。在这种情况下，大多数用户都处于一个相对弱势的地位，而这一切在 BitShares 系统是绝对不会发生的。BitShares 把资金进出的功能交给了承兑商，而承兑商和交易是完全没有关联的，在这种情况下你不用担心你的资金和交易记录会被追踪，你所有的资金和交易完全由你操控，更不可能出现冻结之类的情况。

最后，由于 BitShares 本身就是在互联网上运行，因此天生是没有国界的。除了有中国的人民币承兑商之外，还有国外的美元承兑商。每个人都可以随时随地下载客户端进行交易，使用者可以来自全球互联网的每一个角落。

第六节 现金流管理

资产证券化的现金流管理较为复杂。多个资产的现金流分为本金现金流和利息现金流流向 SPV 设在监管机构的不同账户，现金流进入账户后根据约定条件投向指定特征的资产，并在约定时间按照约定条件，由区块链技术在资产证券化的应用中设想的机构控制人，支付到对应证券的由证券托管结算机构控制的各证券独立账户，再由托管结算机构支付给不同的投资人。

在这一过程中，同一个资产产生的现金流可能被拆分到不同的证券账户中，不同资产产生的现金流也可能兑付给同一个证券持有人，也可能某一笔资产的本金现金流和另一笔资产的利息现金流，包括它们的利息在经过管理人重组之后，拆分给不同证券的持有人。上述几种情形是最基本的现金流支付情况，涉及信用触发和信用保障条款时，现金流分配将更为复杂。在结构上，不同证券设计了不同的现金流支付频率和信用触发机制，也有不同的内外部信用保障机制，如多余现金流抵扣和外部现金储备账户的回拨、流动性支持等。

此外，还有发生违约事件后，大规模的现金流支付分配顺序改变。

因此，在现金流管理上，区块链技术的应用至少能够在以下两个方面对资产证券化产生重要作用：一是能缩减银行等机构的服务成本。上述资产和现金流的管理、划付、分配等业务涉及的系统维护与后台工作，往往由不同机构、机构内不同部门、部门内不同岗位的人工操作，流程长、环节多。区块链的去中心化技术，为简化并自动化这些手工服务流程提供了可能，如实现自动记账功能以及自动审计功能。德勤会计师事务所目前已经开发出了基于区块链技术的自动审计服务平台 Rubix，通过与 SAP 和 Oracle 等各种财务报告系统对接，实现了包括贸易合作关系管理、实时审计功能、土地登记功能等应用。

二是利用智能合约的功能，实现现金流的自动划拨以及资产循环投资购买等后续产品的管理功能，尤其是对信用触发机制条款的调动。可编程的智能合约功能，可随意给交易合同添加各种不同的交易条件。通过智能合约，可以给数字货币施加限制条件，为改变目前依赖大量人工完成现金流分配、划拨以及实现各种交易结构设计的信用条件提供了可能。资金的归集和分配将完全通过区块链技术来实现，公开透明，可显著提高效率。

第七节
改善增信环节

转移的高成本由于通常对应了多笔资产（可能是上千笔），每笔资产对应着不同的外部担保，因此在实践中资产证券化目前没有真正实现担保随同金融债权资产的转让，只是通过法律条款约定了保留完善担保的权利，在真正出现需要履行担保的情况时再转移担保。在当前我国经济环境下，这一条款实际上是由发起银行通过自身信用提供了隐性担保，但是也对发起银行造成了隐性义务和偿付压力。尤其是在保证担保和信用保险的情形下，担保人（或者是贷款承保人）往往是发起银行的合作机构，而不是新的SPV的合作机构，可以通过履约主体变更进行违约代偿责任履行的抗辩。

基于区块链技术，建立点对点的增信保障平台，可降低增信转移的成本，以信用保险为例，利用区块链技术可建立点对点的互助保险平台，一旦单一主体发生符合特定条件的违约事件，其他参与这一平台的保险参与者将直接缴纳费用给被违约主体。

第八节
未来趋势

一、资产发行方式的巨变

在面对新技术的崛起时，必然有许多相关行业会出现一些巨大的变化。区块链技术的出现，可能会导致全球金融世界发生很大的变化，特别是资产发行的方式会出现巨大的变化。

目前所有资产发行的方式，都是先审核再发行，但是区块链技术可能会让整个过程完全逆转，变为先发行再审核。也许有人会认为，这是无稽之谈，市场监管者肯定不会允许这种情况的发生。但事实时，技术的脚步会打破所有的障碍，并且会按照自身的逻辑来实现。

这种行业的巨大变化并不是第一次，就在20年前，在互联网刚刚开始的时候，整个新闻资讯行业也是经历过这个巨大的转变。很久以来，新闻发布一直是先审核再发布，但是互联网技术最终还是让新闻成为先发布再审核。这本身就是互联网对于信息传播的巨大便利性造成的。在没有互联网技术的时候，向许多人进行新闻发布是一件费时费力的事情，所以必然通过管控主要的发布通道，就可以很方便地进行审核。即便是在互联网的初期，早期的互联网参与者应该还记得，类似新浪、网易和搜狐这样的新闻门户网站，也必须是有互联网新闻牌照才可以采编和发布新闻。

然而到了今天，每个人拿起手机都能够极其便捷地发布微博、微信。在这种情况下，再进行大规模审核已经变得不再可能，最终会倒逼法律和监管方式的改变，让发布新闻资讯变成先发布再审核。

对于资产发布也是如此，现在对于大多数人而言，向全社会发布资产证券化的产品，并且进行交易有着很高的门槛。但是区块链技术将会让资产发行和交易变得越来越容易，在基于区块链技术的去中心化资产交易平台上，全世界的任何人，只要能够接入到网络中，就可以便捷地发布任何资产类型，与他人进行资产交易，并且能够完成实时结算和清算。

尽管在这一转变过程中，可能会出现欺诈，隐瞒或者其他损害他人的情况。但是如果整个市场变得足够透明，某个人希望通过发布虚假资产来欺诈他人会变得非常困难。就像你很难在微博这样的公开社交媒体上欺骗很多人，因为会很容易被揭穿。而且，也许会出现类似于浑水公司这样的团体，通过揭露欺诈行为来获利。

当然，对于监管者而言可能不会喜欢出现这样的局面，他们还是希望将一切控制在他们能够监控的范围之内。但是技术的发展是无法阻挡的，就像新闻资讯的发布一样，如果有一天发布资产变得和发朋友圈一样简单的时候，最终会倒逼监管和法规顺应技术的脚步。因为无论你喜欢或者不喜欢，技术都可以让更多人做到这一点。

事实上，包括 SEC 在内的监管机构已经看到了这点，因此他们对 Overstock 开发的交易系统做出了重大让步，允许他们在去中心化的资产交易平台上发行自己的股票，并且进行交易。我们完全可以认为这是 SEC 在测试去中心化交易所的可能性，并且探索区块链技术对于证券市场在未来可能产生的影响。

到目前为止我们还不知道，这样的转折点什么时候到来。根据 20 多年前，新闻资讯发布流程出现改变的时间，这个进程还需要 5 ~ 10 年的时间。但是无论什么时候到来，我们都可以意识到，资产发行流程的改变对于现有的证券市场将会产生重大影响，并且可能会完全重构我们目前的金融世界。

二、加速资产证券化

Slock. it 是一个基于以太坊平台的物联网项目，该项目成员目前主要在德国，他们希望能够构建一个点对点的智能门锁系统。他们相信在未来所有的门锁都可以通过物联网链接起来，而通过以太坊这样的区块链平台，能够让门禁系统变得具有极高的安全性，并且完全是通过程序和加密算法来自动运作，不依赖任何中心化的机构和管理者进行运营，可以避免任何人为因素造成的损失，也不必担心管理者的道德风险。

该项目目前备受关注，不仅因为它是目前搭建在以太坊上最早的物联网应用之一，并且相比其他的区块链项目而言，在目前似乎更容易找到合适的应用场景，此外有一部分投资者认为，该项目很可能会通过物联网，加速全球资产证券化的进程。

Slock. it 所打造的智能门锁，让每个人都可以用自己的智能设备来进行控制，并且很容易的“制造”出来数量无限的“钥匙”。由于在区块链上能够设计各种复杂的智能合约，从而能够设定复杂的钥匙行为。比如可以设定任意一把钥匙什么时候可以打开这把锁，也可以设定什么时候不能打开或者直接作废，还可以控制一些更加复杂的行为，比如可以设定钥匙转手的次数，或者是多把钥匙同时在场才能够打开某把门锁。

尽管这种复杂的用途，相比我们目前正在使用的物理钥匙并无太大的实际意义，但其实 Slock. it 所开发的智能门锁，能够和目前 Airbnb 进行完美的结合。

Airbnb 是目前全球最大的旅行房屋租赁社区，用户可通过网络或手机应用程序发布、搜索度假房屋租赁信息并完成在线预定程序。Airbnb 用户遍布 190 个国家近 34 000 个城市，发布的房屋租赁信息达 5 万条。Airbnb 被时代周刊称为“住房中的 EBay”。

如果有个外国人在网上通过 Airbnb 订房，而房东使用了 Slock. it 提供的智能门锁系统，就能够直接用手机把房屋的“钥匙”通过互联网发送到对方的手机上，并且可以设定该把“钥匙”使用的时间段，当对方租约到期后，“钥匙”就自动作废了。而在传统钥匙的情况下，就很难以这样简便的方式进行操作。首先，无法在网络上把钥匙进行任意的传输；其次，很难确保对方不会复制物理钥匙，因此就可能面对换锁的问题。而通过 Slock. it，能够以最便捷和优雅的方式来解决这些问题。

有些人可能会有一些质疑，觉得为什么一定需要在区块链上来实现，而不是通过中心化的方式来实现。比如 Airbnb 为什么不开发这样的系统来进行管理。事实上，类似于 Airbnb 这样的中心化机构很难开发这样的系统。首先，大多数人并不希望把自己房屋的使用权全部交给一个公司来进行管理，不仅该公司可能需要面临巨大的道德风险，并且如果一旦该机构或者该服务结束，那就可能面临所有用户都要进行大规模的换锁。其次，如果该机构数据库被攻击或者发生大规模的泄露，那很有可能会造成灾难性的后果，而事实上，中心化数据库出现大规模泄露的事件层出不穷。此外，如果所有的租房社区都开发自己的系统就意味着可能要安装多把智能门锁系统，那么这之间的兼容和协调问题对于用户而言也是极大的麻烦。而如果能够有低成本和高安全方案，并且和自己的主营业务并无直接利益冲突的话，即使是中心化机构也不会倾向于自己开发，而是选用已经有的公用系统。比如大多数打车软件都不会尝试自己开发地图软件，而是选择现有成熟的技术解决方案。

但对于该项目而言，这仅仅是一切的开始。因为从某种程度来看，拥有某个房屋的钥匙就意味着拥有该房屋的使用权，那么房东完全可以把钥匙抵押给类似于 Airbnb 这样的机构，让 Airbnb 代为出租和管理该房屋，从而获得一定的现金流。考虑到不同房屋的使用价格都不一样，那么抵押不同的房屋钥匙，可能会获得不同金额大小的现金流。那么完全可以把许多不同房屋资产的钥匙进行打包，变成一个资产池。并且由于在区块链上，几乎所有的数字资产都可以近乎无限分割，因此这些在区块链上的大的资产池天生就能够分割为标准化的份额资产，然后在区块链上进行流通。也就是说，这些份额化的资产可以在区块链进行任意的交易、抵押和传输。

在区块链上的所有数字资产都可以看作一种凭证，也能够看成是一种有价证券，那这个过程就能够视为一种典型的有资产支持的证券化过程。这些房屋在 Slock. it 的帮助下，很快就把使用权进行证券化，而且整个过程在区块链上几乎可以自动实现这一点，整个交易过程可以通过基于区块链的去中心化资产交易系统，而无须任何传统资产交易所介入。

显然，智能门锁并不仅仅能装在房屋上，还可以装在任何有门禁系统需要的地方，包括车辆、电脑，甚至是洗衣机上。在欧美，很多社区都是集中洗衣的，会有专门的场地放置大量公用投币洗衣机，那么完全可以在这样的洗衣机上装上 Slock. it 这样的智能门锁系统，也就能够把洗衣机进行资产证券化，从而预先获得洗衣机未来的现金流。当然，还有更多的东西可以让我们相信，如果不出意外的话，未来电动汽车将会变得越来越多，所有从现在开始，已经有很多人投入巨资建设充电桩，而充电桩也能够通过装上智能门锁来进行资产证券化。而考虑到份额化交易可以实现近乎无限的分割，也就是说我们能够把充电桩的使用权按秒，甚至是毫米级进行切分。

所以，从某种意义上来看，Slock. it 打通了物理资产和虚拟资产之间的鸿沟，有潜力将极多的物理资产通过区块链技术实现资产证券化，并且快速实现交易。这个过程成本很低，而且能够通过基于区块链的去中心化交易系统进行完美的解决，从而让整个过程变得简单和自动化。如果考虑到流动性溢价，我们有理由相信，一旦 Slock. it 这样的技术被大众熟悉之后，会有非常多的物理资产尝试使用它来进行改造和升级，进而让资产证券化变得愈加容易和广泛进行。

作者简介

贺锐骁

特许金融分析师（CFA），上海交通大学高级金融学院金融工商管理硕士（FMBA），中国资产证券化研究院专家研究员。曾供职于国际投行摩根士丹利，现任职于上海证券交易所债券业务部，是上海证券交易所资产证券化业务的主要负责人，参与了证监会资产证券化业务的规则制定、相关国家级课题研究、交易所资产证券化创新项目论证及挂牌转让申请的审查工作。任职期间已为超过百个企业资产证券化产品提供论证咨询，主导多个创新基础资产类型在交易所挂牌，为推动国内证券化市场发展做出积极贡献。

杨　桐

同济大学自动化系工学学士、数学辅修，清华大学五道口金融学院金融硕士。曾获得“上海市青少年科技创新市长奖”提名奖。现供职于中国民生银行，从事上市公司、企业集团并购重组的交易安排及配套融资，资产证券化投资。曾任某金融智库秘书长，负责统筹研究及活动组织，在经济体制改革、宏观调控新思路、科技金融以及供给侧结构性改革等方面有较多研究，有多篇内参成果。在《中国金融》《改革内参》等刊物发表文章多篇，并参编两部著作。

胡荣炜

特许金融分析师，现任南方某信托公司副总经理，先后涉足跨国银行风险管理、跨国公司财务内控管理、商业地产集团投资并购业务和创业投资基金的设立与投资，任职高级管理岗位，在信托及私募产品设计、风险管理和财务规划方面具有丰富经验。

张　韩

北京大学与英国雷丁大学ICMA中心双硕士学位。在中信证券股份有限公司工作7年，现任中信证券股份有限公司资产证券化业务线副总裁。作为项目负责人，完成的项目类型覆盖各类固定收益一级市场金融产品。在企业资产证券化、信贷资产证券化、私募证券化以及非标融资业务领域经验丰富，同时拥有各类债券产品的承销业务经验。此外，在一级市场资本中介业务和投行资金化领域，有丰富的实践经验。

宁剑虹

美国北卡州立大学硕士。现任中融（北京）资产管理有限公司总经理。曾任中国民生银行总行投资银行部固定收益中心总经理，花旗集团投行总部全球资本市场部高级经理，美国CCM证券公司高级分析师。在资产证券化、结构金融产品设计和投资交易业务领域拥有丰富从业经验。

王晋之

日本国立长崎大学经济学硕士和管理学博士，现为中国社会科学院金融研究所和联合信用管理有限公司联合培养博士后。曾编写过 *Economic Growth and Middle Income Trap*（合著）一书，并在《中国社会科学报》《日本港口经济研究》等报刊上发表过多篇文章。

龚　鸣

“区块链铅笔”创始人，以网名“暴走恭亲王”被人熟知。数学专业毕业，擅长 IT 技术和金融证券分析，有着多年 IT 和金融从业背景，在德隆期间长期参与行业研究和投资分析。2012 年开始致力于推动数字货币和区块链行业的发展，翻译和撰写过大量相关资料和区块链项目白皮书，参与写作《数字货币》《区块链——新经济蓝图》《区块链社会》等多部著作，参与开发和投资多个区块链和数字资产项目，创办专业新媒体“区块链铅笔”，在区块链行业具有较大的影响力。

段　韧

同济大学计算机应用系硕士。现任中国基金行政管理网首席技术官（CTO），上海联和金融信息服务有限公司董事总经理。曾任传启（上海）投资咨询有限公司研发部主管。在结构性衍生品分析、对冲基金投资分析和中后台管理等领域拥有丰富从业经验。

于中灏

本科毕业于北京航空航天大学数学专业，硕士先后毕业于英国剑桥大学数学专业及美国芝加哥大学金融数学专业。毕业后先后加入麦格理投资银行部及美银美林投资银行部，参与了许多中国香港、美国的 IPO、并购、企业债券评级、债券发行项目，对 TMT，FinTech 有较深入理解。现供职于建银国际直接投资部门，重点关注基于香港上市公司或境内优质资产的可转债、高息债投资，以及企业海外并购过桥融资项目。